第三版

中華民國

憲法與憲政

劉獻文◎編著

THE CONSTITUTION AND
CONSTITUTIONAL DEVELOPMENT
OF THE R.O.C.

Third Edition

三版序

　　本書之撰述，希望作為大學校院民主法治與憲政課程之教材，自 2011 年再版迄今，於教學研究餘暇，除進一步深化本書學說理論，亦嘗試以淺白平易的方式呈現給讀者，期能提升學習動機，更明晰有效地建立法治觀念，並將近年執行教育部「現代公民核心能力計畫」、「通識教育整合型計畫」與「創新先導型公民社會跨域溝通計畫」成果與教學方法融入三版內容之撰述。

　　本書之要旨，首在闡明落實憲政為保障人權之至上命題，使讀者能掌握國家機關組織運作的基本邏輯，瞭解作為現代公民的權利與義務，以形塑法治意識、陶成公民素養為成效目標。三版內容之鋪陳，分章依序探討民主法治、人民基本權利義務、政府各部門職權設計與制衡關係，以及地方制度、基本國策之內涵。於制度部分，除靜態地描述憲政體制外，並以圖表整理作歸納說明，補充重要大法官會議解釋作案例探討，以增進讀者的理解；於實務部分，亦著重動態政治運作之過程和背景因素分析，以期達致理論實際兼重；期望以積極入世精神走出象牙塔，並鼓勵讀者關注社會重要公共政策議題、整合性瞭解國家未來發展趨勢，進而拓展國際觀。

本書之修訂，除整理近年司法院重要釋憲案做闡述，並將近年民主選舉結果做統計歸納，以利讀者理解掌握，並將近年司法改革重要方向與措施做完整介紹，包括「法官法」之制定與施行與「國民法官制度」的規劃構想及實施步驟等等，以期達成理論實際兼修俱備之學習成效。

劉獻文 於文藻外語大學　露德樓 G314 室

CONTENTS 目錄

圖表目錄

緒　論

第一節　憲法之基本理論

　　我國傳統即有憲法之名詞。大體而言，憲法在古代主要有法令、法度、典章之意涵，乃是一般社會法律規範。現代所用憲法一詞，乃譯自英文 constitution 一字，包含有「構造」、「體制」之意義，即指涉國家政治體制的「組織」或「制度」。西方國家於 17 世紀前，憲法之涵義包括國王所宣布之法律、各種宣言及議案，範圍極廣，這種君主立憲憲法，其內容主要集中在規範君主和人民的統治形式，以及彼此間的忠誠關係；自 18 世紀以來，憲法除具備國家根本大法的性質外，更注重限制政府權力於最小範圍，且強調對人民自由權及財產權的保障，如美國獨立革命、法國大革命後所制定之憲法均是。

　　自 20 世紀以後，國家之職能與型態產生轉變，社會權思想的發展逐漸成為主流，其內容側重於揭示人民應有的生存權，強調政府對國民的基本生活負有照顧、保障之義務。自德國於 1883 年創立社會保險立法以來，便逐漸演進成完備的社會保險法典，自一九三○年代開始，大多數工業化國家皆開始採行某些社福措施，並於一九五○與六○年代陸續推行各種福利方案，雖然所實施的範圍或內容有所不同，但一般皆統稱謂「福利國家」(the welfare state)（劉獻文，2001：139）。而首開風氣之先，則是一次大戰後德國之威瑪憲法，其憲法條文中的社會權條款，乃，成為現代國家建立憲政體制之重要參考，二次大戰後，福利國家的理念更成為各國憲法的重要內涵之一。

第一項　立憲主義之發展

　　現代民主國家，無不強調立憲主義(constitutionalism)之建立，凡政治組織化達相當程度的國家，皆有實質意義的憲法：所謂立憲主義，主要包括兩種意涵：一種是植基於英美的憲政經驗，重點在防止政府獨裁並保障個人的自由權利，另一種則源自於歐陸國家，強調政治上的行為

必須依據憲法規定而行（許志雄等，2000：41）；考察西方民主國家的歷史，立憲主義起源於近代民族國家成立之後，在中古末期，新興資產階級為經貿的需要及通商安全而開始擁護王權，於是君主開始對內消滅封建諸侯、對外則排除羅馬教廷的干預，逐步確立絕對王政(absolute monarchy)，實行君主專制統治，此時，資產階級開始感受到專制君主的壓迫，便思欲限制王權以保障民權，於此時空背景下，便產生立憲主義的思想和制度。

英國是最早發展立憲主義的國家，其憲政體制是歷經長期發展逐步演進而成；英國自古即有「憲政」的觀念，認為國家存在一種根本法(fundamental law)，同時可以約束政府和人民，自 1215 年約翰王頒布「大憲章」(Magna Carta)起，便宣示了「法律高於國王」的基本原則、即使是國王也必須遵守法律的規範，其觀念在於限制政府權力的範疇及運作規則，直到1688年「光榮革命」(Glorious Revolution)之後，才確立「議會高於王權」、「國會至上」的體制，使立憲主義的精神及實質內涵更加完備。

立憲主義雖起源於英國，但英國卻是不成文憲法的國家，其憲政體制乃是累積數百年的習慣和傳統所構成（傳統意義之憲法），有其特殊歷史時空背景；而其他國家則缺乏這種習慣和傳統，因而在繼受立憲主義時，便認為有必要將其以法典形式加以具體訂定，俾便明確規範政府和人民間的法律關係：例如美國，英王於殖民地時代便曾頒布特許狀，其本質便具有憲法的性質，之後，各州殖民地亦繼受立憲主義精神和自然法思想，因而在獨立革命後便陸續制定成文憲法；而 1787 年於費城所通過之聯邦憲法，亦屬成文憲法的類型，本質上為現代意義之憲法，其性質是以立憲主義根本原理為基礎，除明確規範政府權力及運作方式外，更強調基本人權之保障，重視國民的自由權利，其精神涵義與傳統意義之憲法有所不同。

法國自 1789 年發生大革命後，成文立憲主義便傳至法國，國民會議於 1791 年所制定之第一共和憲法即為成文憲法，此後，雖又歷經恐

怖政治、拿破崙稱帝、波旁復辟、路易菲利及路易拿破崙掌政專制等各種政局變動，但演進迄今至第五共和，仍維持成文憲政主義的精神。此後，歐陸大部分國家均受到法國大革命的影響，其中雖歷經許多政局變動的波折，但至 19 世紀後半，瑞典、挪威、荷蘭、比利時、義大利、丹麥、德國、瑞士等國均陸續採行立憲政體（劉慶瑞，1992：4），後經日本明治維新，又傳至亞洲；二戰之後，亞、非及拉美地區新興國家均普遍採行實施，時至 21 世紀的今日，立憲主義已成為當今各國民主發展的共同基本原理。

第二項　立憲主義之精神與原則

立憲主義的基本精神究何所指，其運作之基本原則究係為何，學界觀點雖有所不同，但一般而言，立憲主義之精神與原則，主要包括下列涵義（圖 1-1）：

圖 1-1　立憲主義之精神與原則

一、法治政治

　　法治政治(rule of law)為立憲主義最核心的基本概念，認為政府職能及權力之行使，不能憑藉個人主觀意志而任意妄為，而必須遵循客觀的法律規範，換言之，法治政治的運作邏輯在於服從法支配原則，故欲達此實質效果，便須確立憲法的最高性原則，拘束國家權力的運作；立憲主義之目標，是為建立具永久性的客觀法規範，實施法治以限制政府的權力，達成保障人民自由權利的目標。

二、民意政治

　　立憲主義是以實現民主政治為目標，而民主政治則以自由平等為基礎。人類由於愛好自由的天性，故不願輕易服從他人的強制，人類由於強調平等，除不願服從他人外，且又承認自己亦無強制他人的權利，故為實現民主政治，最好的方式便是讓各人能夠服從自己，遵此邏輯，使人民均得參與國家意思之形成與運作，即國家意思能由多數人所決定，而不由少數人決定，是為民意政治(government by public opinion)，因此，在立憲主義精神下，政府的施政必須直接或間接根據被統治者的意思，即人民有權利透過直接民主或代議制度的方式參與國家的統治。

三、責任政治

　　政府統治權之正當性，必須以人民的信任為基礎，故凡國家機關違反民意或觸犯法律規定，必須使其向人民負責，立憲主義才能確立；在內閣制國家，憲政制度使內閣對議會負責，賦予議會質詢、審查法案、議決預算、不信任投票等權力，以監督行政機關的施政；在總統制國家，其制度設計使總統及國會均向選民負責，由人民透過定期選舉來作抉擇，故責任政治必須以民意為根據，以法治主義為準繩，果若政府違反民意，應向人民負起實際的政治責任。

四、政黨政治

　　政黨是民主政治的產物，亦為立憲體制下之常態，現代社會發展遠較傳統時代複雜，呈現多元觀念價值相互競合的樣貌，政黨即是社會中觀念價值相近者之結合，為達成自身利益或一定的社會目標，透過公共事務之參與，以達成影響或改造社會的一種政治性組織；立憲主義的一項重要原則，係容許政黨之自由活動，使代表各種社會利益的多元意見能夠具體呈現，各政黨在法制化的遊戲規則下進行公平競爭，並依定期選舉方式取得執政的機會，遵守責任政治的精神運作，依施政成效與民意之檢驗以輪流交握政權。

五、國民主權

　　強調國民應具有決定國家意思的最終權力或權威（蔡宗珍，1996：35），其主體乃是一國之全體國民，於立憲主義國家中，所有政治的權力或權威都源自於人民的意志，如 1789 年法國人權宣言第 3 條規定：「一切主權之淵源係來自於國民。」1919 年德國威瑪憲法第 1 條亦有規定：「國權來自於國民。」現代立憲主義的精神，即在強調國民主權原理，即區辨國家意思形成的方法或主權之所在，是否依存於個人或是以國民為主體：因此，若國家意思依個人的自然意思而形成，或主權存在於君主一人之國家型態，即為君主體制，反之，若國家意思均依照法律程序及多數決精神而形成，或主權歸屬於多數國民之國家型態，即為民主共和體制；另一方面，國民主權精神之實現，尚有賴於代議政治之健全，唯有國民意思能獲得充分地展現，代表國民意思形成的機關能確實遵循民意，立憲政治方能實施成功。

　　我國大法官於司法院釋字第 499 號解釋意旨中，正式援引國民主權原則，認為民意代表之權限，應直接源自於國民之授權，始符代議民主之正當性。（李惠宗，2000：144）（李惠宗，2001：268）

六、權力分立

　　權力分立(separation of powers)的制度設計，其目標是為防止政府的權力過度集中，造成專斷而侵犯人民的權利，故透過憲法的規定對政府的權力進行分權；一般而言，權力分立之意義主要有三：1.國家的權力被區分成立法、行政、司法三種；2.憲法將國家立法、行政、司法三種權力分別委由三個機關來行使其職能；3.於權力運作規則上，透過憲法的設計使其彼此間相互制衡(checks and balances)，故其根本精神是建立在性惡論之基礎上。日本學者清宮四郎論及權力分立理論時，便指出其四項重要特質：

1. 它是為保護自由的權力限制原理，也是自由主義的政治組織原理。

2. 它不是為積極促進效率的原理，而是為消極地防止權力濫用的原理，其目的並不是要避免權力之間的磨擦，而是根據權力之間不可避免的磨擦，將國民從專制中拯救出來。

3. 它是由於對國家權力以及權力行使者有所懷疑、不信任、猜忌的態度而來的。

4. 它具有中立或中庸的性質，即不論任何權力，都反對其佔有絕對的優越，它是要抑制強有力的執行權，同時也要抑制強有力的立法權；換言之，「在種種歷史的情況下有反動的可能性，故才有權力分立原理超越時間性的價值。」（佐藤功，1981：24）

七、有限政府

　　憲法為實現權力分立原理，所展現之具體政治型態即是有限政府(limited government)，其基本觀念認為政府的權力應是有所限制的，其運用必須遵守憲法的規定並受到監督，以避免專制獨裁的發生；誠如美國制憲先賢麥迪遜(James Madison, 1751-1836)所言：「人類若是天使，便不需要政府，天使若統治人類，便沒有控制政府的必要；組織政府是令

人類統治人類，一方需要政府能夠統治人民，他方需要政府能夠控制自己，困難就在這裏，使政府隸屬於國民，這是控制政府的初步方法，但經驗告訴吾人，除此之外，尚有再加警戒之必要。」（薩孟武，1988：152）即說明憲法必須約束規制政府權力之理由。

八、基本人權保障

基本人權(fundamental human rights)之保障是立憲主義最根本的目標，憲法對一切政治制度的設計、國家機關權力分立機制的安排，皆是為防止政府侵害人權，故基本人權之保障實為立憲主義之至上命題；考察歷史的發展，人權觀念乃 18 世紀末基於自然法思想而形成的，是藉由立憲主義之發展而獲得保障，其後進而提昇至權利的層次，性質上是將先於憲法存在的權利予以確認，使其成為實定法上之權利，若以時代趨勢言之，傳統人權範疇主要包含生命權、自由權、財產權、參政權等，但 20 世紀至今則更包含社會權、生存權及人性尊嚴的維護，均成為現代憲法的重要內涵之一。

九、司法審查

司法審查(judicial review)制度為立憲主義國家為實現民主政治的重要手段，特別在解決成文或不成文憲法內容爭議上，扮演著關鍵性角色；通常，司法機關於審判具體訴訟案件時，得對所涉之法律或命令進行審查，以確定其是否符合憲法之精神，若與憲法的條文或涵義相違悖，法院即得宣告其違憲(unconstitutional)而拒絕適用，使該法律或命令失去效力；在我國，依學者通說，認為司法審查權乃專屬於大法官會議之職權（林子儀，1993：25）；因此，一方面在權力分立的意義下，司法審查是國家司法部門制衡行政及立法部門的機制，但今日民主政治常以政黨政治的型態呈現，議會（立法）為政黨所控制，政府（行政）為政黨所組織，兩者均不能脫離政黨關係，唯有司法因其組織特殊，較能不受政黨因素之干擾而保持中性、獨立的地位，另一方面，透過司法審查制度，人民基本權利亦能獲得更確實的保障。

第二節　憲法之意義

　　承上節所述，憲法乃是國家之根本大法，原有組織、構造之意，後則謂規定政府組織及保障人民自由權利之最高法規範，就形式而言，並無一種特性是任何國家的憲法都能具備，但若考察多數憲政國家的實例，憲法主要包含有四種意義：

第一項　實質意義

　　實質意義方面又細分為：1.固有意義之憲法，即規定國家統治之基本問題之法，乃指關涉到國家機關之組織與權力，其權力之作用及其相互關係而言；2.立憲意義之憲法，即以自由主義為基礎而制定之基本法，乃指通常所謂「立憲意義之憲法」或「現代意義之憲法」而言，換言之，是以十八世紀以來之近代市民革命所主張之立憲主義思想為基礎，以限制專制權力來廣泛保障國民權利所制定之憲法。（李鴻禧，2000：165）

　　憲法是規定國家的基本組織、人民的權利義務及其他重要制度之根本法，其實質意義較著重於實際內容，而不問其名稱或形式，若以此為標準，憲法的實質意義包括：

一、憲法是規範國家基本組織與政府權限之法

　　憲法之內容通常包括對國家構成要素的規定，如人民、領地、政府組織及國家主權，而政府組織等制度的設計，攸關統治權之行使與政治權力的運作，對人民的自由權利影響甚大，因而必須對政府職權進行規範和限制。

二、憲法是保障人民權利並規範人民義務之法

　　由民權發展的歷史進程觀之，各國於立憲運動發展過程中，保障人民基本權利是制憲之重要目的，而憲法所規範者，更包括國家與人民相互間的權利義務，是以公法上之關係為主，人民在憲法的規範內，國家必須保障人民得享有各種自由權利，另一方面，人民對國家亦負有責任和義務。

三、憲法是規範國家基本體制與政策之法

　　憲法之內容除規定國家組織與政府權限外，為揭示立憲之目的與精神、規劃國家長久發展的方向，更有針對國家其他重要體制政策作出規範，如國家基本體制之確立、中央與地方權限之劃分、國民之政治權利，以及國防、外交、社會、經濟、教育、文化、民族政策等重要事項與基本國策。

第二項　形式意義

　　成文憲法是經由法典的形式加以制定並公布，與普通法律有所不同，通常具有幾種意義：

一、憲法之效力高於普通法律

　　憲法既為國家之最高法規範，且為普通法律之依據，故其效力較普通法律為高，普通法律牴觸憲法者無效；這種特性，學界看法互異，一派學者不僅承認憲法之效力高於普通法律，並對憲法這種最高性，設有一種有效的保障，即法院對於違憲之法律得拒絕適用；另一派學者則認為儘管憲法之效力高於普通法律，普通法律不得牴觸憲法，卻不主張設計這種機制，故某些國家的憲法，仍尚未設有此類保障。

二、憲法之修改不同於普通法律

　　憲法的第二個形式意義，即憲法之修改機關或程序不同於普通法律，其原因是如果兩者修改方式相同，則一般立法機關便可經由制定普通法律的程序來修憲，如此憲法之效力便無法高於普通法律，勢將影響憲法的優越性和穩定性，學者便認為這種特性，乃是前一種特性的附屬性。（王世杰、錢端升，1947a：2）

第三項　近代意義

　　近代憲法之意義，即在限制政府權力以保障人民的自由權利，故為避免政府權力之過度集中而形成專制濫權，乃創設權力分立制度使政府的權力分散至立法、行政、司法三個部門，並依相互制衡的原則運作，以防止對基本人權之侵害；如 1789 年法國人權宣言第 16 條規定：「國家對人民權利之保障未臻落實，權力分立制度尚未確立，不得謂為有憲法之社會。」學者即認為憲法是「對政府行動之有效而規則性的抑制」(effective regularized restraints upon governmental action)（劉慶瑞，1992：9）。

第四項　現代意義

　　傳統憲法的意義重於限制政府的權力，保障人民的自由，但以憲法發展趨勢言之，現代憲法已由過去限制政府權力轉變成擴大政府的職能，由消極保障人民自由權進而積極創造人民各種生活福祉，特別重視社會安全制度的建立，賦予國家照顧人民在社會、經濟、教育、文化等各層面生活品質提升的責任，簡言之，國家角色的扮演出現轉變，政府機能逐漸由消極防弊演進成積極興利，乃是傳統與現代憲法最明顯之差異。

第三節　憲法之法源及特性

　　成文法、習慣法與法理，乃法律之三大淵源，然各個法源所佔之地位，則因時代而有所不同，一般而言，18 世紀以前，以習慣法為主要法源，18 及 19 世紀，成文法之重要性增加，20 世紀以後，則以法理為最主要之法源，爰分述如下：

第一項　憲法之法源

一、成文法

　　係指國家之基本組織，人民之權利義務，以法條形式表現者，主要可區分為四種：

1. **憲法典**：即為上節所述之形式憲法，憲法典固為國家憲法最基本的部分，但並非唯一內容，關於憲法之重要內容，未必盡規定於憲法中，如美國總統可否連任，憲法未曾明文規定。

2. **效力等同憲法之條規**：此種條規，多為因應國家緊急需要而臨時制定，並不屬於憲法典的範圍，因其特質，在條規公布後，法理上有局部與暫時代替憲法典的性質，於國家法制地位上與憲法相等；基於此種性質，所謂「效力等同憲法之條規」不但同憲法競合效力，更易出現喧賓奪主之勢，實有違憲之虞，如「動員戡亂時期臨時條款」（有學者認為屬「戰時憲法」性質，現已廢止）。

3. **條約**：條約之內容，涉及國家基本組織者固不甚多，但國際條約（如聯合國憲章）亦有不少涉及國家之基本作用，其影響相當深遠，現今學界通說咸認應為憲法之法源。

4. **法律及命令**：傳統憲法學觀點認為憲法與法律及命令應有明顯嚴格之區別，但實際上，這種區分是相對而非絕對的，尤其審酌其內容，常有應屬法律命令規定之事項，卻規定於憲法上，而關涉國家基本組織

及作用甚大，應以憲法規定之事項，憲法卻有未曾規定而委由法律規定者，就此言之，學者林紀東便認為，憲法與法律間既無絕對之界限，法律亦為憲法法源之一，實無問題。（林紀東，1987：21）

二、習慣法

18 世紀以前，特別是不成文憲法國家，習慣法乃是憲法之主要法源，在成文憲法國家，習慣法之重要性亦逐漸增加，其原因是政治社會變遷之繁複，成文憲法難以完全掌握，若干疏漏必須及時應付補救，故若有辦法合於社會實際需要，其後反覆遵循，一般社會通念對其違反者不以為忤，習慣法於焉形成。

三、法　理

18 世紀末期，為防止君主專制保障人民自由之需要，立憲主義思想乃蓬勃開展，成文憲法運動風靡，各國相繼制定憲法典，以此作為國家基本組織及權限之規範；20 世紀以後，社會生活愈加複雜，政治法律之變遷與國家權力之運作，處處需要以法理為準繩，其實質重要性，不但凌駕習慣法之上，更為成文法所不及，故法理亦為憲法之法源。

第二項　憲法之特性

基本上，各國因制憲時空背景與民權發展歷程有所不同，其憲政制度便有所差異，但憲法作為國家根本大法，一方面規範國家的根本組織事項，另一方面又是國家一切法律規範的基礎，故民主國憲法均具有重要的根本性；一般而言，各國憲政體制雖有其特色和差異，但亦有其共通之處，主要應具有下列特性（圖 1-2）：

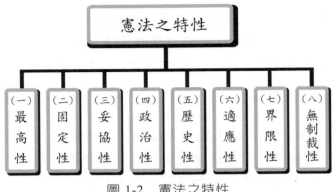

圖 1-2　憲法之特性

一、最高性

　　由於憲法是國家之根本大法，與普通法律和行政命令自應有所區別，奧地利學者凱爾森(Hans Kelsen, 1883-1973)乃提出「法律位階理論」以說明憲法和法律、行政命令間的關係：凱爾森認為，依法效力之強弱，法規範可分成三個等級，憲法效力最高、位階最高，法律次之，故僅能在上位法規範（憲法）所容許範圍下發生效力，不得牴觸憲法，而命令之效力則又次於法律（圖 1-3）；如我國憲法第 171 條規定：「法律與憲法牴觸者無效。」憲法第 172 條亦規定：「命令與憲法或法律牴觸者無效。」故憲法在國家法律體系之地位和效力均為最高。

圖 1-3　法律位階理論

二、固定性

　　即為憲法之穩定性，作為國家的最上位法規範，若動輒修改經常變更，將會直接影響到政治安定和法律秩序，易引發社會的不安定，因此，為保持憲法之固定性，許多國家於立法技術上便提高修憲的難度，使其修改較普通法律困難：即欲修改普通法律，通常由立法機關依一般立法程序為之，但修憲則多由特別機關為之，或於議事上提高可否門檻，其程序較普通法律困難複雜，以強化憲法之固定性，其尊嚴精神才能更受國民的信賴尊重。

三、妥協性

　　憲法條文往往關涉國家重要事務及人民的權益，因而在制憲過程中，必將呈現社會的多元意見，因此，各政黨或社會階層群體的意見，現實上亦難完全納入條文中，若均各執己見，勢難獲得共識，故唯有依循尊重少數、服從多數之原則，重視並保障弱勢或少數的意見，經由折衷妥協，才能順利制定出各界都能接受的憲法條文；因此，憲法之產生，往往是一國政治力妥協的結果，故憲法條文並非純粹出於法理，其內容亦具有妥協的性質。

四、政治性

　　憲法之制定多是民權革命運動推展的結果，其所規範之內容，主要是國家重要政治制度的設計、行政機關之權限、人民基本權利的維護保障；因而每逢國家政局出現變動，或現實上有迫切的需要，仍不可避免要進行修改或重新制定，故與政治的動態發展關係極為密切。

五、歷史性

　　各國憲法之制定，往往於該國立憲政治和民權運動的發展有關，故於憲法條文中，可尋繹出各國立憲政治發展的歷史因素，有時是將歷史事實以成文形式表現（林紀東，1987：11），這些線索，可作為解釋憲法

的參考因素，亦能補充憲法條文之意涵（特別是較富彈性的概括性條文），故憲法之歷史性，恆較普通法律強。

六、適應性

雖然憲法基於法秩序安定的需要，常強調其固定性，但基於現實政治動態的發展與社會變遷的結果，若不能適應社會的實際需要，則易阻礙社會的進步，故具有能配合時空環境變遷的性質，即為憲法的適應性；基此，各國憲法條文大多簡潔概括，僅作一般性、原則性及基本性的規定，蓋簡潔則富有彈性，概括則涵意廣泛，國家可運用判例、解釋、慣例等方式以闡明憲法條文之意旨（汪中原，1999：10），得以配合社會環境的變遷而相互適應。

七、界限性

由於憲法是規範權力關係的法律，所以必須賦予其界限，以防權力的過大與濫用，因而憲法有三項界限：

1. 國家對外權力「主權的界限」：國家主權僅能及於一國所有效管轄之領土及居住其內的人民，故相對於其他國家的主權或國際法規範，主權之行使必須有其範圍，即國家統治權所能及之處。

2. 國家權力的內容界限：國家的形態常因時空因素而出現改變，從傳統夜警國家到介入私人自治領域的範圍，國家權力之運作實有必要進行調整（尤以在契約自由方面），但無論如何轉變，國家存在之目的，卻始終如一，即是保障基本人權，因此，任何國家權力的發動皆必須以此為界限。（許慶雄，1993：28-29）

3. 國家統治構造「權立分立」的界限：一般國家皆採三權分立的體制，同時不論為總統制或是內閣制，其運作精神都必須要符合權力分立的精神，亦即三權平等、獨立但相互制衡。(Ibid：29)

八、無制裁性

　　日本憲法學者美濃部達已認為，許多憲法條文均不能由法院為強制執行，縱有違悖，亦無法對之加以制裁，此即憲法之無制裁性；詳言之，憲法效力之維持，唯賴政府及議會之自制及其相互抑制，果若不能，實際上如發生違憲之行為，除依賴政治的手段外，法律上殊無任何糾正之手段（林紀東，1987：12）。因此，唯有形塑具備法治精神與公民意識的成熟社會，才是憲政實施成功的關鍵。

第四節　憲法之類型

　　憲法之分類並無絕對的標準，唯就學術觀點而言，常依研究角度與理解之需要而有不同立場，傳統學界之分類，認為憲法可區分為形式與實質意義憲法、成文與不成文憲法、剛性與柔性憲法、欽定協定與民定憲法等四類；現代學界對憲法的分類，特別自一九五〇年代以後，主要有近代與現代意義之憲法、規範性與名義性及詭譎憲法、資本主義與社會主義憲法等分類。其他，則有所謂君主憲法與共和憲法、聯邦國與單一國憲法、平時憲法與戰時憲法（為學者林紀東所主張）、三權憲法與五權憲法（為研究三民主義學者所提倡）等分類，唯若以能夠兼顧時代與實質內涵意義之標準，就憲法之主要分類歸納如下（圖1-4）：

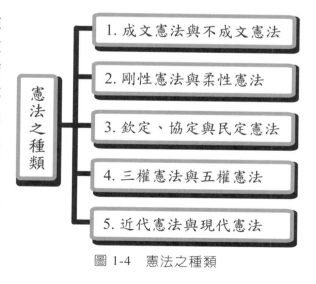

圖 1-4　憲法之種類

1. 成文憲法與不成文憲法
2. 剛性憲法與柔性憲法
3. 欽定、協定與民定憲法
4. 三權憲法與五權憲法
5. 近代憲法與現代憲法

憲法之種類

第一項　成文憲法與不成文憲法

　　凡將關係國家基本組織的事項，以系統完整之法典形式制定者，即是成文憲法(written constitution)，或稱為文書憲法(documentary constitution)，如我國憲法、1787年美國聯邦憲法、1946年日本國憲法、1958年法國第五共和憲法等均是；反之，關係國家基本組織的事項，未曾合併於一種或數種文書內，而散見於習慣、判例或單行法規者，則是不成文憲法(unwritten constitution)，如英國憲法。兩者於運用上則各有優缺：(1)成文憲法條文明確清晰，人民權利較能受到保障，反之，在不成文憲法中，憲法是存在於習慣中，人民較難瞭解國家機關之權限，若執政者欠缺民主素養與政治道德，則曲解玩弄憲法之事在所難免；(2)成文憲法條文既然明確清晰，則缺乏優良政治訓練及民主意識者，亦能運用自如，而不成文憲法因內容不夠明確，其運用者需具備較完整的訓練和智識，只能適用於立憲主義發達的國家（如英國），並不適合於一般國家；(3)成文憲法之制定及修改通常較為困難，不易隨社會變遷而進化，至於不成文憲法則變更容易，只要國會制定新法或有習慣、判例能夠成立，且為社會公眾所接受，憲法之規範或精神便產生改變。

第二項　剛性憲法與柔性憲法

　　英國憲法學者普萊斯(James Bryce, 1838-1922)首倡剛性憲法(rigid constitution)與柔性憲法(flexible constitution)之區分（王世杰、錢端升，1947a：8）。一般而言，成文憲法均於條文中明白規定修憲之程序，凡修憲之機關或程序與普通法律不同者，即是剛性憲法。若依其性質，可再區分為兩類：第一類是修憲機關與普通立法機關不同，第二類是修憲機關即為普通立法機關，但其修改程序較制定普通法律困難，舉例而言，如我國是由立院提案討論表決通過，再經由全國公民複決，美國聯邦憲法之修憲程序，是由國會參眾兩院提案審議通過後，再經由各州批准，

由此觀之，大多數剛性憲法均具備這兩種性質；反之，修憲機關及程序與普通法律相同者，即是柔性憲法，如英國憲法。一般而言，剛性憲法必為成文憲法，但成文憲法未必是剛性憲法，至於不成文憲法必為柔性憲法，但柔性憲法未必是不成文憲法，如義大利 1848 年憲法為成文憲法，但因其修憲程序與普通法律相同，是為柔性憲法。

第三項　欽定憲法、協定憲法與民定憲法

　　凡是由君主以獨斷方式制定之憲法即為欽定憲法，如清末光緒 34 年所頒布之憲法大綱、日本明治憲法；若是由君主與人民或其代表所共同協議制定者，即為協定憲法，如 1830 年法國憲法（第八憲法）、1850 年普魯士憲法；若憲法之制定是基於國民主權的原理，以人民之意志共同決定者，即為民定憲法，其形成方式可分為三種：(1)由普通之議會所制定而成，如 1875 年法國第三共和憲法（第十二憲法）；(2)由人民所選舉之團體組成制憲機關進行憲法之擬定，如我國是組成制憲國大來制定憲法、美國是由各州推選代表在費城組成制憲會議進行制憲；(3)由公民直接投票表決，即先由議會制定，再經由全國公民直接投票表決，如法國第四、第五共和憲法。目前，隨著立憲主義及民主政治的發展，欽定和協定憲法已成歷史陳跡，現代各國憲法均是民定憲法，故此種分類已不甚重要。

第四項　三權憲法與五權憲法

　　此種分類較為特殊，西方國家立憲政制多基於孟德斯鳩(Baron de Montesquieu, 1689-1755)權力分立的學說，將立法、行政、司法三種政府職能分別規定在憲法中，並將此三種權力委由三個憲政機關獨立行使職權，並使其彼此間相互制衡，現代民主國家多採行此三權憲法的政治體制；但我國則不然，我國於制憲之初，有關各種政府組織及政治制度的設計，均繼受孫中山的政治思想及其相關主張，特別是將權力區分成政

權與治權，前者歸屬於人民，後者屬於政府，將立法、行政、司法、考試、監察五種治權各自獨立規定在憲法中，並設置五個機關行使職能，並依分工合作的精神來運作，是為五權憲法的政治體制。

第五項　近代憲法與現代憲法

近代憲法主要是於 18、19 世紀時所制定，乃植基於個人主義與自由主義思想，強調限制政府的權力，保障人民的自由權益，其特點可歸納如下：(1)國家立法機關居於優越的地位；(2)權力相互制衡，政府消極統治人民；(3)保障人民之自由權利；(4)保障私有財產制度（採私有財產絕對主義）；(5)法律之平等保護；(6)詳細規定選舉的制度。

現代憲法則主要指 20 世紀所制定之憲法，特別是關於社會權的理念，已成各國憲法發展的重要趨勢，認為國家對人民之權利不僅在於消極的保護，而是應積極地促進提昇人民的生活，著重於社會安全、社會福利、教育文化等層面，其特點可歸納如下：(1)國家行政機關領導立法；(2)權力運作互謀協調合作，政府積極服務人民；(3)積極保障人民由權利，並設國家賠償規定以謀救濟；(4)限制私有財產制度（採私有財產相對主義），注重經濟平等與社會安全；(5)承認政黨之地位；(6)司法審查制度之確立；(7)詳加規定直接選舉及公民投票；(8)促進國際和平之規定。（汪中原，1999：8）

第五節　憲法之變遷與修改

憲法之變遷主要為因應社會變遷或政治現實的需要而修改，或一國之成文憲法因解釋與慣例而發生變更，或國會所制定之法律使憲法實質意涵出現變化；有學者認為，就憲法之契約本質而言，既沒有不可修改的特性，而就其為政治規範的功能言之，更必需「法與時轉」，以求不失其用（荊知仁，1984a：392）；傳統學界強調憲法為「萬世不磨之大

員及監察委員的任期無限延長，因此保障了國家的法統免於因戰禍所中斷，使中央政府的運作得以延續進行，但也因而導致我國中央民意機關長達三十多年的無法定期改選，阻礙了民主政治的正常運作；至民國 79 年，大法官權衡局勢作出了釋字第 261 號，宣告我國第一屆中央民意代表，應於 80 年底終止行使職權，改由自由地區的人民選出，即所謂中央民意代表全面改選，使我國才能真正向民主社會邁進。（項程華，2010：177）

　　以基本權利為例，傳統基本權利的解釋方法，條文的意涵屬於固定不變的，即是「封閉性」的意涵，解釋者只能以「歷史解釋」、「立法者原意解釋」往回追溯其當時的意義。而「生活領域」的概念導出的「保護範圍」的基本權解釋原則，是將條文視為「開放性」、「框架性」的意涵，解釋者應將該條文的意涵不斷動態整合填入現代意義，因此，解釋是一種「價值不斷整合」的概念，基本權的內涵及其保護範圍與「社會實體」的理解直接相關，而非單純的條文演繹。（Ibid：188）

　　以大法官會議就憲法對人民基本權利的解釋而言，有學者即認為基本權條款的解釋目的，不在於思考人民「抽象的」社會生活，而是在解析人民在某一個「現實」國家具體的生活領域……基本權條款只有透過「填入」該國人民具體生活現狀才可能將條文具體化，換言之，基本權條款只有在解釋中才有具體內涵……（姚立明，2002：138）；因此，對於憲法的解釋，除尋繹條文原義外，更應動態地考察社會現實生活以掌握其核心精神，才能使憲法的內涵維持與時俱進的原則。

第三項　憲法條文之修改

　　憲法作為國家最高法規範，基於安定性原則，原本即不宜任意修改，但憲法之施行因社會變遷的緣故，或因政治現實之需要，便可能發生制憲者未能預見之情況，或有適用困難的問題，甚至透過解釋的方式亦無法克服，因而有進行修改之必要；其理由在於憲法之解釋有其侷限

性：即不能逸脫條文的根本精神，為配合現實問題而輕率演繹，因此，修憲乃成為使憲法能適應潮流趨勢的重要方法；以我國憲法之修改而言，增修條文的制定，與美國憲法所採方法相似，美憲之修改，是基於歷史情感與尊重制憲先賢的考量，乃以通過憲法修正案(amendment)來補充原有條文之不足，憲法本文完全照舊保留並不作刪減或增加，再依「後法推翻前法」原則予以適用，我國歷經七次修憲，亦採增修方式處理，兩者頗為類同。

綜觀憲法學者的意見，所謂「修憲」，基本上必須維持三項要件：(1)遵守既存憲法所訂的修憲程序；(2)僅得為「部分（條文）修訂」；(3)修訂的內容亦不得逾越憲法基本精神所構成的「修憲界限」。相對而言，若出現(1)憲法變遷的程序脫逸既存憲法規範；(2)「全部（條文）修訂」；(3)修憲結果已脫逸「修憲界限」的實質規範等任一情形，則均屬事實上的制憲行為。惟何者構成「修憲界限」的具體內容並無定論，同時，若既存憲法中並無「禁止修改（條文）規範」的規定，理論上亦不應排除「全部（條文）修訂」的可能性，較不具爭議性的條件僅餘「是否遵守既存憲法所訂的修憲程序」耳。因而，有學者就明確指出：「制憲是政治行為，屬於超實定法的範疇，不受既存憲法的規範；修憲是法律行為，必須依憲法所訂程序為之。」（隋杜卿，2003：1）

本書認為，憲法之修改，宜應回溯到制憲者的協商情境，重建政治形成過程與折衷共識出現的轉折，唯有如此，才能尋繹出憲法條文形成的歷史脈絡，對照出符合憲法意旨的憲法文義，若僅侷限於靜態的文義解釋與邏輯推演，而忽略制憲者或修憲者（七次的憲法增修）辯論和推理過程中去歸納出憲法的基本價值，並依此重建憲法的邏輯結構，整合國家憲政體制現實，將使憲法脫離政治現實，成為對政治行動者信念毫無規範力的具文，進而在法理的矛盾中喪失公信力。（劉獻文，2002：208）

此外，憲法修改之程度，學界有「有界限說」與「無界限說」兩派，其觀點分述如下：

一、有界限說

　　德國學者 Carl Schmitt 於 1928 年先提出「憲章」與「憲律」應予區別之學說，Schmitt 乃據此作為其主張有界限說之理論基礎：Schmitt 認為：對憲章與憲律之區別是研究憲法學之先決條件。

　　Schmitt 認為，憲章乃是由制憲權之行為所產生，而制憲行為乃經由「一次決定」而規定關於政治實體之整體特殊存在形式，制憲行為將被假定存在之政治實體的形式與種類加以具體化；憲章則是由政治實體為自己決定特殊整體形態的規定而已，換言之，憲章是制憲權之擁有者所做之政治決定，其決定之內容是有關政治實體之特殊存在形式與種類。（劉獻文，1996：103-104）

　　我國主張憲法修改有界限說當以薩孟武、劉慶瑞為代表性學者（薩孟武，1988b：56）。薩孟武認為一部憲法必有其根本精神，所有憲法條文皆以這根本精神為基礎，如國體為帝制或共和，政體為民主或獨裁，由該精神而產生一部憲法，而使憲法全體保持同一性。因此，根本精神就整體憲法觀之，乃居於其他條文之上，可以拘束其他條文，且憲法制定權與憲法修改權有別，前者不是受之於法，而是產生於政治力，憲法根本精神決定於政治力，所以不能成為修改之對象；修憲權則不同，它不是產生於政治力，而是受之於法，換言之，政治力決定憲法，而後憲法授予某機關修改憲法之權，若憲法所創設的權能破壞憲法的根本精神，在邏輯上是說不通的；所以憲法的修改如果超過這個界限，則無異於廢止舊憲法而制定新憲法，只可稱謂革命或政變。（劉慶瑞，1992：25）

二、無界限說

　　持「無界限說」者認為，憲法乃根本大法，為何須再區分根本條款或非根本條款？條款間為何須有強弱或高低之別？又現世之社會又何須受制於前人，而不能有所變更？此外，「憲章」部分如何確定，亦屬困擾，我國憲法亦未明白區隔，美國之「憲章」是否即為其憲法之核心，恐亦有爭議，日本憲法戰後大翻新，形同制憲，但仍以修憲稱之，又有何不可？為何一定「劃地自限」？（法治斌、董保城，2004：101）

　　目前，學界多以有界限說為主流通說。憲法之修改，原則上皆不禁止字句上之變更，只要以「不違反修正禁止事項」之基本原則為前提，於個別具體情況欲瞭解是否違反修憲之界限，則需對憲法修改實質界限中較具多義之實質內涵作闡明。

　　釋字第 499 號解釋針對第五次憲法增修案所作解釋，其主要論點其實就是「修憲是否有界限」的問題，也就是「憲法是否違憲」的問題（李惠宗，2000：147）。在我國司法釋憲實務上，司法院於本號解釋即明確採取有界限說，大法官於本號解釋先就程序部分進行審查，提出的標準就是「明顯重大瑕疵」：「修改憲法亦係憲法上行為之一種，如有重大明顯瑕疵，即不生其應有之效力。所謂明顯，係指事實不待調查即可認定；所謂重大，就議事程序而言則指瑕疵之存在已喪失其程序之正當性，而違反修憲條文成立或效力之基本規範。」由此標準認定，大法官針對 88 年 9 月 4 日三讀通過修正憲法增修條文修正程序牴觸上開公開透明原則，修憲行為有明顯重大瑕疵，已違反修憲條文發生效力之基本規範（項程華，2010：182）。其界限，包括兩個面向：第一，修憲程序上應遵守「正當修憲程序」，最重要的就是「公開原則」，「俾符全國國民之合理期待與信賴」；第二，在實體內容上，則不可違反「憲法中具有本質之重要性而為規範秩序存立之基礎」的「價值體系」（司法院釋字第 485 號、第 490 號解釋）。（李惠宗，2004：27）

　　至於憲法修改之界限為何？學者 Ehmke 根據權力的理性化共同構成憲法的實質關係，建立實質憲法理論，並由這層憲法實質關係尋繹四項憲法修改之固有界限：1.個人基本權與公民權利之保障；2.政黨政治與議會制度；3.國家機關職務之區分（即權力分立之精神）；4.憲法修改所必須之多數規定不能修改。（劉獻文，1996：110）

　　歸納有界限說之觀點，憲法之修改應符合兩大基本原則：

一、民主原則

1. 民主是以人民之多數決為國家意思形成之方法，所以修憲之意圖如在建立君主專制或獨裁政治，均與作為憲法修改界限之民主原則違背。

2. 現代民主政治是政黨政治，若修憲意圖造成一黨專政，破壞政黨組織及活動自由，剝奪反對黨有公平機會成為執政黨之權利，均是違反民主原則之憲法修改。

3. 人民政治意思之形成有賴公民投票之定期舉行，雖「直接民主」或「間接民主」可任憑修憲機關採擇，然至少必須有兩種以上之選擇可能性，才符合選舉真義，若以任何方式取代民主選舉，皆已違反民主原則。

　　民主原則為我國憲法第 1 條所揭示之立國根本精神，而憲法根本精神乃整個憲法所由架構之基礎，具有不可侵犯性，不得作為修憲對象。（法治斌、董保城，2004：102）

二、法治國原則

　　法治國家的基本原則，主要可歸納為以下五項（圖 1-5）：

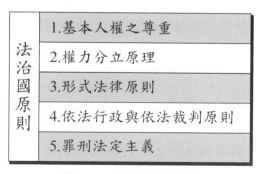

法治國原則	1.基本人權之尊重
	2.權力分立原理
	3.形式法律原則
	4.依法行政與依法裁判原則
	5.罪刑法定主義

圖 1-5　法治國家原則

1. **基本人權之尊重**：可謂法治國之基本原則，亦為其至上命題，然以之作為修憲界限，並非意味憲法內任何有關基本權利條款均不得修改，而是只要不違反基本權利之本質內涵，仍被允許進行修改。

2. **權力分立原理**：權力分立至少需有立法、行政、司法之三權分立，若意圖使行政權兼掌司法或假藉修憲手段制定授權法，將立法權轉移至行政機關，均違反權力分立原理；況且，在權力分立概念下，司法必須維持獨立，不得假藉修憲手段對其妄施任何限制，且立法行政間之關係，亦不得任意變更。

3. **形式法律原則**：法律需由人民之代表所制定，原則上適用於普遍不特定多數人，且除非立法者另立新法取代，立法者本身亦應受拘束，若憲法之修改與該原則相抵觸，即違反憲法修改之界限。

4. **依法行政與依法裁判原則**：依法行政與依法裁判原則是法治國家重要特質，在形式法律具備後，司法或行政（統治行為）皆應遵守法律，即是以客觀法律規範取代個人主觀偏好為施政根據，人民的權利由法院加以保障，人民的義務亦由法院加以明白規定，法院非有法律依據不得侵犯人民權利，行政機關非有法律依據不得限制人民權利或任意課予義務，凡憲法之修改與該原則相抵觸，即違反憲法修改之界限。

   然而，若法官脫離憲法價值的制約，而自覺或不自覺根據自己價值偏好審判，固可能導致司法公信力低落，但法官倘抱持「惡法亦法」的態度，欠缺抗拒惡法的意識與能力，而淪為惡法戕害人權與民主的幫兇，也同樣會帶來埋葬司法公信力的後果，（許宗力，1997：82）亦值得警惕。

5. **罪刑法定主義**：乃法治國家為防止審判之專斷而侵害人民權利之思想，其主要內容為：(1)國家論罪科刑均需法律明定；(2)不得適用類推解釋；(3)刑法不得溯及既往、行為之處罰以行為時法律有明文規定者為限；(4)不得有絕對不定刑期。果若修改上述基本原則，亦違反憲法修改之界限。

　　承上所述，任何一部憲法皆有其核心價值、基本精神，這種精神不但使整部憲法得以保持統一性，修憲權之行使，固然可修改個別憲法條文，但亦不得違反此共識之根本精神，因為修憲權是憲法所制定之權力，不同於制憲權，若憲法所制定之權力竟破壞憲法的根本精神，於法理上是不能成立的，何況，修憲的概念應是在「既存憲法之存在」及「憲法之同一性保持」下對憲法內之條文作修改，果若破壞憲法之存在及其同一性，必有違修改之本意，因此，憲法之修改仍應有所界限不得逾越。

　　依第七次增修條文第 12 條第 1 項之規定：「憲法之修改，須經立法委員四分之一之提議，四分之三之出席，及出席委員四分之三之決議，提出憲法修正案，並於公告半年後，經中華民國自由地區選舉人投票複決，有效同意票過選舉人總額之半數，即通過之，不適用憲法第 174 條之規定。」因此，我國憲法修改之程序分成兩個階段，第一階段以立法院為發動機關來提案，若經決議成立，則進入第二階段，即於公告半年後，交付公民投票複決之。

第六節　當代憲法發展之趨勢

　　當代憲法發展之趨勢，主要可歸納為以下六項（圖 1-6）：

第一項　絕對主權之限制

　　強調國家主權之絕對性，原為近代各國立憲之基本原則，但現今國際社會互動頻繁，國家之間的關係更為密切，彼此之相互尊重與主權自限的觀念逐漸成熟，因而主權絕對的觀念實有調整之必要，許多國家為追求國際和平並維護國際秩序，特別於二次大戰後，各國憲法均吸納這種觀念而表現在憲法條文中，如我國憲法第 141 條即規定：「中華民國之外交，應本獨立自主之精神，平等互惠之原則，敦睦邦交，尊重條約

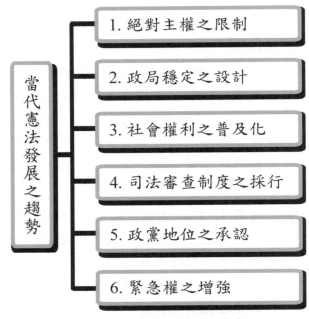

圖 1-6　當代憲法發展之趨勢

及聯合國憲章，以保護僑民權益，促進國際合作，提倡國際正義，確保世界和平。」再以德國憲法（基本法）第 24 條第 1 項規定為例：「德國願依立法程序，將主權讓與國際組織。」又如法國第四共和憲法前言則說明：「…於互惠條件之下，法蘭西願為世界和平而限制其主權。」（薩孟武、劉慶瑞，1985：435）均明白宣示願意遵守國際法規範的原則，故絕對主權之限制，已成為現代憲法發展之重要趨勢。

第二項　政局穩定之設計

　　二次大戰以前，歐陸許多國家因政治生態而出現小黨林立的局面，內閣經常更迭，造成政局不穩定、阻礙社會發展，有鑑於此，戰後各國往往於制憲或修憲時，將政府各部門的權力關係重作調整：如德國即採行「建設性不信任投票」制度，規定國會可通過對內閣之不信任案，藉此以更換內閣，但必須事前先推選出繼任的總理；又如法國有鑑於第四

共和內閣變更頻繁，於 1958 年制定第五共和憲法時，乃分別規定總統與總理之權限；甚至許多中南美國家，為避免獨裁專制，乃於憲法中明定總統不得連選連任，或者是修改選舉制度以提高倒閣門檻、增加政府的安定性，都是基於政局平穩考慮的措施。

第三項　社會權利之普及化

現代憲法的第三個重要趨勢，即社會權思想已正式為憲法所吸納，並將其實定法化，特別是 1919 年德國威瑪憲法，為 20 世紀最具代表性的憲法，現今各國憲法與法律，多深受其影響，如威瑪憲法第 153 條即規定：「所有權由憲法保障之⋯⋯，所有權負擔義務，行使所有權，須同時有助於公共福利。」（薩孟武、劉慶瑞，1985：432）

究其原因，傳統民主自由思想多在強調個人主義，立憲體制著重於個人自由或財產權之保障，並於憲法中明定國民之各項政治權利，但 20 世紀的社會變遷逐漸改變既有的權利觀念，特別是個人與社會的關係相當密切，人與人之間亦有緊密的連帶關係，公共福利之重要性與日俱增，傳統極端尊重個人而忽視社會之個人主義思想，已不符時代的需要，隨著社會法觀之發達、福利國家觀念之伸張，傳統財產權之絕對保障思想逐漸式微，「所有權負有義務」、國家限制個人財產、統轄國民經濟活動，漸成世界各國憲法之主流思想（李鴻禧，1991：387）。

一次大戰後，德國威瑪憲法率先擴充國家對人民權利的保障與增進，認為政府對人民生活的照顧乃國家之重要任務，舉凡社會安全、社會福利、經濟生活、教育文化等層面，均由憲法將人民這些社會權正式明定入憲，成為現代各國憲法之共同特色；我國憲法第 13 章及增修條文第 10 條相關條文，亦將社會權明定入憲，對此，學界稱為「社會福利國原則」，且亦多肯定其憲法位階。（黃舒芃，2006：9-10）（參照司法院釋字第 485 號意旨及第 472 號協同意見書）

第四項　司法審查制度之採行

現代憲法所規範之政府權力，是以權立分立原理及有限政府的觀念為基礎，依循法治政治與責任政治的精神運行；然而，政府的行政、立法兩大部門基於制衡的要求，亦會出現衝突與扞格，司法部門作為權力分立設計下的憲政機關，便得以中立的立場進行裁判；另一方面，為防止政府侵害人民權利或議會作為逸脫民意，司法審查制度已成為確保立憲主義不致變質變形的最後防線，司法部門透過釋憲或審查法令是否違悖憲法條文的意旨，以保障人民的基本權利。

戰前歐陸各國卻認為，由法院實施違憲審查制度，違反民主主義與權力分立制衡原理，因而未予制度化，不過戰後經深刻反省後，各國咸認必須保障人權不受法律之侵害，紛紛改採違憲審查制。（李鴻禧，2000：166）

在二次大戰後，立憲主義國家大都設有司法違憲審查制度，以排除違憲法律，法院在審判案件時，必需將法律適用到具體的個案上，往往會遇到法律與法律之間相互的衝突或矛盾。法院不可避免要運用法律解釋的方法，來解決法律適用的問題（項程華，2010：178）。目前，各國多設立司法審查(judicial review)的制度，雖然體制設計及運作方式各有差異，但已逐漸成為憲政運作重要的一環。

第五項　政黨地位之承認

政黨是民主政治的產物，亦為立憲政治體制下之常態，往昔憲法較忽視其於憲政上所扮演的角色，未曾將政黨的因素入憲，如美國憲法條文即未曾提及政黨；然而，今日美國民主政治的運作，顯然不能忽略政黨這項因素，同樣地，政黨於各國憲政發展中，不但扮演積極重要的腳色，甚至已成為民主之同義詞，兩者關係至為密切。另一項重要發展趨勢，即正式承認政黨的地位，其主要原因是對極權主義政黨作出預防，

欲規範其性質與活動之範圍，如德國憲法法院於一九五〇年代，便陸續宣告納粹黨（1952 年）及共產黨（1956 年）係違憲政黨，乃明令禁止其活動並予以強制解散（即所謂「防禦式民主」，參照本書第八章第三節第四項）。

　　另一方面，為順應時勢潮流，憲法賦予政黨正式的地位、保障其政治活動的權利及自由，實亦有其必要；目前，我國憲法僅就政黨作出消極性規定：如憲法第 80 條規定法官必須超出黨派以外，依據法律獨立審判，不受任何干涉；憲法第 138 條規定軍人應超出黨派以外，效忠國家；憲法第 139 條則規定任何黨派及個人，不得以武裝力量為政爭之工具；增修條文則規定政黨之目的或其行為危害國家及憲政秩序時，應由憲法法庭審理違憲政黨解散之事項（增修條文第 5 條第 4 項、第 5 項），即是仿傚德國防禦式民主的憲政機制。

第六項　緊急權之增強

　　立憲主義之發展，於 20 世紀先後遭遇法西斯及共產主義的挑戰，甚至在許多民主國家均出現獨裁的威權政治，究其原因，主要是國家體制欠缺對緊急狀態的應變機制，致使民主政治橫遭挫折；另一方面，當國家面臨緊急事件時，為保障人民之生命、自由及財產安全，必須作緊急而必要之處置，因此，賦予政府首長緊急處分權實有必要，這種權限，即所謂「憲政獨裁」(constitutional dictatorship)，故國家緊急權的本質，目的在謀求民主憲政之維繫，乃暫時性地將國政權力集中以強化行政權，俾能克服危機，故允許執政者得在國家遭受危難時，發布緊急命令、採取緊急處分或宣告戒嚴，以維護人民的權益，這種緊急權的增強，已逐漸成為現代立憲國家發展的趨勢之一。

MEMO

第 2 章

中華民國憲法總論

第一節　憲法之制定與增修

我國憲法之制定、歷次增修沿革，以及憲法修改之程序，請參照圖 2-1。

一、我國憲法的歷史沿革

★ 制定日期：民國35年12月25日國民大會
　　　　　　通過完成三讀程序，
　　　　　　共14章，合計175條
★ 公布日期：民國 36 年 01 月 01 日
★ 施行日期：民國 36 年 12 月 25 日

憲法者，國家之構成法，亦即人民權利之保障書也。

孫中山 1866～1925

二、憲法的制定與增修

★ 制定：國民大會（制憲國大）
★ 修訂：由立法院提出憲法修正案，通過後經公告再交由全國公民複決
★ 歷程：自民國80年至94年，共歷經七次憲法的增修
★ 目前：至民國94年第七次修憲後，除憲法本文外，另有增修條文12條

三、歷次憲法增修沿革

第1次～民國80年5月1日公布增修條文全文 10 條
第2次～民國81年5月28日公布第 11～18 條條文
第3次～民國83年8月1日公布全文 10 條
第4次～民國86年7月21日公布全文 11 條
第5次～民國88年9月15日公布第 1、4、9、10 條條文
第6次～民國89年4月25日公布全文 11 條
第7次～民國94年6月10日公布第 1、2、4、5、8 條條文；並增訂第 12 條條文

圖 2-1　憲法之制定與增修

第二節　憲法前言

第一項　訂定憲法前言之目的

憲法之前言(preamble)，通常在於表現整部憲法的意涵。近代許多國家常於憲法本文之前，冠以一段文字闡明該憲法之基本精神和最高目

的，此即憲法之前言或序文；由於一國憲法之制定，必須歷經社會各界集思廣益以凝聚共識，故前言不僅能夠說明制憲的時空背景，並能揭示制定、實施憲法的精神及目標，有助於人民瞭解民主憲政的宗旨，促進社會各階層團體對國家的認同與向心力。

第二項　我國憲法前言之意義

我國憲法之前言如下：「中華民國國民大會受全體國民之付託，依據孫中山先生創立中華民國之遺教，為鞏固國權，保障民權，奠定社會安寧，增進人民福利，制定本憲法，頒行全國，永矢咸遵。」其意涵主要包括三項要點（圖 2-2）：

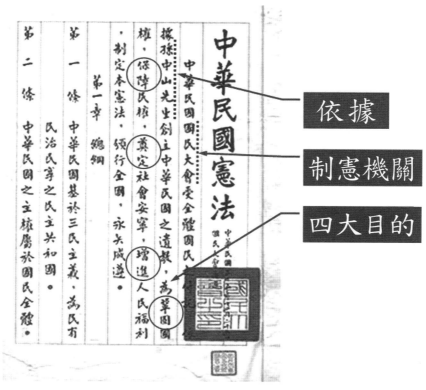

圖 2-2　憲法前言之意義

一、憲法制定之機關

首先，憲法前言表明我國制憲機關為國民大會，受全體國民之付託而制定憲法，其性質屬於民定憲法，制憲的權力來自於中華民國全體國民；其次，國民大會係受全體國民之付託，故乃是唯一的合法制憲機關，再者，國民大會於性質上並不等同於一般立法機關，係唯一有權的制憲機關。

二、憲法制定之依據

憲法前言稱：「依據　孫中山先生創立中華民國之遺教，……，制定本憲法。」即表明制憲的根本精神為孫中山先生遺教，而孫中山關於憲政建設之遺教，主要包括「五權分立」、「權能區分」、「均權制度」、「地方自治」等學說理論；但因民國 35 年 1 月政治協商會議決議之結果，致使憲法制定時，部分條文與孫中山原始構想頗有出入，加以自民國 80 年 4 月至民國 94 年 5 月，我國歷經七次憲法的增修，現今體制與制憲之初差距更大。過去，在五權憲法架構下，對我國憲法的解釋，主要以孫中山思想學說為主要依據，目前，中央政府體制則較近似法國第五共和雙首長制之設計，惟就憲法研究角度言之，仍應以民主法治精神及先進國家憲政體例為探討基礎。

三、憲法制定之目的

根據憲法前言之敘述可知，制憲之目的在於追求「鞏固國權，保障民權，奠定社會安寧，增進人民福利」，有學說認為「鞏固國權」即在實行民族主義，「保障民權」即在實行民權主義，「奠定社會安寧，增進人民福利」即在實行民生主義（汪中原，1999：54）；若以現代憲法精神言之，我國實施憲政之最高目的，除消極地保衛國家安全、維護社會秩序外，更有積極地謀求增進人民福利的宗旨，此與 20 世紀各國所提倡「福利國家」理念亦相符合，而憲法第 13 章之「基本國策」專章與增修條文第 10 條的相關規定，更可視為落實前述憲政目標之具體政策。

第三節　憲法總綱

　　總綱(general provisions)與前言有所不同，前言之目的在於揭示憲法的基本精神與最高目的，並說明憲法制定的時空背景、權力依據、制定機關、目的、理想；總綱則是將國家成立的基本要素、提綱挈領地規定在憲法上，以作為整部憲法的準則（林騰鷂，1998：56）；我國憲法第 1 章為「總綱」，共計 6 條條文，分別規定關於國體、政體、主權、國民、領土、民族、國旗等國家要素或重要政治符號，乃是立國之最根本事項。

第一項　國　體

　　國體(form of state)是國家的形式，其區分乃是以國家元首之身分為標準，現代國家的形式，通常區分為君主國(royalty monarchy)與共和國(republic)兩種體制，凡國家以君主為元首即是君主國，以總統為元首即是共和國。

一、君主國體

　　君主國大致上可區分成君主立憲國及專制君主國兩類，前者如英國、日本、挪威、丹麥、瑞典等，後者如辛亥革命前之中國、1945 年以前之日本、1789 年以前之法國等；君主國之國家元首為世襲、終身制，於往昔君主世襲統治下，國王或皇帝大權獨攬，以一人之意志為國家意志，故君主國通常都是實行獨裁政治；時至今日，君主可能僅是國家的象徵而為虛位元首；所以，君主國並非即是獨裁政治，例如英國、日本現今仍是君主國，但女王或天皇僅是國家名義上之元首，於實際上，現今英、日都是實施民主政治的國家。

二、共和國體

　　共和國之國家元首不由世襲，而是經由民主選舉產生且有一定任期之總統，任滿必須改選，如我國、美國、法國、德國等；然而，共和國體亦未必即是採行民主政治體制，如冷戰時期之蘇聯、東歐等共產國家，二次大戰前之德國、義大利、現今之中共、北韓，均將國家名義定為「……民主共和國」或「……人民共和國」，但實際上均實行獨裁專制，並不符合構成民主國家之基本要件。

　　我國憲法第 1 條規定：「中華民國基於三民主義，為民有民治民享之民主共和國。」其涵義主要包括：1.明定中華民國之國體為共和國，而非君主國，同時，乃是以三民主義為立國之基本精神及原則；2.明定我國為民有、民治、民享（of the people, by the people, for the people）之民主共和國，政府之建立是根據三民主義之民族、民權與民生主義，強調立國宗旨在於建立一個國家為人民所共有、政治為人民所共管、社會利益為國民所共享的政治體制。

第二項　政　體

　　政體(form of government)乃是政府的形式，其區分是以政府統治權行使的方式為標準，主要可區分為民主和專制獨裁兩種：凡統治權之行使由單一個人或少數人所決定，施政並不依循民意及遵守法律規範，即為獨裁專制政體，如歷代之中國、沙皇統治下的俄國、二次大戰前之德國、日本、義大利等國家、以及中共、北韓、古巴等共產主義國家；凡統治權之行使以民意為依歸，施政受社會公眾監督並負實際政治及法律責任，且按照選舉多數決原理決定進退者，即為民主政體，如我國、美國、英國、法國、德國、日本等國家。

　　詳言之，作為民主或獨裁政體的主要區別有二：

一、就國家最高意思的歸屬言之

在民主制國家，國家最高意思之決定權在於國民，國家機關的所有權力均必須直接或間接以國民的意思為依據；反之，在獨裁制國家，國家最高意思則由一人或少數人所決定，國家的權力並不淵源於國民（劉慶瑞，1992：32）。在前者，人民為統治的客體，同時亦為統治的主體，即統治者與被統治者間具有同一性(identity)的關係，反之，後者則否。

二、就國家最高意思形成的方式言之

民主制乃以相對主義為原則，即承認個人意見之相對性，容許異論存在，且以討論和表決的方式決定意思；反之，獨裁制則以絕對主義為原則，即強調統治者意見之絕對性，不許異己之意思，一切事項皆取決於一人或特定少數人(Ibid:33-34)；綜上所述，民主制乃是國家最高意思由人民依相對主義原則來決定的政治形態，而獨裁制則僅由一人或特定少數人依絕對主義原則來決定的政治形態。(Iden)

第三項　主　權

一、主權之意義

主權(sovereignty)一字源於拉丁文 superanus，有較高或最高之意思，現今則主要作「最高」之義；基本上，主權是一個國家所具有至高無上、獨立完整的統治權力，通常包括兩種意義，一為國際法上之主權或對外主權，二為國內法上的主權或對內主權；在第一種意義之下，主權表示國家對外的獨立性與自主性，除受國際法的約制外（主權自限），得獨立行使統治權力，不受他國之干涉或統治，因此，主權對外是獨立的(independent)，即主權之於國外絕不隸屬於任何權力之下，國家權力乃獨立於世上其他國家權力之外（薩孟武，1988a：42）；在第二

種意義之下，主權表示國家對內之最高性(supremacy)，即國家權力較國內任何其他權力都居於優越的地位，而可以支配國內之一切權力，而正因國內法上的主權具有最高性，故可歸納出兩個特質：

1. 主權的不可分割性(indivisible)：倘若主權可以分割，則一國之內將有兩個以上的主權，兩個主權同時存在於一國之內，而又同時皆為最高，在邏輯上是不可能的。

2. 主權之絕對性(absolute)：倘若主權可以限制，則主權不能謂為最高。（劉慶瑞，1992：35）

因此，由前述可知，主權具有不可分割性、絕對性與排他性，即對內是最高、對外是獨立的；於對內方面，乃是在一國有效統治區域內，代表國家之主權者，有權對所管轄下之領土和人民行使排他性的管轄權；於對外方面，則是任何國家的主權均不容侵犯，在國際上，各國之地位獨立而平等，亦不容許任何其他國家干涉本國之內政。

二、關於主權之學說

主權之歸屬，依歷史的發展，可歸納出君主主權、國家主權、議會主權、國民主權等四項主要學說，其要義如下（圖 2-3）：

圖 2-3　主權學說

1. **君主主權說**：此說認為主權屬於國家君主，是 16 世紀法國學者布丹 (Jean Bodin, 1530-1596)所提倡，主張君主無論對內或對外，都享有至上的權力，其時空背景在於當時法國國王對內欲征服封建諸侯，對外則要與羅馬教庭及神聖羅馬帝國相抗衡，故必須在絕對主義的前提下，確立以統一國家為中心的權力，此即本說之目的，對近代民族國家之形成有其貢獻，但自民權思想發達後已逐趨式微。

2. **國家主權說**：此說認為主權屬於國家本身，是由德國學者拉邦德(Paul Laband, 1838-1919)及耶林涅克(George Jellinek, 1851-1911)所主張，特將主權與君主和國民加以作區分，進而導出主權既不屬於君主、亦不屬於國民，而應歸屬於國家的結論，國家不但是一個法人，更有其人格和意志，可以為權利之主體（張世熒，1998：31）；然此說有妨害人民自由之可能，與現代民主政治觀念不符，其學說並不周延。

3. **議會主權說**：此說認為國家主權應屬於議會，為英國學者奧斯丁(John Austin, 1790-1859)所提倡，因為英國議會能制定任何法律而不受限制，其權力至高無上，故國家最高的主權應歸屬於議會；但議會並非具體的人，而是一個機關，乃由許多具體的自然人所構成，故以主權歸屬於抽象的組織體，亦不妥適，因此，學者便認為，國家的主權者必為人類，而非抽象的法人或其他組織體。（薩孟武，1988a：43）

4. **國民主權說**：此說認為主權應屬於國民，其理論起源於 17、18 世紀的自然法思想及國家契約理論，亦成為 1776 年美國獨立宣言(Declaration of Independence)及 1789 年法國大革命的理論依據；本說強調國民具有決定國家意思的最終權力和權威，國民為主權的所有者，為主權之主體，而行使主權的個人或機關，則是受主權所有者之委託而行使其權力（王世杰、錢端升，1947a：39），於現今已成為學界主流通說。

三、中華民國主權之歸屬

我國憲法第 2 條規定：「中華民國主權屬於全體國民。」本條文明定我國係採取國民主權主義，國家之主權歸屬於全體國民，故政府機關及議會代表皆必須直接或間接由國民產生，其一切權力均是淵源於主權所有者之國民，並依法代表國民行使職權；因此，國家機關的一切行為均須向國民負責，而國民主權之展現，則是透過選舉、罷免、創制、複決等參政權行使，對政府的施政進行監督。

第四項　國　民

一、國民之意義

國民是國家構成的要素之一，亦同時為國家行使統治權的主體和客體，人民若具有本國國籍者，便是國民，因此，國民與人民之意涵並不相同，人民乃是指一般自然人而言，不以國籍資格為限，在國家領域內，不論是本國人或外國人，皆為人民，均是國家行使統治權的對象，此即國家之對人主權(personal sovereignty)，故凡本國國民均為人民，但人民卻未必是本國人民；基於這種關係，國家對國民可行使其統治權，相對地，人民除對國家享有種種權利，同時亦負擔義務。至於居住在本國之外國人、無國籍人，亦須服從國家的統治，並得享有其基本人權（如人身自由、信仰自由等），其之所以必須服從國家的統治，乃是由於他們進入本國領土所致，國民則不論居住在國內與否，均須服從國家的統治。（張世熒，1998：32）

二、人民、國民與公民之區別

基本上，人民、國民與公民之意涵均不相同，如前所述，人民的範圍最為廣泛，國民次之，公民之意涵則最狹義；國民是具有中華民國國籍之人，而有中華民國國籍之人卻未必是中華民國公民，而成為公民之法定條件，必須是年滿 20 歲之中華民國國民，且在一定區域繼續居住

一定期間者（6個月），且未曾有發生以下情形之一者：(1)因內亂、外患罪或貪污罪經判刑確定；(2)受褫奪公權尚未復權者；(3)受禁治產之宣告尚未撤銷者；(4)吸用鴉片或其他代用品者。始具備合格公民的身分，享有公民權或參政權。

我國憲法第 3 條規定：「具有中華民國國籍者，為中華民國國民。」說明國籍乃為確定國民對於國家之權利義務關係，各國對於國籍之取得，通常以憲法、民法或單行的國籍法加以規範，一般而言，大陸法系國家對國籍之取得，原則上採血統主義（又稱屬人主義），係指依出生血統來決定國籍，即不論出生地在什麼地方，子女是以其父母之國籍為國籍；至於英美法系國家，對於國籍之取得，原則上採出生地主義（又稱屬地主義），所謂屬地主義，係指依出生地來決定國籍，即不論血統為何，乃以出生當地國家之國籍為國籍。

三、國籍之取得

現今各國對於國籍之取得，政策上多兼採屬人主義及屬地主義，即所謂折衷主義，又稱合併主義，主要可區分為兩類：

1. 以出生地主義為主，以血統主義為輔：例如美國，凡於美國出生者，均取得美國國籍，但美國人之子女，雖出生在美國以外之其他國家，仍然可取得美國國籍。

2. 以血統主義為主，以出生地主義為輔：例如我國，凡具中華民國國籍者所生之子女，均取得我國國籍，但出生於我國境內之人，若具備有一定之條件，亦可依法取得我國國籍。

另外，國籍亦可區分為下列兩種：

1. 固有國籍(original nationality)：亦稱為「生來取得國籍」，乃是指經由出生而取得之國籍，其取得條件如下：(1)出生時父親為中國人；(2)出生於父親死後，其父親死時為中國人；(3)出生時父親無可考或無國

籍，其母親為中國人者；(4)出生於中國，其父母均無可考或均無國籍者（國籍法第 1 條）。

2. 取得國籍(acquired nationality)：亦稱為「傳來國籍取得」，乃指因出生以外之原因而取得國籍，其取得條件如下：(1)婚姻；(2)認知；(3)收養；(4)歸化（國籍法第 2 條）。（劉獻文等，2000：69-71）

四、國籍之法律效力

綜上所述，國籍是確定國民與國家間權利義務之連鎖，國家對國民應盡保護之責，國民對國家亦負有服從效忠並履行法定責任之義務，亦得主張應享有之權利；我國國籍法雖未明白否定雙重國籍，於實務上，內政部於民國 83 年便研擬國籍法之修定，限制具有雙重國籍者擔任公職，如有違法，選任公職人員由主辦選務機關解除其公職，非民選之公務人員則由其主管機關撤銷其公職（國籍法施行條例第 10 條）。

第五項　領　土

一、領土之意義

領土(territory)為國家具體的構成要素，亦為國家統治權行使的範圍，國家於其領土內，具有領土高權(territorial sovereignty)，於此範圍內，國家一方面可積極地對其領土上的人和物行使支配權，另一方面，可以消極地排除外國對其領土的支配權；不過，領土高權亦須受國際法的限制，如外國使館，依國際法慣例不受駐在國統治權的支配，或依國際條約而允許他國於本國領土內行使統治權。

二、領土之類型

領土的類型，依據國際法的慣例，主要包括領土、領海、領空及活動領土四種：

1. **領土**：係指一國境域以內所有的土地，無論是地面及地表下，均包括在內。

2. **領海**：是距離一國海岸線以外一定範圍內之水域，至於「一定範圍」所涵蓋之部分，傳統學說認為應自領海基線向外延伸 3 海浬，但近年發展之趨勢，各國政府及學界均主張其範圍是 12 海浬。

3. **領空**：領陸及領海之上空，即為領空。

4. **活動領土**：一國之船舶或航空器，於國際法例視為國家領土的延伸，此外，一國之駐外使館因享有外交豁免權，亦被視為是本國領土的一部分，均屬所謂活動領土。

三、領土之規定方式

各國對於領土之規定，主要採行下列兩種方式：

1. **列舉式**：即憲法對領土之範圍，列舉組成領土之區域和主要地區名稱，明文規範在憲法條文中，如德國、瑞士及我國五五憲草均採列舉方式。

2. **概括式**：即憲法對領土之範圍，僅作簡要之大體規定，並不將領土地區名稱列舉於憲法條文中，如 1919 年德國威瑪憲法及我國現行憲法。

列舉或概括之領土規定方式，各有其優缺，列舉方式優點在能使國內或國際明瞭一國領土之明確範圍，果若領土有所變更，較容易區辨或勘查；不過，各國關於領土之變更多以修憲方式來進行，程序較為困難。至於概括方式，優點在於避免列舉條文繁多，不致出現遺漏，且概括描述較為簡要，若領土發生變動，無須修改憲法條文，唯概括規定既未明示一國之領土疆域，較易引發國際糾紛。

四、領土之變更

領土變更的原因，通常可分為自然及人為變更兩種，前者係自然因素而導致領土出現變化，如火山爆發、地震陸沉、島嶼消失或沿海新生地的出現等緣故；至於後者，乃是反應國家主權範圍的變動，如領土之割讓、取得、交換、合併，均構成領土之取得或喪失。然而，領土之變更，畢竟為國家之重大事項，各國均特別慎重而作嚴格限制；一般而言，變更方式約略可區分為兩種，有於憲法中授權制憲或修憲機關決定者，或於憲法中對領土之變更設下限制者（憲法限制主義），亦有規定由立法機關作成決定者（法律限制主義）。

憲法第 4 條規定：「中華民國之領土，依其固有之疆域，非經國民大會之決議，不得變更之。」故我國對領土範圍之規定係採概括主義，而領土之變更，必須經由國民大會之決議，因此，國大既為修憲之機關，領土之變更明顯採取憲法限制主義。另外，目前由於兩岸分裂分治的事實，造成社會對國家領土認知出現落差，外蒙古是否屬於我國領土、我國主權所未管轄之大陸地區是否為中華民國領土，政府所宣示之政策與政治現實頗有差距，這項爭議，經第二屆立法委員聲請釋憲後，司法院認為領土疆域範圍之界定，係屬「重大政治問題」，其界定之行為，學理上稱作「統治行為」，依權力分立原理之憲政原則，不應由行使司法權之釋憲機關決定（司法院釋字第 328 號解釋），易言之，國民大會是最後有權決定領土變更之機關。

自民國 89 年第六次修憲後，增修條文第 4 條第 5 項規定：「中華民國領土，依其固有之疆域，非經全體立法委員四分之一之提議，全體立法委員四分之三之出席，及出席委員四分之三之決議，並提經國民大會代表總額三分之二之出席，出席代表四分之三之複決同意，不得變更之。」即由立院提出領土變更案，經決議後再提交由國大複決之（增修條文第 1 條第 2 項第 2 款）。

　　自民國 95 年第七次修憲後，依增修條文第 1 條及第 4 條第 5 項之規定：「中華民國領土，依其固有疆域，非經全體立委四分之一之提議，全體立委四分之三之出席，及出席委員四分之三之決議，提出領土變更案；並於公告半年後，經中華民國自由地區選舉人投票複決，有效同意票過選舉人總額之半數，不得變更之。」

第六項　民　族

　　我國憲法條文的先後次序也反映平等的相對重要性，憲法在敘述國體、主權、國民、領土之後，就在第 5 與第 7 條闡述平等權，似乎也顯示出平等權的格外重要。憲法增修條文第 10 條中多處對婦女、身心障礙、原住民、少數文明等勾勒提攜保護的原則、也是基於「平等」的出發點。（朱敬一、李念祖，2004：42）

　　民族(nation)是由血統、語言、生活、宗教、風俗習慣與民族意識等要素所構成，民族與國家是一體兩面的關係，民族是國家的集體成員，國家則是民族所表現之政治組合，我國憲法第 5 條規定：「中華民國各民族一律平等。」由本條文之規定可知，立憲者是要貫徹孫中山民族主義的思想，實現民族平等的主張，進而消除各民族之歧見，融合成為一個中華民族，（洪泉湖等，2000：84）由整部憲法條文的精神言之，民族平等包括兩層意義：

一、法律地位之平等

　　我國憲法第 7 條規定：「中華民國人民，無分男女、宗教、種族、階級、黨派，在法律上一律平等。」若對照憲法第 5 條及第 7 條規定可知，前者主要強調民族地位的平等，後者著重於平等保障原則之實現，兩者均為謀求國內各民族與人民一切法律地位之平等，此外，為保障邊疆地區各民族之權利，憲法第 168 條更進一步規定：「國家對於邊疆地區各民族之地位，應予以合法之保障。」此外，有學者認為憲法第 7 條

之適用對象「中華民國人民」，不宜排除外國人之適用，此除有悖國際人權規範、不合文明國家標準外，憲法第 8 條以下諸權利仍需以平等為內涵或核心，解釋上，「中華民國人民」宜朝「人民」同範圍之解釋為宜，外國人應適用平等原則，但憲法以公民為「本質」所得行使之基本權利，則容許差別待遇。（李震山，2008：8）

二、實質地位之平等

國家在實際政務的推動上，對偏屬弱勢或少數之民族或群體應予特別的保障，其內涵主要包括：(1)參政權之保障：憲法於立法委員之選舉，對自由地區原住民之名額與政治參與（增修條文第 4 條第 1 第 2 款、第 10 條第 12 項）、僑居國外國民之政治參與（增修條文第 10 條第 13 項），均予特別之保障；(2)地方自治的保障：如西藏、蒙古等邊疆地區地方制度之保障，（憲法第 119、120、168 條）；(3)教育文化及社會經濟建設之推動與扶助；（憲法第 163、169 條）；(4)對原住民語言、教育文化、交通水利、衛生醫療、經濟土地與社會福利事業，以及澎湖、金馬等地區人民權益之保障（增修條文第 10 條第 12 項）。

第七項　國　旗

我國憲法第 6 條規定：「中華民國國旗定為紅地，左上角青天白日」其原始樣式為陸皓東所設計，之後又加上紅地，辛亥革命時，孫中山於倫敦便主張青天白日滿地紅為我國國旗，以象徵三民主義與自由、平等、博愛的精神；民國成立後，臨時政府決定採用五色旗為國旗，寓有五族共和之意，直至民國 17 年北伐完成，國民政府（訓政時期）改採青天白日滿地紅為國旗。基本上，國旗是代表國家的象徵，亦代表立國之精神，是人民對國家產生認同與效忠的重要政治符號，公職人員與公務員之就職宣誓，均必須面對國旗以示忠誠；國旗既然代表國家，理應予以尊重，不得任意損毀，褻瀆國旗者將受法律之處罰（刑法第 160 條第 1 項）；另一方面，國旗更具有國際法上之意義，對外代表中華民

國，於國際組織或活動時應懸掛國旗；通常，各國對其他國家的國旗亦應給予尊重，如刑法即有對損壞外國國旗之處罰規定。（刑法第 168 條）

此外，各國憲法亦有關於國歌及國都之規定，如法國第五共和憲法即明定馬賽進行曲為法國國歌，由於國歌是以詞曲之形式代表國家，與國旗以圖案、色彩、線條來作為國家象徵之意義相同；民國成立後，北洋政府於民國 10 年 7 月以卿雲歌為國歌，惟制定憲法時並未就國歌作出規定；至於國都問題，五五憲草第 7 條規定以南京為國都，至民國 35 年制憲國大召開後，曾就此議題有過討論，但以主張南京、北平兩地者票數相近而相持未果，最後妥協的結果，並未於憲法條文中作出規定。

MEMO

人民之權利義務

第一節　基本人權概說

第一項　基本人權思想與學說

現代民主國家基於對人權保障的重視，於憲法均有關於人民權利義務的規定，而基本人權(fundamental human rights)的保障，可謂制定憲法之至上命題，舉凡國家機關權力之發動、政府組織之設置、權力分立制度的安排，均是為實現對人權的保障；若探究人權保障之歷史發展和文獻，主要可追溯至英國於 1215 年所頒布之大憲章(Magna Carta)、1628 年之權利請願書(Petition of Rights)、1679 年之人身保護法（Habeas Corpus Act)、1689 年之權利法案(Bill of Rights)等等，而首先將人民權利具體規範於憲法者，乃是美國 1776 年之維吉尼亞(Virginia)憲法，美國於 1787 年制定聯邦憲法後，國會於 1789 年更進一步通過 10 項憲法修正案，對基本人權作具體明文的保障，而法國於 1789 年所發表之人權宣言(The Declaration of the Rights of Man and of the Citizen)，亦明確宣示基本人權為自然存在、不受限制且不可剝奪之權利，並將其納入 1791 年第一共和憲法前言中，其後影響歐陸各國並逐漸及於全世界。

人權思想的發展，於二次大戰後有國際化之趨勢，逐漸演進成為普世價值與理念，如聯合國於 1948 年發表「世界人權宣言」，歐洲各國於 1950 年通過「歐洲人權公約」，聯合國於 1966 年發表「經濟、社會、文化權利國際公約」及「公民權利和政治權利國際公約」（我國於 1967 年 10 月由駐聯合國常任代表劉鍇簽署，立法院於 2009 年 3 月 31 日三讀通過並通過施行法，總統公布實施）；迄今，人權之保障已成各國憲法共通之重要內容。

人權之觀念，起源於 17、18 世紀的自然法思想，著重個人先於國家而存在的自然權利，如洛克(John Locke, 1632-1704)、盧梭(Jean Jacques Rousseau, 1712-1778)等思想家認為凡人均生而自由平等，擁有不可讓渡的各種自然權利(natural rights)，這種權利乃是與生俱來，不僅是

在自然狀態下保有，即使人類組織成為社會之後，個人仍然繼續保有，而國家組織的意義與存在之目的，則是為確保個人之各項自由權利（許慶雄，1999：69）；這項學說，其目的在於對抗君主專制，防止國家任意侵害人民的權利，政府對人民的生命、自由、財產應予絕對之尊重，不得任意侵害，故若究其本質，人權思想乃是以個人主義為哲學基礎，強調人權為與生俱來之權利，並非憲法之賦予，民主國家憲法明文規定保障人權，乃屬「確認」之效果，不過是藉此以明白宣示國家權力不可侵犯干涉的界線，是將「先於憲法而存在」的權利加以確認，以確保社會中自律的個人之自由與生存，進而維護個人尊嚴。（許志雄等，2000：70）

　　人民權利義務規定之先後如何，在法律上必相聯貫而成為一個體系，是由國民面對國家統治權所產生之關係決定，德國學者耶林涅克(George Jellinek, 1851-1911)提出「國民地位理論」，主張以國民對國家之地位(status)為基準，將兩者之權義關係區分成四種類型（圖3-1）：

圖 3-1　國民地位理論

一、消極的地位

　　人民站在消極的地位，可主張國家統治權的行使應有一定界限，以排除國家統治權的支配，於此界限之外，人民擁有獨立自主之權，能「自由於國家之外」、具有不受國家統治之身分關係；基於這種地位，便產自由權的概念（亦即人民主張擁有可對抗國家權力之防禦權）；這種身分關係，並非積極地要求國家給予任何利益，而是消極地要求國家勿作違法的拘束（薩孟武，1988a：74）。因此，自由權是根據這種消極身分權利，可以抗拒國家之不法干涉，當然，個人自由必須在法律所允

許的範圍之內，況且，法律欲限制個人自由，必須是這種限制確實是有其必要，且是有利於個人的其他自由。

二、積極的地位

人民站在積極的地位，為自身之生存及利益，可以要求國家行使統治權，而國家行使統治權之目的，應在於增進社會公共利益，當然，社會公益未必與個人利益相符，但若性質上屬於一致者，國家常給予個人一種請求國家活動或利用國家設備之權，即人民可基於這種積極受益的身分關係，要求國家給予種種利益與權利；故由個人立場觀之，是為己身利益而要求國家活動，由國家觀之，是為個人而做活動，與前者不同之處，在並非消極地自由於國家之外，而是積極地以國家的給付為內容，此即憲法上人民之受益權。

三、主動的身分

傳統君主專制國家是以君王個人之意思為國家意思，現代國家則設計民主制度使人民參與國家統治權之行使，使人民之意思成為國家意思，故人民站在主動的地位，依此身分關係便產生參政權，使國民能參與國家意思之作成並進行活動。兩者之差異在於：人民處於積極地位，是純粹為個人利益而向國家要求作為或給付，至於人民依主動身分所產生之參政權，則是個人基於國家之利益，成為國家機能運作的一部分而進行活動，一者是為私益，一者是基於公益，一方是國家的活動，一方則是個人的活動，兩者顯有區別。(Ibid：75)

四、被動的身分

探討維持國家運作之要素，其中一項便是要求人民必須絕對服從國家的統治權，國家乃得要求人民有所作為，此一性質，在於人民對國家而為給付，即犧牲個人部分利益以求達成社會公共利益，因此，人民依被動的身分關係，便產生憲法上所規範之各種義務，如納稅、服兵役、受國民教育等義務。

綜上所述，現代國家人民的權利主要可區分成三大類：即自由權（防禦權）、受益權與參政權，就這些權利發生時期言之，學者認為有按級升進之趨勢，在絕對專制時代，人民處於被動地位而必須完全服從國家，幾乎不被認為有人格；其次，人民處於消極地位主張有相對的人格，得有某種程度之自由（自由權）；其後，人民又不以消極地位為滿足，更進於積極的地位，得向國家要求積極的行為（受益權），最後，乃基於主動的地位，得參與國家意思之構成（參政權）。若就其內容言之，三者彼此有相互聯繫之關係，即受益權可保障自由權不致落空，而參政權更可保障自由權與受益權之兌現（劉慶瑞，1992：46），而國家為實現公共利益之需要，乃得要求人民履行種種給付，即憲法所規定人民之各項義務；綜上所述，人民與國家之權利義務關係，請參照圖3-2。

人民與國家之權利義務關係		
消極地位	為排除國家統治權的支配，乃要求國家權力機關不得侵害或介入干涉個人自由領域	自由權 （防禦權）
積極地位	為自己之生存及利益或為排除自由、權利受到侵害，要求國家行使統治權以增進利益或排除侵害	受益權
主動地位	經由民主制度使人民參與國家統治權之行使，使國民能參與國家意思之作成與活動	參政權
被動地位	國家除要求人民必須服從其統治權，為求達成社會之公共利益，人民應犧牲個人部分利益、履行給付	義　務

圖 3-2　人民與國家之權利義務關係

第二項　自由權利之特質、種類與規定方式

一、人民自由權利之特質

　　時至今日，基本人權及所衍生之各項自由權利，已成為普世價值，更具備固有性、不可侵犯性及普遍性三種特質：就固有性言之，人權乃作為一個人當然享有之權利，並非國家所賦予，立憲主義所宣示關於人權保障的規定，僅具「確認」之效果，並無「創設」之作用（許志雄等，2000：71）；所謂「天賦人權」之理論，即強調凡屬人類即具有人格，得以人的資格享受各項基本權利，不因時空、種族、性別、階級或環境的因素而異，況且，基本人權乃實現人性尊嚴的重要基礎，目的在促使個人能夠充分發展自我，以達成最大的安全及滿足、追求個人之福祉，故基此前提，這種權利是自然且先於國家而存在，不容任意否定。

　　就不可侵犯性而言，過去民權運動之目標，乃確定政府存在之目的在於保障人權，人權作為國民應享有之基本權利，不僅基於自然法，且為實證法所保障，即側重於國家權力與人權之間的關係，任何國家權力機關皆不得違法侵害人權；另一方面，人權保障的效力更及於整體法秩序，因此，私人侵犯他人權利之行為亦為法律所禁止，兩者均重視人權之不可侵犯性；再就人權之普遍性言之，現代各國均普遍重視人權的保障，本世紀以來，人權保障觀念的發展更有國際化趨勢，除非必要，任何個人之一切自由權利皆應受到縝密的保障。

二、自由權利之種類

　　人民的各項自由權利，乃以基本人權之一般性原則為基礎，如人性尊嚴之尊重、平等原則、人權之不可侵犯原則等等，自由權利的種類除傳統自由權、受益權、參政權外，更有 20 世紀來被廣泛承認之社會權，茲分述如下：

（一）自由權

可區分為精神自由、人身自由、經濟自由三類：精神自由主要包括思想自由、良心自由、學術自由、宗教信仰自由、言論自由、出版自由及各種表現自由(freedom of express)和集會、結社自由等等；人身自由主要包括不受奴役及拘束之自由、刑事方面之適法程序(due process of law)保障自由；經濟自由主要包括居住、遷徙自由、職業選擇及營業自由以及財產自由等層面。

（二）受益權

主要包括司法裁判請求權、國家賠償請求權、請願權、訴願權及訴訟權、刑事補償請求權等。

（三）參政權

即人民透過民主制度以參與國家意思之作成，主要包括選舉權、罷免權、創制權、複決權。

（四）社會權

主要包括生存權、學習權、工作權、環境權、勞工基本權（由團結權、團體交涉權及團體爭議權所共同構成）。

此外，另有一項議題必須進行探討：即人權是否可以受到限制？若由其本質論之，人權本即是作為人類理應享有之基本、不可或缺的權利，若人權可加以限制或剝奪，便不能稱之為「基本」人權；因此，人權保障若輕易允許法律得予限制或剝奪，勢將成為空泛的權利，完全喪失憲法保障的意義；故若單純以經濟發展、社會秩序甚至國家安全等未經嚴謹認定的抽象理由，便透過立法程序剝奪、限制人權行使的權利，乃是違憲侵害人權，絕非保障人權。

當然，自由的本質並非「自我意志之放縱」，亦不代表「完全放任不受拘束」，因此，當個體間彼此的權利發生衝突時，如何調整人權保

障的界限，則必須進一步闡明人權調整的基準：基本上，人權調整的基準可區分為三個層次：

1. **不必調整的人權**：是指行使這種權利並無侵害他人人權之虞者，應予完整地保障，如精神自由中關於思想、良心、信仰、學術等內部精神自由。

2. **尊重他人之調整**：即指對等人際關係所必要之調整，由於立憲主義憲法成立之前提，即認定任何個人都是平等、尊嚴、自由的，因此，個人於行使自身權利時，也必須對等地尊重他人權利之行使；換言之，人權保障必然應排除：(1)否定他人生存（包括生命、健康等）；(2)否定他人人性尊嚴；(3)否定他人自由意志；(4)否定他人享有同類型權利（只允許自身擁有、不許他人行使）之各種言行。

3. **實現社會正義所必須之人權調整**：指經濟自由層面中，為保障弱勢亦能享有社會資源分配的實質權利，乃必須規制經濟強勢者的財產自由，或藉由累進稅制縮小社會財富的懸殊，以落實福利國家的基本理念，此外，為確保生存環境之安寧與衛生，亦得限制可能造成公害的資本運用。（許慶雄，1999：41-42）

　　綜上所述，探討人權之調整，若為社會整體公共利益的考量而欲限制人權，必須基於具體事實理由，絕非在一般集體主義或國家主義的訴求下，強迫個人為團體「犧牲」、「奉獻」，或執政者為統治之便利性，動輒以安定為藉口來立法限制國民的基本人權；因此，公共福祉的真諦，乃是以調整的方式來限制個人權利，其最終目的在使更多人權獲得增進，即透過調整而使每個人都能享有最大公約數的人權，進而達到更高層次的人權保障，這種比較衡量的判斷基準，於意識形態上必須是中立的，且必須基於公正客觀立場，以人性尊嚴作為基礎，保障基本人權的精神才能落實。

三、權利義務之規定方式

　　各國憲法關於人民權利義務之規定，方式各有不同，主要有列舉、概括與折衷三種。日本學者蘆部信喜從比較法觀點提出「絕對保障型」（美國憲法型）、「相對保障型」（威瑪憲法型）與「折衷型」（波昂基本法型）等三種類型；所謂絕對保障，係指人權是由憲法本身加以保障，不得單純用法律加以限制或設定例外，超越該人權內在制約的限制，非立法權範圍所及，須以修憲方式為之，美國憲法即屬絕對保障的典型；所謂相對保障，係指人權雖由憲法所保障，但承認有以法律加以限制之可能性，二次大戰前歐陸國家多採行這種方式，如德國威瑪憲法即為例證（許志雄等，2000：77-79），至於折衷保障方式，則介於前兩者之間，於二次大戰後，波昂基本法則一改傳統歐陸國家「以法律保障人權」的思想，轉而強調「保障人權免受法律侵害」的觀念，在原則上採取絕對保障方式，但兼含相對保障之規定，這種類型表現出戰後西歐民主憲法的特徵，值得注目。(Ibid:79)

第三項　人權之演進歷史與發展趨勢

一、人權之演進歷史

　　探討人權演進的歷程，法國學者 Karel Vasak 認為人權之演進依時程可分為三個階段，而此三階段大致反映法國大革命的三大訴求：「自由、平等及博愛。」大體而言，第一階段的人權係指涉公民與政治權利，主要內容是「追求個人自由免於國家之侵害」的自由權和參政權；第二階段的人權則是指經濟、社會與文化權利，主要思想是「經濟社會文化福利之提供」的受益權；第三階段的人權側重於連帶權(solidarity rights)的落實（或稱群體權利），以「對抗國際強權、強調人類共同合作、福利國家以及環境保護意識」等為重要主張。

目前，學界通說將人權的發展區分為三個時代（圖 3-3）：

人權思想演進史

第一代人權	起源於近代的民權運動，特別在16、17世紀至19世紀，人民為有效抵抗君主專制，保障自身生命、自由、財產等權利，乃於政治上爭取民主自由，這些權利的實現，使人民與國家的關係產生轉變，人民由國家統治之客體同時變成國家統治的主體與客體，性質屬於政治方面的權利；左派社會主義者認為這是資產階級為避免君主的壓迫而爭取的權利，乃以此為基礎建立資產階級的民主形式，稱之為「右派人權」或「消極人權」（negative human rights）。（洪泉湖等，2000：91）
第二代人權	從19世紀至20世紀初，西方資產階級雖已爭取到公民及政治方面的權利，但資本主義的經濟體制卻使失業人口增加、貧富狀況懸殊、資產階級對勞動階級的宰制剝削，造成階級對立愈加尖銳，社會問題更加嚴重，因而社會主義者便提倡勞動階級團結，要求解放，爭取自身的勞動權益及社會福利；基本上，第二代人權以左派無產階級所訴求之「經濟及社會人權」為主要內涵，並不排斥第一代人權所主張的各項權利，但將範圍擴大到工作權、經濟權、社會福利權、勞動權、醫療保健與教育訓練等層面（Iden），積極地爭取生活與實質機會的均等，因而被稱為「積極人權」（positive human rights）。
第三代人權	人權之發展，尤其是二次大戰後，此一理念逐漸成為普遍價值而有國際化的趨勢，1948年聯合國所通過之「世界人權宣言」及其他各項重要國際人權公約，使人權獲得更明確而具體之保障，學者認為乃是屬於「普遍人權」階段，於此之前則稱為「有限人權」階段（Iden），其內涵主要包括有社會權、環境權、抵抗權、隱私權、知之權利或媒體接近權等等（陳新民，2000：129-130），這類新發展的權利概念，又被稱為「新興人權」。

圖 3-3　人權思想演進史

二、人權之發展趨勢

考察人權之發展，依歷史進程主要可歸納出四大趨勢（圖 3-4）：

圖 3-4　當代人權之發展趨勢

（一）從自由權到社會權

立憲主義運動起源之初，是以自由主義與個人主義為基礎，主張個人之生命、自由、財產不受非法侵害，強調人身自由、政治權利與經濟層面權益的要求，而本世紀來則基於福利國家的精神理念，更加重視生存權、勞動權、教育權及環境權等社會權（許志雄等，2000：75）。我國憲法歷經增修後，亦有認為社會權並未明文列入憲法保障之重大缺陷。（許慶雄，1998：323-325）

（二） 由法律保障提升至憲法保障

19 世紀的人權規定多採「法律保留」方式，人民權利僅在法律所承認許可的範圍內受保障，徒具形式的意義，時至今日，法治主義思想成為各國政制的主流，人權之保障便由傳統形式意義發展至實質的意義，更注重強調人權必須受憲法之保障，即使立法機關亦不得制定法律侵犯人權。

（三） 從政治保障到司法保障

過去統治機構內部的關係，誠如日本學者清宮四郎所分析，乃為實現權力分立的設計，其目的並非增進政府效率，而是根據權力間不可避免的摩擦，將國民從專制中解救出來（佐藤功，1981：24），制度上著重於透過立法與行政部門間的制衡關係，藉憲法保障以落實基本人權，今則轉而強調司法對立法的制衡，現代國家普遍設置司法審查制度，即為司法保障之具體呈現。（許志雄等，2000：76）

學者認為，司法對於人權的保障與解釋，不在於思考人民「抽象的」社會生活，而是在解析人民在某一個「現實」國家具體的生活領域……人權條款只有透過「填入」該國人民具體生活現狀才可能將條文具體化，換言之，憲法基本權條款只有在解釋中才有具體內涵。（姚立明，2002：138）

（四） 由國內保障至國際保障

若以二次大戰為分水嶺，人權於戰前幾乎純粹屬國內法範疇之事項，戰後則逐漸成為國際共同關切之議題，透過國際法以保障人權已成為時代的潮流，除聯合國憲章外，更有許多保障人權的國際條約或宣言，如聯合國於 1966 年所通過之「公民權利與政治權利國際公約」(International Covenant on Civil and Political Rights)及「經濟和社會文化權利國際公約」(International Covenant on Economic, Social and Cultural Rights)，除證明人權保障理念已成為世界普遍性之共通價值，我國立法

院亦於 2009 年 3 月 31 日三讀通過，各級政府機關法令有不符兩公約規定者，應於此法施行後兩年內完成法令制訂、修正或廢止及改進行政措施，未來各級政府行使職權時，應符合兩公約有關人權保障規定，以符國際人權保障潮流。

第二節　平等權

第一項　平等權之意義

平等與自由均為民主政治的重要基礎，在中古封建制度下，人民分為許多階級，各享有不同的權利，且適用不同的法律，身分區別甚為嚴格，並無平等可言；平等觀念即是為打破社會之不平等而產生的思想，17、18 世紀的自然法思想，認為人類生而平等，不平等現象乃是人為的結果，而所謂不平等，主要可區分為兩種：一種是自然的不平等，如人之聰明才智因天賦而各有差異，另一種是人為的不平等，如國家設立貴族制度，或依法律設定差別待遇等是；因此，憲法上所謂平等，乃是不承認人為的不平等，而使人人在法律上一律平等，換言之，憲法上的平等是指法律上的平等，並非指人類天賦才能的平等。（劉慶瑞，1992：48）

我國憲法條文的先後次序，也反映平等的相對重要性，憲法在敘述國體、主權、國民、領土之後，就在第 5 與第 7 條闡述平等權，似乎也顯示出平等權的格外重要。憲法增修條文第 10 條中多處對婦女、身心障礙、原住民、少數文明等勾勒提攜保護的原則、也是基於「平等」的出發點。（朱敬一、李念祖，2004：42）

隨著民權思想的蓬勃開展，現代國家均將平等權視為保障人民自由權利的基礎；我國憲法第 7 條即規定：「中華民國人民，無分男女、宗教、種族、階級、黨派，在法律上一律平等。」（另參照司法院釋字第 365 號、第 452 號、第 485 號、第 624 號、第 626 號、第 666 號解釋）

另外，有學者認為憲法第 7 條之適用對象「中華民國人民」，不宜排除外國人之適用，此除有悖國際人權規範、不合文明國家標準外，憲法第 8 條以下諸權利仍需以平等為內涵或核心，解釋上，「中華民國人民」宜朝「人民」同範圍之解釋為宜，外國人應適用平等原則，但憲法以公民為「本質」所得行使之基本權利，則容許差別待遇。（李震山，2008：8）

第二項　平等權之內容與落實

一、平等權之內容

可區分為絕對平等與相對平等、機械式平等與比例平等、形式平等與實質平等三類；時至 21 世紀，平等權思想之實踐，主要朝社會化、實質化的趨勢發展。

1. 絕對平等與相對平等

平等的思想並不在於描述事實，而在假設一種理想的狀態，因此，不計個人先天上或社會屬性之差異，要求絕對平等的思想確有其存在價值，但若全面性要求絕對平等，亦有可能對實定法秩序造成影響，於是便出現劃定不得列入差別考慮的事實差異，或是設定要求絕對平等範疇之觀點，這種相對平等學說認為，人類於本質上平等，基本上必須受到法律的平等待遇，但存有因個人特性之種種差異時，此種基於事物本質的不平等，在法律上亦應適度地考量，即各人之實際狀況與法律待遇間應維持一定之比例，差別待遇只要是基於各人的差異，仍有可能合於平等原則之要求（許志雄等，2000：94-95）。

2. 機械式平等與比例平等

凡無視於個人先天事實或能力的差異，於法律上一律給予均等待遇者，即是機械式平等或是所謂「數學平等」，相對地，個人社會地位或法律地位相應其各自能力而賦予者，即是比例平等；前者因有阻礙個人

自由發展之虞，常與絕對平等學說同受質疑，後者雖與相對平等常屬同義概念，但並非僅以事實及法律待遇相結合即可，仍必須納入正義、合理性之判斷基準。

3. 形式平等與實質平等

一般而言，形式平等是指法律待遇的均一化，實質平等是指事實關係的均一化，前者乃是抽象法層次名義上的平等，後者則是社會經濟關係之事實上均等；近代國家成立之初，作為民主自由理念基礎之平等，仍停留在形式平等的範疇，但進入二十世紀以後，實質平等之實踐更受到重視，因此，禁止依國家權力行差別待遇的消極意義平等權，業已轉換成為憑藉國家權力以實現平等保護之積極課題，如因偏見或其他原因所造成之歧視，以致社會成員之人格實現無法達成時，國家負有採取立法等必要措施以解救被歧視者之義務，或因不可歸責於個人之事由造成貧困，導致個人人格自由無法實現時，國家有以救濟或其他手段來消滅貧困，實質保障實現人格自由之平等機會的義務（Ibid：96-97）。

二、平等權之社會化與實質化

傳統強調自由權之主體乃是個人，並以相對於國家的消極型態出現（免於國家權力之侵害），平等權則主張不受來自國家之差別或歧視待遇，是以個人間之對等性比較為前提，隨著時代的演進，平等原則除要求任何人應與他人般不受干涉外，更進而要求即使國家要進行干預，只要全體國民均同受此一待遇，則仍可符合平等保護之要求；然而現代資本主義體制的發達，特別在自由競爭激烈的情況下，經濟上貧富懸殊現象日益普遍，為矯正此一弊端，平等權之內容乃從保護「機會平等」、「立足點平等」之形式平等，演進成追求「結果平等」之實質平等，成為現代平等權思想的重要發展趨勢（Iden）。

三、平等權之落實

根據憲法之根本原則，平等權之落實主要包括法律、政治、經濟、教育等四個層面：

1. 法律地位之平等

首先，國家機關之行政、司法部門於適用法律時，不得因國民的身分階級或政治立場的差異，在執行上有不平等的現象出現，即保障國民在法律適用上的平等；其次，國家機關於制定法律時，特別是立法部門所制定的法律內容必須符合內容的平等，才能達到法律地位之平等。即法律對於一切人民，其保護或懲罰均應平等，而所謂保護或懲罰的平等，即不承認任何人在法律上享有特權之意。

2. 政治地位之平等

即於憲法明文保障國民政治權利的平等，尤其指參政權平等之實現，即任何國民無分地位、階級，在政治上一律平等，特別是選舉制度的設計，不能因種族、性別、財產、教育程度、宗教信仰之不同而有所差別，如美國從前針對黑人所規定之「祖父條款」（Grandfather Clause）、「人頭稅」（Poll Tax）（劉慶瑞，民 79：132），或英國往昔規定以性別、納稅水準或學歷來限制國民的選舉權，均違反憲法保障人民政治地位平等的精神，亦不符國民主權原理。

3. 經濟地位之平等

現今憲法保障人民權利之重要課題，在於創設社會實質的機會平等，以及要求所得須與努力成正比的公平原則，故國家對經濟上之相對優勢者課以較高累進稅率，以求縮小社會貧富之懸殊，另一方面，則實施福利政策以協助社會弱勢群體或經濟上的劣勢者，使能維持基本生活所需，能夠自立並改善其經濟地位，達到生活層面的平等保障。

4. 教育地位之平等

即憲法保障國民受教育地位之平等，是指國家有義務保障全體國民均得接受教育的權利，不得因種族、信仰、性別、階級、經濟地位與身體障礙等差別，使國民喪失受教育的機會或遭遇不平等待遇；其目的除為使個人得以充分發展自我、實現自我外，亦為防止社會弱勢的產生或擴大，打破先天經濟的不平等，因此，國家有義務為國民提供完善的教育設施、環境，平等地保障所有國民接受教育的權利，並特別保障經濟的弱勢或身心障礙國民能夠接受教育，不致喪失受教育的機會，促進實質機會的平等。

第三項　差別與合理差別待遇平等原則

人類社會原本便存在許多差異，因為這些差異，便產生「先天的不平等」，基於平等的原則，國家不能因為這些差異，而對個人有不利的差別待遇，甚至為追求平等而製造齊頭式的平等，國家之任務，乃為追求實質平等的實現，故應藉由後天「合理區別調整」來加以彌補或縮小因先天不平等所造成的差異，以達到平等保障之目的（大法官會議認為：立法機關基於憲法之價值體系及立法目的，得斟酌規範事物之性質，而為合理之差別待遇，參照司法院釋字第 596 號解釋），而合理區別調整之判斷基準，可由以下四個層面作說明：

一、事實狀態確有不利的差異存在

例如勞資關係中現實的經濟力差異、殘障者的弱勢競爭力、精神病患者與一般人心智的差異、男女性別之差異，於事實狀態確有不利之差異存在，導致現實上有相對弱勢的現象，便應調整以促進其平等。

二、採取差別待遇是為追求實質平等的正當目的

如政府補助低收入戶子女的獎助學金、制定反獨占法律以禁止資本家的集團壟斷、對高所得與低所得者實施不同的課稅標準，或於工會法

中保障勞工團結以爭取合理待遇等等，均為追求實質平等的正當目的而採取差別待遇，有其理想性與正當性。（許慶雄等，1999：65）

三、事項之本質有必要予以區別

以國民的選舉權為例，若基於心智與判斷能力的成熟度而予以年齡的限制，乃屬於事項本質之合理性而有必要作出區別，但若是以財產、性別、教育程度等非關事項本質之必要而限制國民的選舉權，便是違反平等原則；舉例而言，勞基法規定賦予女性勞工生產假，乃是基於生理本質之必要所作的區別；反之，如進入行政機關服務之公務員，其資格取得須憑藉職務所需的專門知識與能力，因此，公務員之任用，除學歷的基本要求及必須通過國家考試的規定外，不得以性別、身分、出生地域等因素來加以限制，若有違反，即不符平等的基本原則。

四、採取優先待遇的方式、程度，須為社會通念所能容許，且不能因此而出現逆差別待遇，形成另一種不平等

以過去國內的「邊疆少數民族」為例，乃是土生土長於台灣，其成長環境與一般國民並無區別，但其受教育（如聯考加分）、服公職（公務員考試、選舉權）皆享受特別優先保障，形成另一種身分特權，因此，在給予特別優先待遇時，亦應依事實差異之程度作衡量比較，不能因而失去合理的平衡性，造成逆差別的不平等。(Ibid:65-66)

第四項　平等權之種類

我國憲法關於平等權之規定有下列數條：憲法第 5 條：「中華民國各民族一律平等。」憲法第 7 條：「中華民國人民，無分男女、宗教、種族、階級、黨派，在法律上一律平等。」憲法第 129 條規定選舉權之平等、憲法第 159 條：「國民受教育之機會一律平等。」以及增修條文第 10 條第 6 項：「國家應維護婦女之人格尊嚴，保障婦女之人身安全，消除性別歧視，促進兩性地位之實質平等。」

　　若歸納上述條文可知：憲法於第 7 條宣示了平等主義，更於第 13 章「基本國策」規定國家的社會、教育文化甚至民族等政策，對弱勢群體採取特別的保護，同時，亦規定對身心障礙者之保險、就醫、教育訓練、就業輔導、生活維護與救助之保障，以扶助其自立發展（增修條文第 10 條第 7 項）、積極維護發展原住民族語言及文化（增修條文第 10 條第 11 項）、自由地區原住民的政治參與、教育文化等特別保障（增修條文第 10 條第 12 項）、對僑居國外國民政治參與之保障（增修條文第 10 條第 13 項），以達成實質的平等。

　　承上所述，憲法於第 7 條所標舉的五項平等指標（男女、宗教、種族、階級、黨派）應是一種例示而已，並非捨此以外，法律上可作差別待遇之規定，如司法院釋字第 364 號解釋認為，人民有平等接近使用傳播媒體的機會；而近年社會所關注之老人年金給付、軍教人員應否納稅、應否舉辦殘障特考等議題，皆涉及人民平等權之保障，足使平等之意涵更為充實擴展（所謂「實質平等」的意涵，另參照司法院釋字第 211 號解釋）。整體而言，我國憲法第 7 條條文原則上採取平等主義，但對於婦女、身心障礙者、少數民族、勞動階級則採特別保護之政策，如圖 3-5 所示。

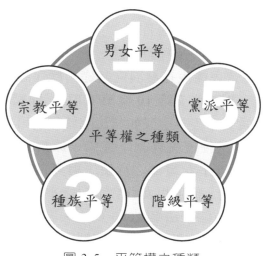

圖 3-5　平等權之種類

一、男女平等

　　人類社會普遍有重男輕女觀念，由於男女天生體質差異因素，造成歷史上兩性地位長期不平等，各國憲法雖有關於平等權之規定，但男女地位的平等，特別在政治、經濟、社會、教育等各層面均未落實，19 世紀末開始之女權運動，經過百年來的努力，已逐漸使兩性在各方面獲得平等的地位；以政治平等言之，各國於 20 世紀初乃陸續承認婦女之參政權，我國憲法第 7 條亦規定女性政治地位之平等。

　　現代憲政發展之趨勢，均承認男女平等的原則，兩性均得享有公權與私權之平等待遇，這些問題可由政治、社會、教育、經濟四個層面作說明：

1. **在政治平等方面**：就公權領域言之，如前所述，各國於二次大戰後已普遍規定婦女之參政權，實現政治地位的平等，在我國，憲法亦明文規定男女兩性皆享有平等的公權利。

2. **在社會平等方面**：以私權領域言之，在我國男女均享有平等的私權（如婚姻、繼承權之平等，參照司法院釋字第 457 號解釋），憲法第 7 條一方面宣示男女平等原則，另一方面，有鑑於婦女處於相對劣勢的地位，更對婦女有特別保障及優待之規定，如憲法第 134 條規定：「各種選舉，應規定婦女當選名額。」第 153 條第 2 項：「婦女兒童從事勞動者，應按其年齡及身體狀態，予以特別之保護。」第 156 條規定：「國家為奠定民族生存發展之基礎，應保護母性、並實施婦女兒童福利政策。」增修條文第 10 條第 6 項：「國家應消除性別歧視，促進兩性地位之實質平等。」又如司法院於釋字第 365 號中認為，民法第 1089 條之「父權優先條款」違憲，原規定應於兩年後喪失效力，使女性對未成年子女親權之行使，與男性享有平等之地位及權利，對消除性別歧視、促進男女社會地位之平等有重大助益（劉獻文等，2000：78）；另有關民法第 1070 條之夫妻聯合財產所有權歸屬及民法第 1002 條夫妻之住所問題，參照釋字第 410 號、第 452 號解

釋。又如民國 98 年司法院於釋字第 666 號解釋中認為，社會秩序維護法「罰娼不罰嫖」的規定牴觸男女平等精神，大法官會議乃宣告其違憲無效。

3. **在教育平等方面**：根據憲法第 159 條規定：「國民受教育之機會一律平等。」我國婦女與男性均享有受教育之平等機會。

4. **在經濟平等方面**：目前，我國社會於兩性經濟平等上，仍存有不平等的現象，如女性就職之機會（如強迫結婚或懷孕婦女解職的規定，雖然現已被明文禁止，但仍是許多公司、企業行號的不成文「內規」）、或是男性於職場上之優先升遷、同工不同酬的議題，由於部分社會觀念尚未能接受或適應這個時代趨勢，未來仍有待作更實質、縝密的保障。

二、宗教平等

歷史上常有因宗教信仰不同而發生紛亂之事，特別是往昔歐洲各國，宗教之爭尤為激烈（如十字軍東征），凡不信仰國教者，常受到國家的歧視或壓迫；歐美近代民權運動發展的目的之一，即在解放宗教的壓迫，爭取宗教的平等。目前，現代國家均普遍承認宗教平等原則，即在法律上不問信仰任何宗教，均予以同一待遇，不得歧視、壓迫或限制。我國憲法除宣示宗教平等精神，更於第 13 條規定宗教自由的原則；一般而言，宗教平等之意涵主要包括：(1)任何宗教於法律所許可範圍內，得平等地宣揚其教義；(2)國家不得設立國教；(3)人民得自由選擇其所信仰之宗教，國家對其不得給予法律上的差別待遇。

三、種族平等

現代國家之組成，多為複數民族國家(multi-national state)，因而或有種族間相互的歧視或爭鬥出現，如美國有黑人被歧視之問題、納粹德國曾採取壓迫猶太民族的政策、往昔南非所實施的種族隔離政策等等，都是典型的民族不平等；種族平等是指人民不因其種族膚色而在法律上受到歧視、壓迫，或使其權利受到限制、剝奪之不平等待遇；我國憲法

除在第 5 條規定全國各民族一律平等外，第 7 條亦宣示種族平等的精神，於第 13 章「基本國策」中，更對邊疆地區生活特殊之民族予以特別的保障，以提升其政治、經濟地位，達成實質上的平等（如憲法第 168 條、第 169 條），增修條文第 10 條第 11 項、第 12 項更針對原住民之地位與政治參與加以保障，在教育、文化、社會福利及經濟事業各方面，亦規定國家應予扶助並促進其發展。

四、階級平等

階級是身分地位之差別等第，其產生有政治、法律的因素，亦有社會經濟的因素。形成階級不平等的因素，於政治、法律方面，可區分為貴族階級與奴隸階級，於社會經濟方面，可區分為資產階級與勞動階級；自民主政治發達後，目前除英國等少數國家仍維持有貴族階級外，多數國家均廢除貴族與奴隸階級，如美國憲法第 1 條第 9 項第 8 款規定禁止合眾國授與貴族爵位、憲法第 13 號修正案廢止奴隸制度，法國於大革命發生後，於 1790 年以法律明文規定禁止頒予爵位，並禁止襲用貴族名銜，1946 年日本新憲法第 14 條第 2 項亦規定不承認貴族制度。（劉慶瑞，1992：54）

我國自推翻滿清後，貴族制度已隨之廢除，現今之階級，主要受經濟因素影響所致，因此，憲法第 7 條所謂「階級」，應由社會經濟方面來解釋，即專指資產階級與勞動階級；換言之，現今資產與勞動階級在法律上雖然平等，但經濟上卻處於不平等地位，故憲法第 7 條除規定階級在法律上一律平等外，更於第 13 章「基本國策」之第 3 節「國民經濟」與第 4 節「社會安全」作出相關規定：一方面，乃依據民生主義的原理規劃國民經濟（憲法第 142 條），由國家積極地保護、改良勞工與農民之生活，增進其生產技能（憲法第 153 條第 1 項）；另一方面，於勞資關係間，主張應本於協調合作的原則，致力發展生產事業，並制定法律以調解或仲裁勞資糾紛（憲法第 154 條），進一步促進勞資階級在經濟上的實質平等。

五、黨派平等

　　政黨政治乃民主國家憲政運作之常態，憲法第 7 條所謂「黨派平等」包含兩種意義：其一為政黨平等，即政黨與國家分離，任何政黨均不得享受優待或特權，亦不受任何歧視或壓迫（劉獻文等，2000：79）；其二為黨員平等，即任何人不論隸屬於何種政黨，均不得在公權上享受特別待遇或遭受歧視；因此，黨派平等專指政黨應同享合法之地位、公平競爭的機會，國家機關應嚴守中立，對各政黨及其所屬黨員，均應一律平等對待，不得使之擁有特權或遭受歧視，始符平等之精神（另參照司法院釋字第 340 號解釋）。

　　為落實黨派平等，我國憲法除在第 7 條作出原則性規定外，更於其他條文作出相關規定，以具體保障黨派之平等：

1. 法官須超出黨派以外，依據法律獨立審判，不受任何干涉（憲法第 80 條）。

2. 考試委員須超出黨派以外，依據法律獨立行使職權（憲法第 88 條）。

3. 監察委員須超出黨派以外，依據法律獨立行使職權（增修憲法第 7 條第 5 項）。

4. 全國陸海空軍須超出個人、地域及黨派關係以外，效忠國家，愛護人民（憲法第 138 條）。

5. 任何黨派及個人不得以武裝力量為政爭之工具（憲法第 139 條）。

第三節　自由權

第一項　自由權之意義與種類

一、自由權之意義

　　自由權思想的出現，起源於 17、18 世紀的歐洲，乃近代人權運動發展之起點，其一方面在強調「人生而自由平等」的觀念，另一方面，是人民為防止專制君主的侵害，進而向國家爭取權利，要求國家承認政府權力之行使，必須有明確固定的範圍，不得任意逾越，這些自然法思想與自然權利學說，在洛克、盧梭、孟德斯鳩等學者提倡下，成為各國民權運動發展的理論基礎，美國獨立革命及法國大革命的成果，證明自由權之保障已成為立憲國家最重要的根本原則。

　　基本上，自由權的意義可區分成兩方面：從消極面言之，自由是人民具備「自由於國家之外」的身分，不受國家統治、干涉；若由積極面言之，自由乃自我意志之實現，亦是為發展自我人格、以實踐個人生存之意義為目的。簡言之，自由權是一種「防禦權」，強調國民有權利要求國家不可介入、侵犯原屬於國民自由生活空間的權利，若受侵犯，則可藉憲法架構之保障制度來尋求有效救濟，因此，自由權原是任何人與生俱來且當然享有之權利，既非國家所賦予，亦非國家所能侵犯。

　　惟自由並非漫無限制，其限制應有一定的標準，如憲法第 23 條規定「人民之自由權利，除為防止妨礙他人自由、避免緊急危難、維持社會秩序或增進公共利益所必要者外，不得以法律限制之。」就此規定，學界通說認為以上四種情況乃是列舉規定，並非例示規定，似有防杜法律限制範圍過於廣泛之意，一方面，列舉之說是否妥當固有疑義，另一方面，以上四種情形皆極抽象，若以此作為限制人民自由的基準，則立法權將不受實質拘束，結果無異於法律保障主義；因此，為求貫徹憲法直接保障主義的精神，憲法第 23 條的規定必須從嚴解釋，方能落實保障人民自由權利的精神。

二、自由權之種類

自由權主要可區分成人身自由、精神自由、經濟自由等三大類：

1. 人身自由：即人民之身體不受國家或他人非法之侵害，除因犯罪而受處罰外，不受奴役、拘束，以及刑事適法程序保障之自由；國家法律對人身自由的基本保障，包括禁止人身買賣的保障、禁止強迫勞動、禁止刑求、禁止強迫自白，司法機關採行逮捕搜索令狀主義，司法審判須遵守罪刑法定主義。

2. 即任何個人自由形成意識、自由表達並可與他人自由溝通、交換意見等一切精神性循環活動的自由，主要包含：(1)個人內心的精神活動自由：如思想良心自由、學術自由、信仰自由等；(2)表現於外的精神活動自由：如言論、出版、表演及其他表現自由；(3)集體表現的精神活動：如集會、結社等自由。

3. 即為確保個人取得並保有經濟資源，以求維持社會生存之相關自由，主要涵括人民社會性與經濟性活動的自由，如居住遷徙自由、職業選擇與營業自由、財產自由等。

我國憲法第 2 章關於自由權之列舉條文，包括人身自由（憲法第 8 條），不受軍事審判之自由（憲法第 9 條），居住遷徙自由（憲法第 10 條），言論講學著作及出版之自由（憲法第 11 條），秘密通訊之自由（憲法第 12 條），信仰宗教之自由（憲法第 13 條），集會結社之自由（憲法第 14 條）等相關規定。

第二項　人身自由

人身自由(freedom of person)又稱「身體自由」，亦稱為人身不可侵犯權(inviolability of the person)，即人民的身體不受國家權力之非法侵犯，因此，人身自由可謂是人民一切自由的基礎，若沒有人身自由，其他一切自由權利均將落空，人身自由之保障，具體表現在罪刑法定主

義、司法一元主義、提審制度及冤獄賠償等制度；我國憲法第 8 條第 1 項規定：「人民身體之自由應予保障，除現行犯之逮捕由法律另定外，非經司法或警察機關依法定程序，不得逮捕拘禁，非由法院依法定程序，不得審問處罰，非依法定程序之逮捕、拘禁、審問、處罰，得拒絕之。」

法治國家保障人身自由之基本原則（圖 3-6）要旨分述如下：

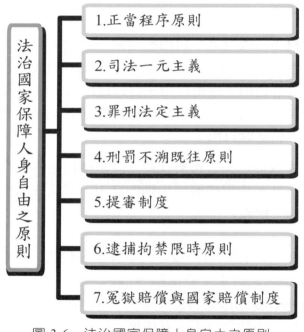

圖 3-6　法治國家保障人身自由之原則

法治國家保障人身自由之原則

1. 正當程序原則

2. 司法一元主義

3. 罪刑法定主義

4. 刑罰不溯既往原則

5. 提審制度

6. 逮捕拘禁限時原則

7. 冤獄賠償與國家賠償制度

一、正當程序原則（合法程序原則）

正當程序(due process of law)即政府權力之運作，應依循「必要而適當」(necessary and proper clause)的程序，主要包含程序與實質兩方面之正當性，前者是對人民身體之處置應依法定手續，如刑事訴訟法對刑事犯所為之傳訊、通緝、拘提、審判等程序，後者是立法機關所制定之人權法律，其內容是否合理(reasonable)、必須(requisite)不得含混曖昧或武

斷（荊知仁，1984a：83-84）；根據憲法第 8 條第 1 項之規定，除現行犯之逮捕由法律另定外，司法或警察機關對人民之傳訊、通緝、拘提、審判，必須遵守法定程序，以確保人身之自由（另參照司法院釋字第 166 號、第 251 號、第 384 號、第 392 號、第 535 號、第 582 號、第 588 號、第 592 號解釋）。

二、司法一元主義

憲法第 8 條第 1 項規定：「人民身體之自由應予保障，除現行犯之逮捕由法律另訂外，非經司法或警察機關依法定程序，不得逮捕拘禁。非由法院依法定程序，不得審問處罰，……。」即人民之犯罪，其審問、處罰權均屬普通法院，且必須遵守法定之程序進行，不得由其他機關為之；此一規定，與憲法第 9 條條文：「人民除現役軍人外，不受軍事審判。」之精神相互連貫，因此，為求貫徹基本人權的保障，除非常時期（如戒嚴時期）得依特別法律規定外，人民犯罪唯有普通法院可審問處罰之（另參照司法院釋字第 436 號、第 624 號解釋）。

三、罪刑法定主義

乃人民非犯行為時法律有明文規定之罪狀外，不得科以刑罰，此一原則，最初規定於法國人權宣言第 8 條，而後成為各國刑法所遵奉之根本原則（劉慶瑞，1992：62）；一般而言，罪刑法定主義之內涵包括：(1)刑法應以成文法為法源，即論罪科刑均須法律有明定，不得以習慣或命令為科罰之根據，如刑法第 1 條規定：「行為之處罰，以行為時之法律有明文規定者為限。」(2)刑法不得適用類推解釋；(3)刑法不得有絕對不定期刑，且必須設有假釋、緩刑之司法制度為配合（另參照司法院釋字第 476 號、第 523 號、第 544 號、第 636 號解釋）。

四、刑罰不溯既往原則

對於行為時無罪之行為，不得以新法律事後實施刑罰而科刑，並且，行為時有罪之行為，亦不得以新法律加重其科刑，如刑法第 2 條第

1 項規定：「行為後法律有變更者，適用裁判時之法律。但裁判前之法律有利於行為人者，適用最有利於行為人之法律。刑法第 2 條第 3 項規定：「處罰之裁判確定後，未執行或執行未完畢，而法律有變更，不處罰其行為者，免其刑之執行。」

五、提審制度

憲法第 8 條第 2 項規定：「人民因犯罪嫌疑被逮捕拘禁時，其逮捕拘禁機關應將逮捕拘禁原因，以書面告知本人及其本人指定之親友，並至遲於 24 小時內移送該管法院審問。本人或他人亦得聲請該管法院，於 24 小時內向逮捕之機關提審。」第 8 條第 3 項規定：「法院對於前項聲請，不得拒絕，並不得先令逮捕拘禁之機關查覆。逮捕拘禁之機關，對於法院之提審，不得拒絕或遲延。」以上兩項之規定，是關於移送法院及提審之規定，由於實際之必要，憲法雖賦予司法或警察機關以逮捕拘禁之權，然審問處罰之權既專屬於法院，則司法或警察機關自無長時間拘禁之權力，且亦無此必要，另一方面，對於法院之提審，司法或警察機關不得拒絕或遲延，以防止侵犯人民之自由（另參照司法院釋字第 392 號解釋）。

六、逮捕拘禁限時原則

憲法第 8 條第 4 項規定：「人民遭受任何機關非法逮捕拘禁時，其本人或他人得向法院聲請追究，法院不得拒絕，並應於 24 小時內向逮捕拘禁之機關追究，依法處理。」乃是關於追究逮捕拘禁責任之規定，所謂追究責任與依法處理，即應由法院進行提審，如若查無犯罪嫌疑，應即釋放，倘認為有犯罪嫌疑，則交由有權偵查犯罪之機關偵查，對於為違法逮捕拘禁之人，並應移付偵查，處以應得之罪，以達到徹底保障人身自由之目的（參照司法院釋字第 392 號解釋）。

七、冤獄賠償與國家賠償制度

根據冤獄賠償法之規定，刑事被告人所受之審判結果，若認定是冤獄，得向國家請求賠償；究其歷史，此一制度起源於英國，若依照德、奧、法、日等國之冤獄賠償法制，國家所定之賠償，並不以司法機關有故意或過失之違法為前提，在多數案件中，承辦人員依法定程序辦理訴訟案件，未必有故意或過失之行為，但被告均有要求提起國家賠償之權。另一方面，國家賠償法亦有規定：公務員於執行職務行使公權力時，因故意或過失不法侵害人民自由或權利者，國家應負損害賠償責任，公務員怠於執行職務，致人民自由或權利遭受損害者亦同，其目的在使執法公務員能有所戒慎警惕，並能使人民權利受到更周全的保障（另參照司法院釋字第 487 號、第 624 號解釋）。

司法院大法官會議關於人身自由所作成之重要解釋，另參照司法院釋字第 345 號、第 384 號、第 443 號、第 454 號、第 523 號、第 535 號、第 558 號、第 567 號、第 588 號解釋。

第三項　居住遷徙自由

居住自由(freedom of domicile, freedom of residence)的思想起源甚早，羅馬法諺便有謂：「住宅為最安全之避難所。」我國憲法第 10 條規定：「人民有居住遷徙之自由。」均在強調人民居住處所不受非法侵害之自由，關於居住自由，依憲法條文內涵尚可分為居住自由、遷徙自由(freedom of change of domicile)兩方面作說明：

一、居住自由

回顧歷史，居住自由的觀念是源於古羅馬時代，英國普通法上也有「住宅是個人城堡」的說法，就是不容許外人非法侵犯住家，居住處所是人民日常生活之場所，若遭受不法侵擾，則生活將時感威脅，其他一切自由權利亦會受到影響（劉獻文等，2000：97-98）；居住自由之意義

有二，其一是非獲得本人之同意，或有急迫之情形，非為緊急之進入不足以解除危難者外，任何人不得無故侵入他人居住處所，其二是公務員非依法定程序，不得搜索或封錮人民居所；如刑法第 306 條、第 307 條便分別規定對無故侵入他人之住宅建築物，以及不依法令搜索他人身體、住宅、建築物者處以刑罰，以保障人民之居住自由。（另參照司法院釋字第 454 號、第 535 號、第 542 號解釋）

二、遷徙自由

在中古封建時代，由於農業是主要的經濟型態，勞力是生產成果的主要依據，因而人與土地的關係很密切，封建領主對於人民的遷徙自由，往往嚴加限制，而地主為保持其勞動力來源，對農奴更是嚴禁遷徙；遷徙自由為人身自由的一種，乃人身自由之延伸，人民倘若失去遷徙自由，無異遭受禁錮，人身自由便淪為具文，其他自由權利亦會受到影響（劉獻文等，2000：100-101）；就基本權利之性質而言，遷徙自由具有消極防衛性，為抵抗國家對遷徙自由侵害時的權利，並不具有給付請求之性質。（法治斌、董保城，2004：214）

遷徙自由之意義有二：其一是國內之遷徙自由，即在國境內，人民有權自由選擇居住處所或旅行，享有遷徙往來之自由；其二是國際之遷徙自由，即人民有權自由出入本國或前往他國之自由。當然，若人民因犯罪嫌疑或受司法機關的通緝，或受刑之宣告確定而刑期尚未執行或執行未完畢者，國家得依法限制其出境，或有事實足以認定有妨礙國家安全與社會安定之可能者，才能限制人民遷徙之自由。（另參照司法院釋字第 443 號、第 497 號、第 558 號解釋）

第四項　意見自由

我國憲法第 11 條規定：「人民有言論、講學、著作及出版之自由。」這四項自由即學界所稱意見表現自由(freedom of expression)或意見自由，意指人民有將思想發表成為意見而不受非法侵犯之自由；所謂

意見表現，即人類內心思想經由前述等方式表現於外，乃是與他人產生互動及溝通的重要管道，其目的在使個人能獲得精神上的滿足，亦是確保個人自我實現、人格發展之必要方法。意見自由是人類在精神上自由權利的總稱，包括三個方面：1.人人有權持有主張，堅持觀點；2.人人有權發表意見，進行辯論；3.人人有權尋求信息，傳播思想（郭羅基，2004：152）。所謂言論、講學乃是以口頭表現意見，而著作則是透過語言文字或各種藝術等方式呈現個人思想及意念，出版是以文書、圖案等形態作為個人表達意見的方式；原則上，意見自由有兩種意義：其一是消極自由，即人民有不表現意見之自由，此為緘默的自由，任何人不得強迫他人表明其思想或意見；其二是積極自由，即人民有充分表達自身意見思想之自由，不受任何非法干涉。

　　茲就憲法第 11 條所保障意見自由之涵義分述如下（圖 3-7）：

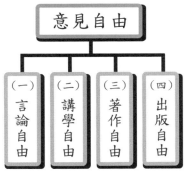

圖 3-7　意見自由之內涵

一、言論自由

　　一般而言，言論自由之保障可區分成三方面：1.言論之發表，不受政府或他人之非法干涉；2.言論發表內容，不須政府之審查或他人之同意，若不危害公共秩序及善良風俗，於法律範圍內之言論均受憲法之保障（參照司法院釋字第 479 號解釋）；3.個人言論之發表，不得事後對其進行非法制裁或影響其職業或工作，達到實質的干涉或壓迫。

不過，言論自由亦有適度範圍而不得濫用，在公益方面，言論自由不得危害公共秩序、煽動犯罪及破壞社會善良風俗，舉例言之，如刑法第 153 條規定以文字、圖畫或他法煽惑他人犯罪、違背法令或抗拒合法命令者，得處以徒刑、拘役或罰金；在私益方面，言論自由應以不侵犯他人之自由為範圍，若超越此一範圍，即不為法律所保障，如刑法第 309 條至第 313 條便對公然侮辱、誹謗、毀損他人名譽者規定相關罰則，其中，若基於維護公共利益之目的，以善意發表而為適當可受公評之言論者不罰，因其涉及公共利益事項，應屬言論自由之範圍（刑法第 311 條）（另參照司法院釋字第 364 號、第 380 號、第 407 號、第 414 號、第 445 號、第 450 號、第 509 號、第 577 號、第 617 號、第 623 號、第 644 號解釋）。

以美國為例，自 1919 年以後，聯邦最高法院依據實際判例，對言論自由之限制陸續發展出幾項判斷基準：(1)明顯而立即之危險原則（Clear and Present Danger Test, 1919 年）；(2)惡劣傾向原則（Bad Tendency Test, 1925 年）或「惡性程度」(gravity of evil)；(3)優先適用原則（Profend Position Test, 1943 年）；(4)逐案權衡原則(Adhoc Balancing Test)；(5)明顯而可能危險之原則（1951 年）；(6)絕對原則(Absolute Test)（李鴻禧，民 80：400-417）。自 1970 年代以後，聯邦最高法院又陸續主張「過寬禁止理論」與「模糊禁止理論」，意即限制人民自由權利之法律不能過於廣泛模糊，使人民言論自由受到太大的侵犯而產生「寒蟬效應」(chilling effect)（洪泉湖等，2000：103-104），先進國家保障言論自由的法例，值得我國作為參考。

二、講學自由

講學自由(Freedom of academic instruction)又稱學術自由(academic freedom)，乃憲法保障人民有研究學術及講授學問之自由，國家之所以承認講學自由，無非知識與思想的發展，為促進社會進步、文明發達之重要原動力，同時，學術研究是個人精神活動寶貴的成果，應予以尊重保障；

原則上，講學自由包含研究自由及講授自由兩種意義：前者即政府或他人對人民學術之研究應予尊重，不得非法干涉或迫害，後者是個人有將研究心得發表於學校或講壇之自由，政府或他人不得干涉或限制（薩孟武，1988a：100）。當然，講學自由固然受到憲法及法律的保障，但與言論自由一樣，亦非漫無限制，即不得有煽動犯罪、叛亂、廢棄民主憲政價值或為其他非法妨害他人名譽、信用或混淆視聽、破壞公序良俗之言論（另參照司法院釋字第 380 號、第 450 號、第 563 號解釋）。

三、著作自由

　　著作自由(freedom of writing)為言論自由相當重要的一部分，憲法保障人民之著作自由，即尊重言論自由的具體表現。著作自由是人民有藉文書圖畫等方式發表其思想、意見之自由，國家或他人不得任意加以干涉或限制。根據我國法律之規定，著作於完成時，著作人即享有著作權，受法律的保障（著作權法第 13 條），著作權或製版權之權利人，對於其侵害權利者，得請求排除之，有侵害之虞者，得請求防止之（著作權法第 84 條），侵害著作人格權者，負損害賠償責任，雖非財產上之損失，被害人亦得請求賠償相當之金額（著作權法第 85 條）。

四、出版自由

　　出版自由(freedom of publication)是意見自由中影響最廣泛者，又稱「刊行自由」(freedom of printing)或「新聞自由」(freedom of press)，即人民有將著作以印刷、攝影或錄音、光碟、網路等方式將其發行之自由；一般而言，出版自由包括出版自由及不出版自由，即政府或其他人不得阻止人民將其著作出版，亦不得強迫人民出版其著作，人民在出版其著作前，原則上有不須經政府同意或檢查之自由出版而無散布之自由，則出版自由價值甚小；但出版自由亦非漫無限制，各國對於非法、不良之出版品，在法律授權範圍內，得事前加以取締或事後加以處罰，憲法雖保障人民享有言論及出版自由，但並非不必負任何法律責任，而須視其個案客觀認定。

過去，我國在出版法廢止前，司法院於釋字第 105 號解釋中認為「……出版法所定定期停止發行或撤銷登記之處分，係為憲法第 23 條所定必要情形，而對於出版自由所設之限制，由行政機關逕行處理，以貫徹其限制之目的，尚難認為違憲…」學者即認為出版法以「煽惑」作為處罰要件，似有違反明確性原則之嫌，縱使退一步，不認為違反明確性原則，其規定從明顯而立即之危險基準觀之，亦有商榷餘地（許志雄，1993：43）。其後，為符潮流趨勢，政府於民國 88 年 1 月廢出版法，我國對於言論出版自由，原則上不做事前審查，只事後追懲。（另參照司法院釋字第 407 號、第 414 號、第 509 號、第 617 號解釋）

第五項　秘密通訊自由

一、秘密通訊自由之意義

我國憲法第 12 條規定：「人民有秘密通訊之自由。」即人民信件、電信、電報、函件、網路等一切通訊方法傳遞其思想或意思的自由，不受政府或他人非法之干涉或侵害（劉獻文等，2000：135），現代社會關係日趨複雜，人民往往需要秘密交換意見，若私人間之秘密受到政府或他人侵犯，則其精神或物質上必將受到影響，所以，各國憲法均保障秘密通訊的自由；一般而言，秘密通訊自由之意義有二：其一是人民彼此間交流的訊息，不被扣押或隱匿，其二是資訊內容不受非法之拆閱或探知（陳志華，1997：66），性質上屬於不公開之意見自由。因此，憲法對秘密通訊保障之概念，是通訊過程自由加上通訊保密的自由，即不論通訊者或接收者是否已拒絕被探知或公開，亦不論通訊內容有無保密價值，皆應予以保障。

二、秘密通訊自由之限制

人民秘密通訊自由雖受憲法所保障，任何人都不得侵犯，但在特殊情形下，得以法律加以限制：(1)未成年人之書信，得由家長或監護人拆

閱，以盡其保護及教養之責；(2)刑事被告之通信，扣押所得監視或檢閱之；(3)司法機關為偵查犯罪之必要，得扣押或檢閱郵電；(4)監獄長官得檢閱受刑人書信；(5)經破產宣告後，破產人之郵件得送交破產管理人；(6)郵電人員得拆驗或拒受郵電信件；(7)戒嚴時期，得由最高司令官拆閱通信電報(8)戰時政府於必要時，得對人民之通訊加以限制。（通訊保障及監察法第 5 條第 2 項合憲性問題，另參照司法院釋字第 631 號解釋）

第六項　信教自由

歷史上常有因宗教信仰不同而發生紛亂之事，而歐洲既有之舊傳統，則視宗教的信仰與崇拜，乃是屬於社會的事，而非個人的事，所以教會與國家之間，存在著一種非常密切的關係（荊知仁，1984a：340）；特別是往昔歐洲各國，宗教之爭尤烈，凡不信仰國教者，常受到國家的歧視或壓迫；歐美近代民權運動發展目的之一，即在解放宗教的壓迫，爭取宗教的平等。目前，世界各國均普遍承認宗教平等的原則，即在法律上不問信仰任何宗教，均予以同一待遇，不得歧視、壓迫或限制；這些原則，現已成為國際化趨勢（參照聯合國 1966 年「公民權利與政治權利國際公約」(International Covenant on Civil and Political Rights)第 18 條條文）。我國憲法除宣示宗教平等的精神（憲法第 7 條），更於第 13 條規定：「人民有信仰宗教之自由。」（另參照司法院釋字第 460 號、第 490 號、第 573 號解釋）一般而言，信教自由之意涵主要如下：

一、宗教自由(freedom of religion)

1. **信仰自由**：人民有信仰或不信仰任何宗教的自由。

2. **儀式自由**：亦稱為禮拜自由，即人民有參加或不參加任何宗教儀式之自由，相對地，國家或他人不得強迫或妨害宗教儀節。

3. **傳教自由**：亦包含宗教結社自由，即宗教信仰者有設立宗教、宣傳教義之自由。（劉獻文等，2000：111）

　　不過，宗教自由亦非漫無限制，信教自由包含信仰、崇拜自由及傳教自由，前者是個人之內在精神活動，應屬絕對的自由，至於後兩者性質屬外部活動（外在精神作用），與社會有密切的關係，可謂是一種相對性自由，故宗教教義不得超越法律，即不得以宗教信仰為理由而違反法律規定（例如拒絕納稅、服兵役，或摩門教義所採一夫多妻制度，或拒絕向國旗敬禮等）；聯合國 1966 年「公民權利與政治權利國際公約」強調宗教自由為基本人權，但第 18 條第 3 款亦有其限制：「人們表達宗教或信仰的自由只服從法律之規定，以及保護公共安全、秩序、健康、道德或他人的基本權利和自由的必要限制。」（劉宗坤，2004：144-145）因此，綜合國際趨勢與各國法例可知，宗教自由之限制可歸納成四項基準：

1. 宗教自由不得違反善良風俗（如我國社會秩序維護法第 82、83 條）。

2. 宗教自由不得妨害公共秩序與社會安寧（如宗教之儀式、禮拜或傳教，不得違反警政、公共安寧、社會安全、集會遊行、交通秩序等法令或妨害公務）。

3. 傳教自由不得妨害他人自由、身體、財產權益或擅入他人居住處所，強制傳教或強迫他人信教，侵犯人民的私權。

4. 宗教自由不得妨害戒嚴地域治安（戒嚴法第 11 條第 2 款）。

二、政教分離(separation of church and state)

　　此外，信仰宗教之自由亦包含「政教分離」的原則，即國家對宗教應採取中立的立場，始能保障信仰自由，舉例而言，美國聯邦最高法院於 1947 年針對政教分離樹立幾項基本原則，足供作為參考：

1. 地方或國家政府皆不得成立宗教。

2. 政府不得立法以資助某一宗教或全部宗教，亦不得偏袒某一宗教。

3. 政府不得強迫人民或影響人民信仰或脫離某一宗教，亦不得強迫人民承認信仰或不信仰某一宗教。

4. 人民不因其所從事或承認某種宗教信仰而受處罰。

5. 課徵稅捐，不得基於為支持宗教活動或宗教機構之理由。

6. 政府不得公開或秘密參與宗教事務、宗教組織，反之亦然。

第七項　集會結社自由

一、集會自由

　　我國憲法第 14 條規定：「人民有集會結社之自由。」所謂集會自由 (freedom of assembly)，即人民得自由集合於一地點，以講演或辯論等形式表達、交換其思想或意見，性質屬於外在表現自由，其與言論自由的關係至為密切，各國對人民之集會自由均予以保障；由於集會自由是民主政治的重要基礎，在積極方面有群策群力、集思廣益，促進社會進步之效，但集會自由權利若遭濫用，將有害於公共秩序，對社會產生不利的影響，故有加以適當限制之必要；我國於民國 81 年新修正之集會遊行法，是目前規範各類集會活動之主要法律（以下簡稱集遊法），根據本法之規定，「對合法舉行之集會遊行，不得以強暴、脅迫或其他非法方法予以妨害，違者得處以徒刑、拘役或科或併科罰金。」（集遊法第 5、31 條）；於刑法方面，則訂定「妨害秩序罪」專章以規範人民之集會活動（如刑法第 149、150 條），同時，刑法第 152 條亦規定：「以強暴脅迫或詐術，阻止或擾亂合法之集會者，處以兩年以下有期徒刑。」（妨害合法集會罪）以正面保障人民之集會自由，落實憲法所保障之集會自由。（另參照司法院釋字第 445 號解釋）

二、結社自由

　　結社為特定多數人之一種永久性結合，結社自由(freedom of association)與集會自由同為人民集體活動之一種，但兩者本質上卻有所差異：(1)結社必須具有永久性；(2)結社必有一定之規章；(3)結社必有固定之組織。人民的結社，主要可區分成兩類：其一是營利結社，即以營利為目的之結社，如公司；其二是非營利結社，即不以營利為目的之結社，又可再分為政治結社與非政治結社兩類，前者如政黨是，後者如職業團體（如工會、農會、商會、醫師公會、律師公會）、社會團體（如學生團體、婦女團體、宗教團體、慈善團體）等是。營利結社乃以謀私人利益為目的，其結合對公安秩序較無影響，各國對此多依民法或工商法之規定，其限制較寬；反之，非營利結社，特別是政治結社，關涉公共秩序、社會安全者甚大，故其限制較為嚴格。（另參照司法院釋字第 373 號、第 479 號解釋）

第四節　受益權

第一項　受益權之意義

　　依德國學者耶林涅克(George Jellinek)的觀點，人民站在積極的地位，可為自己之生存及利益要求國家行使統治權，而國家行使統治權之目的，在於增進社會的公共利益，當然，社會公益未必與個人利益相符，但若性質屬於一致者，國家常給予個人一種請求國家活動或利用國家設備之權，即人民可基於這種積極受益的身分關係，要求國家給予種種利益與權利；故由個人立場觀之，是為己身利益而要求國家活動，由國家觀之，是為個人而做活動，乃積極地以國家的給付為內容，此即憲法上人民之受益權（薩孟武，1988a：74-75）。一般而言，受益權有兩種類型，狹義的受益權是指傳統的受益權，即行政上與司法上之受益權，

廣義的受益權包括生存權、工作權、財產權、教育權、社會福利、社會救濟及新興的環境權等基本人權；學界通常將狹義的受益權稱為「請求權」，將廣義的受益權通稱為「社會權」，並區分成經濟上、行政上、司法上、教育上等四個主要層面（圖 3-8）。

受益權之種類	
經濟方面	1.生存權
	2.工作權
	3.財產權
行政方面	1.請願權
	2.訴願權
	3.行政訴訟權
司法方面	1.民事訴訟
	2.刑事訴訟
	3.行政訴訟
	4.選舉訴訟
教育方面	1.憲法第21條
	2.憲法第13章第5節
	3.增修條文第10條第10項

圖 3-8　受益權之種類

第二項　受益權之種類

一、經濟方面之受益權

生存權是一切權利的基礎，生存權若無保障，則其他一切自由權利皆淪為具文，憲法第 15 條規定：「人民之生存權、工作權及財產權應予保障。」茲分述如下：

（一） 生存權

包含有兩種意義：其一是自由權意義的生存權，指人民有生存之自由，國家不得任意侵害，乃自然法學派所主張之生存權；其二是受益權意義之生存權，指人民得要求國家積極地保障、維持、增進生活的福祉。我國憲法除第 15 條規定對人民生存權之保障，更於第 13 章第 4 節與增修條文中作出相關具體規定：(1)憲法第 152 至第 157 條之各項條文；(2)國家應保障教育、科學、藝術工作者生活，予以合理的生活保障（憲法第 165 條）；(3)國家應保障身心殘障者之生活權益（增修條文第 10 條第 7 項）；以落實對人民生存權之保障（另參照司法院釋字第 422 號、第 472 號解釋）。

（二） 工作權

一般稱為工作自由或職業選擇自由，與生存權如同手段與目的之關係，人民獲致工作乃圖生存的重要方法，而保障工作權實即保障生存權。工作權的意義，是指任何正當的工作機會應不受到不相干事務（如種族、宗教性別）之侵犯、人民有權選擇其職業與工作的自由、各種職業的範圍與運作方式可以自由決定等等（朱敬一、李念祖，2004：296）。我國憲法除第 15 條規定對人民工作權之保障，更於第 13 章第 4 節與增修條文中作出具體規定：(1)國家應予具有工作能力者適當之工作機會（憲法第 152 條）；(2)保障勞工農民之生活，制定並實施保護之法律及政策（第 153 條第 1 項）；(3)對婦女兒童從事勞動者予以特別保護（憲法第 153 條第 2 項）；(4)以法律調解並仲裁勞資糾紛（憲法第 154 條）；(5)增修條文第 10 條之各項相關規定；另外，亦立法規範勞動條件之最低標準，保障勞工權益、加強勞雇關係，並促進社會與經濟發展（如勞動基準法），以落實對人民工作權之保障（另參照司法院釋字第 222 號、第 352 號、第 394 號、第 404 號、第 453 號、第 510 號、第 514 號、第 584 號、第 637 號解釋）。

（三） 財產權

即人民於法律範圍內，對個人財產有自由使用收益處分之權利。傳統財產權神聖不可侵犯的觀念，至 20 世紀後已逐漸轉變，現今認為財產權之存在，應負社會連帶責任，並非絕對不受限制之權利，雖受國家法律之尊重保護，但亦應受到相對限制（另參照司法院釋字第 311 號、第 390 號、第 400 號、第 472 號、第 514 號解釋），對社會盡相對的義務。

我國憲法除第 15 條規定對人民財產權之保障，更於第 13 章第 3 節與增修條文中作出具體規定：(1)國民經濟應以民生主義為基本原則，實施平均地權、節制資本的政策（憲法第 142 條）；(2)土地、天然經濟資源屬國家所有，其價值非因施以勞力增加者，由國家徵稅歸全民共享，土地之分配與整理應以扶助自耕農及自用者為原則（憲法第 143 條）；(3)公用事業及其他獨占性事業，以公營為主要原則（憲法第 144 條）；(4)國家對私人財富或私營企業，認有妨害國計民生平衡發展者，得以法律加以限制（憲法第 145 條）；(5)扶助並保護僑民經濟事業之發展（憲法第 151 條）；(6)促進對中小型經濟企業生存發展、提升澎湖金馬偏遠地區與自由地區原住民經濟企業之扶助與發展（增修條文第 10 條第 3 項、第 12 項），以落實對人民財產權之保障。

二、行政方面之受益權

行政上之受益權，即人民有向國家機關提出請願、訴願及行政訴訟之權利，法諺有云：「有權利，必有救濟。」人民權利若遭受國家不法侵害，得依法提起行政救濟（行政救濟之類型請參照圖 3-9）；憲法第 16 條即規定：「人民有請願、訴願及訴訟之權。」茲分述如下：

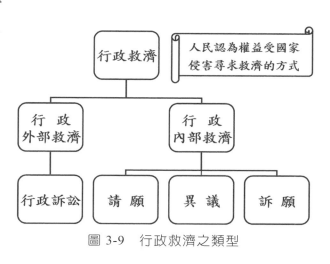

圖 3-9　行政救濟之類型

（一） 請願權

現代民主國家施政主要以民意為依歸，因此，人民對國家政策、公共利害或其權益之維護，得向職權所屬之民意機關或主管行政機關請願，其範圍相當廣泛，且為保障人民請願之權利，受理機關不得對請願人有脅迫行為或因其請願而有所歧視（請願法第 9 條）。

（二） 訴願權

當人民對於中央或地方機關之行政處分，認為違法或不當致損害其權利或利益者，有權依法提起訴願；訴願須以書面方式為之，受理訴願之行政機關，得就書面審查決定之，必要時得為言詞辯論（訴願法第 12、19 條），訴願之決定自受理機關收受訴願書之次日起，應於 3 個月內作決定。

（三） 行政訴訟權

人民因中央或地方機關之違法行政處分，認為損害其權利或法律上之利益，經提起訴願而不服其決定，或提起訴願逾 3 個月不為決定，或延長訴願決定期間逾 2 個月不為決定者，得向高等行政法院提起撤銷訴訟（行政訴訟法第 4 條）；或人民因中央或地方機關對其依法申請之案件，於法令所定期間內應作為而不作為，或予以駁回，認其權利或法律上之利益受損害者，經依訴願程序後，得向高等行政法院提起請求該機關應為行政處分或應為特定內容之行政處分之訴訟，以謀權益之保障。（另參照司法院釋字第 187 號、第 201 號、第 243 號、第 430 號、第 462 號解釋）

三、司法方面之受益權

司法機關存在之目的，在於維持社會秩序及私法關係中之秩序，這種秩序若受到不法侵害而被破壞，國家應負恢復秩序之責務（劉慶瑞，1992：86）；憲法第 16 條規定：「人民有請願、訴願及訴訟之權。」司法方面之受益權，係指人民之生命、自由、權利受到不法侵害時，得向

司法機關提起訴訟，請求國家予以救濟及保障之權利（另參照司法院釋字第 298 號、第 382 號、第 396 號、第 436 號、第 439 號、第 462 號、第 466 號、第 491 號、第 507 號、第 533 號、第 546 號、第 569 號、第 582 號、第 591 號解釋）。

依我國現行司法制度，司法上之受益權可分為民事訴訟、刑事訴訟、行政訴訟、選舉訴訟四類，分別由普通法院及行政法院管轄裁判之，唯法院處理訴訟案件，必須遵守幾項公認之司法原則：(1)不告不理原則；(2)法院不得拒絕審判；(3)以公開審判為原則，秘密審判為例外；(4)法官獨立審判，不受干涉；(5)審判迅速公正原則；(6)律師辯護；(7)審級救濟制度。

憲法第 16 條已有規定：「人民有請願、訴願及訴訟之權。」過去，曾有租稅行政法令要求當事人先行繳納一定比例之稅款或相當之擔保，作為爭訟之法定條件，這類規定，曾經充斥於稅法中，大法官一度作成釋字第 211 號解釋，乃是為防止人民濫訴；之後改變態度，前後共有五、六個解釋矯正其非，而在釋字第 439 號更明確地變更了釋字第 211 號，本案為大法官開始改變立場的第一個例子。承上，不繳錢的人就不能打官司，是訴訟權受到否定；有錢而繳錢的人可以打官司，無錢的人則不行，則是平等原則的問題。（朱敬一、李念祖，2004：62-63）

四、教育方面之受益權

憲法第 21 條規定：「人民有受國民教育之權利與義務。」乃是憲法唯一將權利與義務並舉之條文，憲法為落實人民教育方面之受益權，除憲法第 21 條之規定外，更於第 13 章第 5 節與增修條文第 10 章第 10 項中作出相關具體規定：

1. 實施國民基本教育：國民受教育之機會一律平等（憲法第 159 條），6 至 12 歲之學齡兒童一律受基本教育，免納學費（憲法第 160 條第 1 項），若根據「6 至 15 歲之國民應受國民教育」（國民教育法第 2 條）及「凡兒童已達學齡而不入學者，對其父母或監護人，得於勸

告、警告、罰款後，仍限期強迫其兒童入學」之規定可知（強迫入學條例第 8 條），受國民教育不但是權利，又可視為是義務。（劉獻文等，2000：194-195）（另參照司法院釋字第 563 號、第 626 號解釋，而有關學生受教權及其他基本權益，參照司法院釋字第 380 號、第 382 號、第 450 號、第 684 號解釋）

2. 設置獎學金以扶助學行俱優無力升學學生、注重地區教育之均衡發展並推行社會教育，邊遠及貧瘠地區之教育文化經費由國庫補助，其重要者得由中央辦理或補助之（憲法第 161、163 條）。

3. 國家應保障教育、科學、藝術工作者之生活，並獎勵科學之發明與創造，保護有關歷史文化藝術之古蹟、古物（憲法第 165、166 條）。

4. 國家對國內外經營教育事業成績優良者、於學術或技術有發明者、從事教育久於其職而成績優良者，應予獎勵或補助（憲法第 167 條）。

5. 對邊疆地區各民族之教育、文化、……，應積極舉辦並扶助其發展（憲法第 169 條）。

6. 教育、科學、文化之經費，尤其國民教育之經費應優先編列，不受憲法第 164 條規定之限制（增修條文第 10 條第 10 項、民國 87 年司法院釋字第 463 號解釋）。

7. 國家對身心障礙者之……教育訓練、……，應予保障，並扶助其自立發展（增修條文第 10 條第 7 項）；國家對原住民之教育文化、……事業，應予保障扶助並促進其發展，澎湖金馬地區亦同（增修條文第 10 條第 12 項）。

第五節　參政權

　　人民基於主動的身分，參與國家統治權行使之權利，即是參政權。現代民主國家運作之重要基礎，即在強調國民主權原理的實踐，因此，國家統治權之行使必須得到受統治者的同意，參政權乃成為民主國家人民最為重要的權利。憲法第 17 條規定：「人民有選舉、罷免、創制及複決之權。」而憲法第 12 章則又明定人民有選舉、罷免、創制、複決等權利（憲法第 129 至 136 條）（圖 3-10）。（有關參政權之詳細內容，另參照本書第四章）

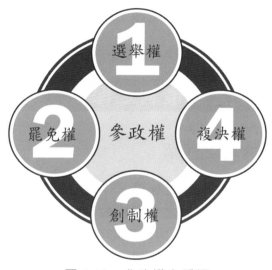

圖 3-10　參政權之種類

第六節　應考試服公職權

　　我國憲法第 18 條規定：「人民有應考試服公職之權。」，相較於憲法第 12 章之選舉、罷免、創制、複決等四權被稱為「間接參政權」，人民應考試、服公職之權，則為「直接參政權」：即人民具有法定資格者，均得參加國家考試或擔任公職。

若依憲法第 86 條規定，現行公務人員任用與專職技術人員執業之資格，係經考試院依法考選銓定之，故屬司法院釋字第 42 號解釋所指稱之「公職」應無疑義。至於各機關擬任之公務員，經人事主管機關任用審查，認不合格或降低原擬任之官等者，司法院釋字第 323 號解釋認為，將對憲法所保障服公職之權利有所影響，該擬任之公務人員得經法定程序申請復審，若對復審仍有不服，得依法提起訴願或行政訴訟，以保障其服公職之權。（另參照司法院釋字第 405 號、第 429 號、第 483 號、第 501 號、第 526 號、第 575 號、第 605 號解釋）

另外，民意代表亦屬本號解釋所指涉之公職，係依公職人員選舉罷免法所產生，但其資格之取得並無考試之規定，況且，其合法性與正當性是建立在民意支持的基礎上，因此，各級民意代表應不必以通過考試為資格取得之要件。

第七節　人民權利之保留、限制與救濟

第一項　人民權利之保留

各國憲法對人民自由權利之保障，因採行制度不同而有兩種主義：一種是於憲法條文中列舉人民之各種自由及權利，即所謂「憲法直接保障主義」或「絕對保障主義」，另一種則是「憲法間接保障主義」，即對人民所能享有之各項自由權利，於憲法條文中附加有「非依法律不得限制之」或「依法律予以保障」等字樣，授權由立法機關制定法律加以保障，若由我國憲法條文觀之，明顯係採憲法直接保障主義，但於單純列舉外，又採概括方式，即對憲法所未列舉之自由權利，如其行使不妨害社會秩序、公共利益者，亦受憲法之保障；我國憲法第 7 條至第 18 條以及第 21 條的規定，對人民自由權利之保障採列舉保障的方式；而憲法第 19 條規定人民有「依法律」納稅之義務、第 20 條規定人民有「依法律」服兵役之義務，係採法律保障主義，由於納稅及服兵役是一種義務，將會增加人民之負擔，必須以法律明定之。（薩孟武，1988a：173）

現代憲法的核心依然是保護人民，但是環境已經改變了，「侵害」的來源也改變了，國家已經不是人民生活的核心領域，社會才是與人民息息相關的核心領域。過去主要的侵害來源是國家，納稅、徵兵、受國民教育無一不指向與國家與國民的二元關係，以列舉式的立法例，表達容許國家對人民侵害的重要項目。而時代變化的的結果，社會已經發展出多元又複雜的體系，這些體系的自主性往往使個人所受到的影響，已經遠勝於國家對個人的影響，取而代之，社會的對個人的侵害，已經成為侵害的主要來源，而國家公權力於此時應該排除社會或財團的壟斷對個人的侵害，而深入到各個社會領域內。（項程華，2010：187）

第二項　人民權利之限制

憲法第 22 條規定：「凡人民之其他自由及權利，不妨害社會秩序公共利益者，均受憲法之保障。」係採概括保障的方式，本條文之設置，為關於人民權利保障之補充規定，即就憲法第 7 條至第 18 條以及第 21 條的規定加以補充，以明前開各條，僅為舉例之例示規定，並非列舉規定，故憲法對於某種權利，雖未設明文保障，如其行使不妨害社會秩序、公共利益者，亦應受憲法之保障，不得以法律妄加限制。人民依憲法第 22 條規定所延伸之其他自由及權利，如姓名權（司法院釋字第 399 號解釋）、婚姻自由（司法院釋字第 242 號解釋）、性自主權（司法院釋字第 554 號）、契約自由（司法院釋字第 576 號、第 580 號解釋）、隱私權（司法院釋字第 603 號解釋）等。

憲法第 22 條所規定自由權的範圍，是以「不妨害社會秩序及公共利益」為限，故憲法對某種未設明文保障的權利，亦不得妨害社會秩序及公共利益，否則仍不受保障。因此，我國憲法對人民自由權利之保障，雖採憲法直接保障主義，但並非絕對不能加以限制，除憲法第 22 條規定外，復有憲法第 23 條之保留規定，故我國憲法對人民自由權利之規定，係採憲法直接保障為原則，間接保障為例外（另參照司法院釋字第 339 號、第 585 號、第 587 號、第 603 號、第 626 號解釋）。

基本上，現代國家對於人民自由權利的觀念，已不再認為是神聖不可侵犯，而已從個人權利本位主義趨向於社會權利本位主義，如今，個人權利深受社會生活與團體觀念影響，實須有所節制約束，各國受社會權利本位主義之影響，對人民之自由權利，已逐漸由憲法直接保障主義趨向於間接相對保障主義。

憲法第 23 條規定：「以上各條列舉之自由權利，除為防止妨礙他人自由、避免緊急危難、維持社會秩序或增進公共利益所必要者外，不得以法律限制之。」其意涵主要如下：(1)採取相對保障主義：權利來自於社會，因社會生活而運用，故必須兼顧公共利益，人民之自由權利自得以法律加以限制；(2)採取列舉的限制規定：根據憲法第 23 條之規定，國家對人民之自由權利，不得任意加以限制，必須是基於「為防止妨礙他人自由、避免緊急危難、維持社會秩序或增進公共利益所必要者」之目的，始得為之；(3)公益原則：現代社會係團體重於個人、公益重於私利，故國家對人民自由權利之限制，必須出自於維護公益之目的（陳志華，1997：83）；(4)法律保留原則：國家對人民自由權利之限制，必須以法律有明文規定為限，依中央法規標準法第 5 條之規定，人民之權利義務應以法律規定之，而法律是由代表人民行使立法權之國會（立法院）所制定，以立法方式限制人民自由權利，較符民主精神，另一方面，行政與司法機關，自須依法為適法之運用，此乃法治國家「依法行政」之旨趣；(5)比例原則：憲法第 23 條所規定之「必要」字樣，即為比例原則，即對人民自由權利之限制，必須與所欲達成之「防止妨礙他人自由、避免緊急危難、維持社會秩序或增進公共利益」目的間，存有適當而合理的關係，亦即所為之限制，必須有助於目的之達成（適合性），對自由權利之侵害應至最低限度（最少侵害原則），而所受之損害不宜超過所維護之公益（比例性）。(Ibid:84)

學者認為「除…外」的例外部分如何正確解釋相當很重要：例外的狀況，不能寬鬆到足以吞噬原則的程度；憲法第 23 條「除…外」規定記載的四大人權限制前提，要求法律在限制基本人權時應具備四種正當理由之一，解釋上應把握分寸，不同的正當理由所對應的「必要」手段

未可一概而論，如果只是注意是否過當而忽略了是否必要的問題，平等自由主義的人權原則實質上已經遭到了否定。（朱敬一、李念祖，2004：32）

第三項　人民權利之救濟

憲法第 24 條規定：「凡公務員違法侵害人民之自由或權利者，除依法律受懲戒外，應負刑事及民事責任。被害人民就其所受損害，並得依法律向國家請求賠償。」根據本條文意旨，性質屬於對人民自由權利的事後保障，即人民之自由或權利如受公務員之違法侵害時，得追究公務員之刑事、民事、行政等責任，並可要求國家負賠償責任（另參照司法院釋字第 469 號解釋）；依國家賠償法之規定，公務員於執行職務行使公權力時，因故意或過失不法侵害人民自由或權利者，國家應負損害賠償責任，公務員怠於執行職務，致人民自由或權利遭受損害者亦同，其目的在使執法公務員能有所戒慎警惕，並能使人民權利受到更周全的保障。

第八節　人民之義務

依德國學者耶林涅克(George Jellinek)所主張「國民地位理論」，認為國民面對國家處於被動之地位，應服從國家統治權之支配，接受國家之統治，形成法律上之義務關係（圖 3-11）。

圖 3-11　人民之義務

第一項　納稅之義務

憲法第 19 條規定：「人民有依法律納稅之義務。」基本上，財政稅收乃現代國家各項施政建設的重要基礎，國家為社會生存發展之目的，乃有透過公權力方式將人民部分財產強制移轉至政府，以利政策之推動並從事各項建設，此即國家有徵收租稅權及人民有繳納租稅義務之法理；憲法第 19 條所謂「依法律……」，乃以法律作為納稅之依據，納稅既為人民之負擔而成為義務，自非以法律有明文規定不可，不得逕以行政命令課以人民納稅之義務（另參照司法院釋字第 217 號解釋），因此，憲法第 19 條之意旨，一方面固指人民納稅必須依法律之規定，另一方面，國家課以人民納稅之義務，亦必須依法律之規定，此即「租稅法定主義」。

司法院於釋字第 346 號解釋中指出：「…憲法第 19 條規定，人民有依法律納稅之義務，係指有關納稅之義務應以法律定之，並未限制其應規定於何種法律。法律基於特定目的，而以內容具體、範圍明確之方式，就徵收稅捐所為之授權規定，並非憲法所不許。……。」（至於租稅平等，另參照司法院釋字第 438 號、第 508 號解釋）

關於租稅法定主義，司法院釋字於第 367 號解釋認為：「……憲法第 19 條規定，人民有依法律納稅之義務，係指人民僅依法律所定之納稅主體、稅目、稅率、納稅方法及租稅減免等項目而負繳納義務或享受減免繳納之優惠，舉凡應以法律明定之租稅項目，自不得以命令作不同之規定，否則即屬違反租稅法定主義。」大法官在釋字第 500 號解釋中認為，凡涉及租稅事項之法律，其解釋應本於租稅法定主義之精神，依各該法律之立法目的，衡酌經濟上之意義及實質課稅之公平原則。（法治斌、董保城，2004：272-273）（關於租稅法定主義，另參照司法院釋字第 616 號、第 620 號、第 622 號解釋）

　　又如民國 83 年 5 月，部分鄉鎮自行開徵「鎮長稅」作為地方建設之公益捐，經行政院指出乃於法無據，故地方公益捐雖係維護地方區域環境，對土地開發者所課，亦為增加人民之負擔，仍有制定法律加以規範之必要；遵此，依租稅法定主義的精神，地方政府向人民課徵租稅，必須依據法律。而根據財政收支劃分法、地方稅法通則、地方制度法（第 67 條）、規費法之規定，直轄市、縣（市）、鄉（鎮、市）政府等地方自治團體，得依法向人民徵收地方稅及地方政府規費等稅捐（另參照司法院釋字第 420 號、第 640 號解釋）。

　　至於全民健保法強制人民納保、加徵滯納金之規定是否合憲，是否已侵害人民受憲法第 15 條保障之財產權，另參照司法院釋字第 472 號解釋。

第二項　服兵役之義務

　　憲法第 20 條規定：「人民有依法律服兵役之義務。」其目的在於保衛國家之安全、維護世界之和平（參考憲法第 137 條），故國家有維持適當武裝力量之必要，以達成國防之目的，而武裝力量之來源，則有賴人民之勞務勤役，考察各國憲政制度，亦多有關於人民必須服兵役之類似規定；不過，此項義務與納稅義務相比較，有其相似性，納稅義務可以褫奪人民的財產，兵役義務可以褫奪人民的勞力，而間接害及財產，另一方面，兩者又有所不同，納稅義務只是一種犧牲，服兵役義務則為英勇的榮譽，因為是義務，所以必須以法律定之（薩孟武，1988a：172-173）。憲法第 20 條所謂「依法律……」，乃以法律作為人民服兵役之依據，正如同憲法第 19 條之規定，學者薩孟武認為，我國憲法只列舉這兩種義務，並非人民除此之外沒有其他義務，不過對此兩種義務必須以法律定之；民主政治為法治政治，凡對國民欲課以義務，屬於立法權之事，憲法所以特舉納稅及服兵役的義務，乃所以拘束立法機關，即立法機關不得將此兩種立法權委任於行政機關，至於其他義務，法律若許行政權得用命令規定之者，不在此限(Ibid：170-171)。目前，我國是根據

兵役法、兵役法施行法之規定採行徵兵制，舉凡軍官役、士官役、士兵役，其徵集、免役、禁役、緩徵、緩召與服役年限，均依法律之規定實施，當然，服兵役首重對國家之忠誠，故以我國國民為限。

目前，我國國防政策以採「防禦固守」為戰略指導原則，乃推動精實方案以縮減人力、物力、資源的浪費，對兵力之需求較往昔降低；另一方面，考量目前社會上對青壯人力需求較高，或有因宗教信仰因素而拒服兵役者，乃有規劃役男轉服社會役、警察役之政策，在立法院通過替代役與傳統兵役兩制並行後，我國兵役制度之服勤型態乃更多元化，目前，社會役已自民國 89 年 7 月開始實施。關於人民應如何履行憲法上服兵役義務，女生是否應該當兵，另參照司法院釋字第 490 號解釋；其中，大法官於釋字第 490 號「宗教信仰與拒服兵役案」解釋意旨認為：「服兵役之義務並無違反人性之尊嚴，亦未動搖憲法價值體系之基礎，且為大多數國家所明定，而這又為保護人民、國家安全所必須，與憲法第 7 條、第 13 條並無牴觸。」（李惠宗，2000：142）

第三項　受國民教育之義務

憲法第 21 條規定：「人民有受國民教育之權利與義務。」本條文是憲法唯一將權利與義務並舉之條文，內容規定教育權，同時規定為義務。所謂國民教育，係指為國民均應接受之教育，故定為人民有受國民教育之義務。又凡屬國民，教育機會均屬均等，即人人有請求受國民教育之權，故規定為人民有受國民教育之權利，所以為權義雙重之規定，以表示重視（法治斌、董保城，2004：274）。憲法為落實人民實施國民基本教育，爰規定國民受教育之機會一律平等（憲法第 159 條），6 至12 歲之學齡兒童一律受基本教育，免納學費（憲法第 160 條第 1 項），依國民教育法第 2 條規定：「6 至 15 歲之國民應受國民教育」及「凡兒童已達學齡而不入學者，對其父母或監護人，得於勸告、警告、罰款後，仍限期強迫其兒童入學」之規定可知（強迫入學條例第 8 條），受國民教育不但是權利，又可視為是義務。

第四項　人民之其他義務

　　納稅、服兵役、受國民教育是憲法明文所列舉之義務，但並不意味人民沒有其他義務，依憲法第 23 條之規定，人民至少有受法律限制的義務；如服從法律、遵守憲法乃國家憲政發展之基本條件，無須憲法明示，再由憲法第 22 條規定可知，人民於行使自由權利時，有不妨害社會秩序及公共利益之義務。

第五項　人民義務之履行

　　人民對國家既有負法定之義務，便應服從遵守之，若有故意或過失而不履行其義務者，則在法律上將發生三種效果，亦即法律制裁之方法，分別說明如下：

1. **行政上之強制執行**：人民若不履行其法定義務時，國家為達成其行政上之目的，得以強制其履行，或以罰鍰代執行方式實現與已履行義務之同一狀態，是為行政上之強制執行；如適齡役男之強迫入營或學齡兒童之強迫入學，又如社會秩序維護法規定，人民被裁定拘留確定，經通知執行，無正當理由不到場者，強制其到場。

2. **行政上之處罰**：人民不履行其法定義務時，國家為達成其行政上之目的，得依法科予處罰，以強迫其履行法定義務；如人民違反社會秩序時，得依法予以處罰。

3. **刑事上之處罰**：人民不履行其法定義務而構成犯罪行為時，國家得依法予以刑事上之處罰以資制裁；如對於逃漏稅款者，得依各種稅法處以財政罰，人民若不履行應盡之兵役義務者，得依妨害兵役治罪條例科以刑罰。

MEMO

第 4 章

選舉、罷免、創制、複決

第一節　參政權之意義

第一項　參政權之理論

　　人民基於主動的身分，參與國家統治權行使之權利，即是參政權。民主憲政國家運作之重要基礎，在於實現國民主權的原理，因此，國家統治權之行使必須得到受統治者的同意，參政權乃成為民主國家人民最為重要的權利。憲法第 17 條規定：「人民有選舉、罷免、創制及複決之權。」而憲法第 12 章則又詳細規定人民選舉、罷免、創制、複決等權利（憲法第 129 至 136 條）。人民參政權的觀念，始於選舉權（乃間接參政權），而後逐漸發展成「直接參政權」，即罷免權、創制權與複決權；選舉權之性質，學界有認為屬於國民固有之權利，亦有主張社會職務說，目前則以兼具權利與義務兩種性質為通說。（王世杰、錢端升，1947a：118-119）

　　自 18、19 世紀以來，民主思想雖然發達，但僅為間接民主而非直接民主，人民僅有選舉被選舉之權，並無罷免創制複決諸權，對不良之議員與官吏無權以罷免之，議會應制定法律而不制定、或制定而不當者，人民亦無創制複決之權，能發而不能收，尚不足以稱為真正之民主，20 世紀各國憲法鑑於此，乃致力於直接民權的實現，使符民主政治之實。（林紀東，1988a：265）

第二項　參政權之內容

　　參政權的內容性質，大致可區分為二類：(1)為人民基於公民資格在法律上當然享有之參政權，如選舉、罷免、創制與複決權（即憲法第 17 條之規定），凡有一定資格者，均得依法積極主張參與國家政治權力的行使；(2)為人民基於特定資格而可享有之參政權，如應考試權、服公職權（即憲法第 18 條之規定），故若具備法定選任條件時，得經國家選任程序後充任公職，參與國家特定政治權力之行使。

憲法第 17 條規定:「人民有選舉、罷免、創制及複決之權。」遵此,人民有選舉民意代表與官吏之權(狹義之選舉權),與被選舉為民意代表及官吏之權(被選舉權),有罷免不良之民意代表與官吏之權(罷免權),對於應制定或修改之法律,而立法機關不為制定或修改時,有提出原則促令立法機關修改、或制定法案議決為法律之權(創制權),對立法機關所通過之法律,有投票決定其應否成為法律之權(複決權)(林紀東,1987:157)。憲法第 18 條規定國民之應考試權、服公職權,亦稱為「直接參政權」;憲法第 17 條規定國民之選舉、罷免、創制與複決權,統稱為「間接參政權」。

第二節　選舉權

第一項　選舉權之意義及理論

選舉權乃具有公民資格之國民,有以投票方式選舉議會代表及行政官吏之權,這種權利被稱為狹義選舉權,並以自身可作為被選舉為議會代表及行政官吏之被選舉權,兩者合稱廣義之選舉權;我國公職人員選舉罷免法中,不只規定選舉權,亦規定被選舉權,顯然是採取廣義之見解(林騰鷂,1998:145-146),關於選舉權之性質,學界主要有三種觀點:

(一) 國民固有權利說

認為屬於國民固有之權利,即選舉權為個人權利,國家不得任意限制或剝奪,而個人是否行使,亦應任個人自由決定,這種理論,乃根據盧梭的主權論,以為主權既然歸屬於全體國民,則為表示全體國民之共同意見,自然非由全體國民參加投票不可,也自然非全體國民有選舉權不可。

（二）社會職務說

認為選舉權並不是權利，而是個人應盡之社會義務，故並非國民固有之權利，而是出於國家所賦予，國家所以賦予選民這種權利，乃為全社會之利益，簡言之，選舉權便是國家法律授與選民的一種職務；19 世紀以來的德國學者，更認為選民團體為國家的一種機關，選舉權則為選民之社會職務。不過，此說亦產生兩種結果：其一，選舉權既為一種社會職務，國家自可依社會之利益而規定相當的資格；其二，選舉權既被視為社會職務，享有選舉權者便有履行職務之義務，故若國家對於選民施行強制投票，亦為理論所許。（王世杰、錢端升，1947a：118-119）

（三）權利兼義務說

乃折衷學說，認為選舉權兼具權利與義務兩種性質，是為權利兼義務說，即選舉權既為權利也是義務，因此，若人民的選舉權利受到侵害，可要求國家救濟，另一方面，國家亦得強制選舉人履行義務，原因在選舉權一方既可表示個人之意見，故就個人言之，仍不失為一種權利，但他方又與社會利益有密切關係，故就社會言之，選舉權之行使實屬於執行社會職務（劉慶瑞，1992：96-97）。目前，學界以此為通說。

第二項　選舉之條件、方法與限制

人民關於選舉權之取得，有積極與消極兩種條件：積極條件包括國籍、年齡、居住等條件，消極條件則包括能力、道德、政治等條件（薩孟武，1988b：422-424）；前者是取得選舉權必須具有的條件，在我國如具備中華民國國國籍、年滿 20 歲、必須在選舉區內居住一定期間以上；後者是取得選舉權時不宜具有之條件，如褫奪公權尚未復權者、受法院禁治產之宣告尚未撤銷者（公職人員選舉罷免法第 14 條，以下簡稱公職選罷免法），便不得享有選舉權；至於被選舉權之取得條件，通常與選舉權之取得條件相當，惟其年齡與國籍條件之限制較為嚴格。

憲法所規定之各種選舉，以普通、平等、直接及無記名投票之方法行之（憲法第 129 條）；依此，選舉之原則主要可歸納為：(1)普通選舉：指具一定資格之人民均有選舉權，無教育、種族、階級、宗教信仰、……等限制，是為選舉之普通基本原則；(2)平等選舉：指「一人一票，票票等值」，是為平等原則，亦與憲法第 7 條平等權精神相呼應；(3)直接選舉：指由選舉人親自選出當選人，毋須經由他人或其他程序之選舉方式；(4)秘密選舉：即採無記名投票方式，以確保選舉自由意志之實現。

　　憲法第 130 條規定：「中華民國國民年滿 20 歲者，有依法選舉之權，除本憲法及法律別有規定者外，年滿 23 歲者，有依法被選舉之權。」憲法除規定總統候選人之年齡為 40 歲之外，原則上，規定選舉人之年齡為 20 歲，被選舉人之年齡為 23 歲。但公職人員選舉罷免法另對選舉人與被選舉人之條件作限制：(1)對選舉人之限制：居住期間之限制（參照公職選罷免法第 15 條）；(2)對被選舉人之限制：年齡與身分之限制（參照公職選罷免法第 31 條、35 條）。

　　在選舉權限制方面，行政機關可否以學歷限制選舉權，參照司法院釋字第 290 號解釋；至於參選保證金可否因政黨而異，參照司法院釋字第 340 號解釋；有關候選人是否繳交保證金方得參選之疑義，參照司法院釋字第 468 號解釋；在學學生可否參選立委，另參照司法院釋字第 546 號解釋。

　　在競選活動方面，憲法第 131 條規定：「本憲法所規定各種選舉之候選人，一律公開競選。」本條之立法目的有二：(1)規定各種選舉均採用候選人制度，即在選舉之前，由各政黨提名候選人或個人自行登記參選；(2)公開競選，指任何候選人均可用文宣、傳播、印刷、網際網路等方式，向大眾表明其政見，不受任何限制，以求選舉之公平。

第三項　選舉訴訟

　　憲法第 132 條前段條文規定，選舉應嚴禁威脅利誘，其目的即在保障選舉人得以其個人自由意志為選舉；如有不法脅迫他人投票者，如買票賄選、暴力恐嚇、若支持某候選人即不給假或予以解僱等，均構成刑法妨害投票罪。憲法第 132 條後段條文規定，選舉訴訟由法院審判之（參照公職選罷免法第 101 條至第 110 條之相關規定）

1. **刑事上之選舉訴訟**：刑法第 6 章所規定之妨害投票罪，其內容主要可歸納為以下四項：(1)威脅：「以強暴脅迫或其他非法之方法，妨害他人自由行使法定之政治上選舉或其他投票權者，處五年以下有期徒刑。」（刑法第 142 條）(2)利誘：「有投票權之人，要求、期約或收受賄賂或其他不正利益，而許以不行使其投票權或為一定之行使者，處三年以下有期徒刑，得併科五千元以下罰金。」（刑法第 143 條）另外，刑法第 145 條則規定：「以生計上之利害，誘惑投票人不行使其投票權或為一定之行使者，處三年以下有期徒刑。」(3)詐騙：「以詐術或其他非法之方法，使投票發生不正確之結果或變造投票之行使者，處五年以下有期徒刑。」（刑法第 146 條）(4)其他：「妨害或擾亂投票者，處二年以下有期徒刑、拘役或五百元以下罰金。」（刑法第 147 條）「於無記名之投票，刺探票載之內容者，處三百元以下罰金。」（刑法第 148 條）

2. **民事上之選舉訴訟**：指因選舉事件發生爭議，由法院裁定之，依「公職人員選舉罷免法」規定為之。包括當選人之資格，得票數是否確實，計算票數是否有誤，當選是否有效等。選舉、罷免訴訟，設選舉法庭，採合議制審理，管轄法院第一審為行為地之地方法院。不服地方法院之判決，得上訴高等法院，二審終結，並不得提起再審之訴，且各審受理之法院應於六個月內審結(公職選罷免法第 108、109 條)。（呂炳寬、項程華、楊智傑，2006：171-172）

3. **選舉訴訟：**(1)選舉無效或罷免無效之訴：乃因選務機關違法而提起之訴訟。如有選舉委員會辦理選舉、罷免涉及違法，致使影響選舉或罷免結果，檢察官、候選人、被罷免人或罷免案提案人，得自當選人名單或罷免投票結果公告之日起 15 日內，以各該選舉委員會為被告，向管轄法院提起選舉或罷免無效之訴。(2)當選無效之訴：因當選人違法而提起之訴，包括有發生脅迫行為、賄賂、期約賄選、當選票數不實之情事，足以影響選舉結果等。(3)當選無效之訴之提起：於公告當選人名單之日起 15 日內向該管法院提起之。(參照公職選罷免法第 101 條、第 103 條)

第三節　罷免權

第一項　罷免權之意義及理論

　　罷免權乃人民對於違反民意或不稱職之代表、行政官吏，在其任期未滿前以投票方式使其去職的權利，其目的在督促不稱職職之代表、官員尊重民意，以救濟代議制度的流弊；選舉權一方面乃人民對民意代表、行政官員表示信任、委託之權利，另一方面，亦透過此種形式構成國家統治機關之合法性及正當性，但相對於選舉權，罷免權則屬於收回信任、委託之權，對議會代表與行政官員進行直接的制裁。其法理基礎主要有二：(1)議會代表與行政官員既出自於民選，乃受公民委託之人，若不能保有公民之信任，公民當然得行使罷免權令其去職；(2)就實質利害言之，公民若隨時對代表及官員保有罷免之權，則其行動與意見便不敢貿然蔑視民意，其舞弊營私及貪污專斷的行為或可減少（林紀東，1989a：276）。故罷免制度係為民主國家為落實「政治責任」而設，政務官因重大政策失當或重大損傷事故而自動下台，以謝國人，係屬「主動政治責任」，相對地，被罷免則屬「被動政治責任」。（李惠宗，2004：131）

第二項 罷免權行使之程序與規定

憲法第 133 條規定：「被選舉人得由原選舉區依法罷免之。」意即人民對於有違悖民意、立法懈怠之代表，或施政表現不稱職之行政官吏，得由原選舉區依公職人員選舉罷免法罷免之。（另參照司法院釋字第 401 號解釋）

罷免之程序包括：(1)罷免案之提議：在提案時間上，依公職選罷免法第 69 規定：「公職人員之罷免，就職未滿一年者，不得罷免。」（全國不分區、僑選國外國民選舉當選之立法委員不適用之）意即原選舉區人民於該選區民意代表、行政官吏於就職滿一年後始得提案；(2)罷免案之連署：選舉委員會（下稱選委會）收受罷免提案後，應於一定期間內徵求連署（法定人數應達被罷免人原選舉區選舉人總數百分之十三以上），如經審核該罷免提議成案後，應將罷免理由書副本送交被罷免人，由被罷免人於十日內提出答辯書，選委會應於被罷免人提出答辯書期間屆滿五日內，公告舉行罷免投票日期及相關行政事項；(3)罷免案之投票：選委會應於罷免案宣告成立三十日內辦理罷免案投票，若罷免案投票人數不足原選舉區選舉人總數二分之一以上，或同意罷免案票數未達有效票數二分之一以上時，視為否決；若罷免案投票通過後，被罷免人應自選委會公告之日起解除職務。

另外，依憲法增修條文第 2 條第 9 項及立法院職權行使法第 44 條之規定（立法委員），人民亦得對總統、副總統進行罷免；總統、副總統罷免之程序分為二階段：第一階段由立法院全體委員四分之一提議、全體委員三分之二以上同意成立後（前項罷免案宣告成立後 10 日內，立法院應將罷免案連同罷免理由書及被罷免人答辯書移送中央選舉委員會），第二階段是由中央選舉委員會舉行罷免案投票，如有全國選舉人總額過半數出席之投票、有效票過半數同意罷免時，即為通過。

第四節　創制、複決權

第一項　創制權之意義及理論

　　所謂創制權，乃公民得以法定人數之提議而提出法案，透過公民投票方式，促令立法機關修改法律或經投票直接制定法律之權。創制權之設計構想認為，公民若得法定人數之提議，得有權提出關於法律甚或憲法之建議案，或逕交付公民複決，或先交議會討論，如議會不予採納，則再交由公民複決，其目的在防止議會失職或忽視民意；由此性質可知，創制權乃人民參政權之擴大，其優點主要有三：(1)人民直接制定法律，最符民意及國民主權原理；(2)人民行使創制權，可防止立法機關忽視民意或制定惡法；(3)人民行使創制權，可提高對公共事務之關心和參與。其缺點則在於：(1)現代立法工作較為困難複雜，人民因欠缺專門知識，直接立法難免草率疏漏；(2)以群眾直接參與立法，若多數人判斷力或認識之不足，易受少數所操縱利用；(3)人民行使創制權之程序相當繁瑣，且社會成本相當高昂，實不符效率及經濟之精神；(4)創制案之提出，往往陳義過高或不切實際，以致不易落實執行。

　　關於創制權之限制，各國所採方式主要可分成兩種：第一種是對連署人作出限制，即為防止少數人濫用創制權，創制案的提出必須達到一定人數之連署；第二種是對創制事項作出限制，考察各國的規定，通常預算案、租稅法案多禁止人民創制，因為這些法案與人民的負擔有關，若允許人民創制，則人民難免利用創制以減輕賦稅，國家將因財政問題影響政務的推行，因而這項限制實有必要。我國憲法關於創制權之規定共有四條（憲法第 17 條、第 27 條第 2 項、第 123 條、第 136 條），探究條文意涵，人民僅在地方自治事務有行使創制、複決之權（民國 88 年 1 月地方制度法第 16 條第 2 項）；自立法院於民國 92 年 12 月三讀通過「公民投票法」後，規定關於「立法原則之創制」及「國家重大政策之創制」，公民得行使全國性公民投票決定之（在民國 93 年 3 月與民國

97 年 3 月兩次總統選舉時，中央選舉委員會均曾辦理過兩次全國性公民投票）。

第二項　複決權之意義及理論

所謂複決權，是指經由公民提議或法定機關之請求，將法案交由公民投票，以決定其存廢（呂炳寬、項程華、楊智傑，2006：177）。進而言之，乃公民對於立法機關所通過之法律案或憲法案，以投票方式決定其應否成為法律或憲法之權。複決制起源於法國大革命時代的民權思想，1793 年的法國憲法已採行此制，19 世紀瑞士各邦相繼採用，但第一次世界大戰以前，採行複決制度者為數不多，僅有瑞士、美國兩國，一次大戰後，使漸次普及於歐陸各國；複決權與創制權性質相同，為人民之重要參政權，創制為人民積極地控制政府法制之權，複決為人民消極地控制政府法制之權，常被稱為直接民權，以其行使可直接產生立法、制憲或修憲等直接行使政權的效果，與選舉權、罷免權之行使，只能間接產生行政政權之效果並不相同。（林騰鷂，1998：148）

人民是否應享有複決權，學界意見並不一致，贊成者所持理由主要有九項：(1)符合民主主義的精神原則；(2)防止立法機關的專斷失職；(3)富有政治教育之作用；(4)減少黨爭消弭暴動；(5)防止政黨的操縱與專橫；(6)解決政府與立法機關間的衝突；(7)增加政府權力；(8)緩和議會政治過激的作風；(9)增加人民對法律的責任心。

對複決持反對理由主要有六項：(1)公民知識程度多不能判斷法律案適當與否；(2)無法容納少數派意見，有失民主政治寬容的精神；(3)足以削弱立法機關的地位和責任心；(4)容易導致重大暴亂；(5)難有標準人數之規定；(6)耗費人力與財力甚大，社會成本相當高昂（林紀東，1989a：284-287）。以上二說，均有相當之理由，惟權衡取捨，學者林紀東認為仍以贊成說為是，特別是第一至第五項尤具啟發作用，至於反對說則較牽強（特別是第一、第二兩項），或屬技術性之問題，可在技術

上求解決，不必就此因噎廢食(Iden)。學者劉慶瑞即認為，複決之目的原在補救立法機關的缺失，若一切法案經立法機關通過後，均必須再提交公民複決，則不但立法機關將成為贅物，立法程序亦將更為複雜（劉慶瑞，1992：115）。

就複決之目的而言，可區分為公民否決(popular veto)與公民表決(referendum)兩種，前者是議會制定的法律已經施行，唯在一定時間內，若公民或有權機關表示反對，則該項法律必須交付公民投票決定之；後者是議會所通過之法律，在尚未施行前，必須再提交公民投票決定之，經人民同意後才發生效力（薩孟武，1988a：166-167）。複決權行使的範圍，主要有三種：(1)憲法複決(constitutional referendum)；(2)立法複決(legislative referendum)；(3)兼具憲法與立法之複決。憲法複決即人民對制憲機關所制定或修正之憲法案，以公民投票方式決定是否成立。

在憲法複決方面，我國自民國 94 年憲法第七次增修後，增修條文第 1 條規定：「中華民國自由地區選舉人於立法院提出憲法修正案，經公告半年，應於 3 個月內投票複決。」依此規定，我國公民得行使憲法複決之權。

在地方自治事務方面，憲法第 136 條規定：「創制、複決兩權之行使，以法律定之。」關於地方自治事項，地方制度法第 16 條第 2 項規定，人民依法有行使創制、複決之權，在立法院於 92 年 12 月公布實施公民投票法後，使人民依法行使創制、複決權有實質法源依據。

第三項　公民投票

憲法第 27 條第 2 項原規定，國民大會代表人民行使選舉、罷免、創制、複決之權。關於創制複決兩權，除憲法之修正案及立法院所提之憲法修正案外，俟全國有半數之縣市曾經行使創制複決兩項政權時，由國民大會制定辦法並行使之（現依憲法增修條文第 1 條第 2 項予以停止適用）。憲法第 123 條第 1 項規定：「縣民關於縣自治事項，依法律行

使、複決之權，對於縣長及其他縣自治人員，依法律行使選舉、罷免之權。」憲法第 136 條復又規定：「創制複決兩權之行使，以法律定之。」因此，根據憲法本文，必須先有創制複決法，讓縣民就縣自治事項能夠行使創制複決權（呂炳寬、項程華、楊智傑，2006：178）；在法源方面，自立法院於 92 年 12 月通過公民投票法後，人民依法行使創制、複決權開始已有實質的法源依據。

依公民投票法（以下簡稱公投法）之規定，公民投票之類型可區分成「全國性公民投票」及「地方性公民投票」二類：（但有關於預算、租稅、投資、薪俸及人事事項，依公投法第 2 條第 4 項規定，不得作為公民投票之提案）

1. 全國性公民投票（公投法第 3 章第 1 節，第 9-25 條）：適用事項分為「法律之複決」、「立法原則之創制」及「重大政策之創制或複決」三項：(1)公民提案、連署：全國性公民投票由公民發動者，其提案人數，應達提案時最近一次總統大選選舉人數的千分之五以上（公投法第 10 條）；連署人數，應達提案時最近總統大選選舉人的百分之五以上（公投法第 12 條）；(2)立法院對重大政策之公投：立法院對於國家重大政策之「創制或複決」之事項，認為有進行公民投票之必要者，得附具主文與理由書，經立法院院會通過後，交由中央選舉委員會辦理公民投票。立法院之提案經否決者，自該否決之日起三年內，不得就該公投事項重新提出（公投法第 16 條）；(3)總統交付之防禦性公投：當國家遭受外力威脅致國家主權有改變之虞，總統得經行政院院會之決議，就攸關國家安全事項交付公民投票（公投法第 17 條），此項公投方式，又通稱為「防禦性公投」；依公投法第 17 條規定，我國於民國 93 年 3 月 20 日舉行第一次全國性公民投票，結果因投票人數未達法定人數，該案並未通過。

2. 地方性公民投票（公投法第 3 章第 2 節，第 26-29 條）：適用事項分為「地方自治法規之複決」、「地方自治法規立法原則之創制」、「地方自治事項重大政策之創制或複決」三項；地方性公民投票提案人數，

應達最近一次地方直轄市長、縣（市）長選舉人數總千分之五以上；連署人數應達最近一次直轄市長、縣（市）長選舉人總數百分之五以上。

3. 公民投票之結果（公投法第 4 章，第 30-33 條）：在公民投票結果方面，投票人數達全國、直轄市、縣（市）有投票權人總數二分之一以上，且有效投票數超過二分之一同意者，即為通過（公投法第 30 條第 1 項）。若投票人數不足上述規定數額，或有效投票數未超過二分之一同意者，均為否決（公投法第 30 條第 2 項）。公民投票案之提案過或否決者，自該選委會公告該投票結果之日起三年內，不得就同一事項重行提出；但有關公共建設之重大政策複決案經否決者，自公告之日起至該設施完工啟用後八年內，不得再重行提出（公投法第 33 條）。最近的案例，即澎湖縣於民國 98 年 9 月針對是否開放設置博弈特區進行公民投票，結果贊成意見並未過半，該案遭否決不通過。

4. 公民投票審議委員會之設置與組成（公投法第 6 章，第 34-38 條）：行政院就全國性公民投票應設置「公民投票審議委員會」（下稱公投審議會），置委員 21 人、任期 3 年，由各政黨依立法院各黨團席次比例推薦，送交主管機關提請總統任命；直轄市或縣（市）政府亦應設置地方性公投審議會，其職掌在於審查「公民投票事項之認定」以及「公投重行提出時是否為同一事項之認定。」（公投法第 35 條）

5. 公民投票之爭訟（公投法第 7 章，第 54-61 條）規範：(1)爭訟之法院管轄：不服公民投票而提起訴訟者，由投票行為地之高等行政法院為第一審管轄法院，上訴或抗告之上級管轄法院為最高行政法院。（公投法第 54 條）(2)公民投票無效之訴：各級選舉委員會辦理公民投票違法，足以影響公民投票結果，檢察官、公民投票案提案之領銜人，得自投票結果公告之日起 15 日內，以各該選舉委員會為被告，向管轄法院提起公民投票無效之訴。（公投法第 56 條、第 57 條）(3)公投案通過或否決確認之訴：辦理公民投票期間，如有意圖妨害公民投票，對於行使公民投票權之人或辦理公民投票事務人員施以強暴、脅

迫或其他非法方法，足以影響投票結果者，檢察官得於投票結果公告之日起 15 日內，以該管選舉委員會為被告，向管轄法院提起公民投票案通過或否決無效之訴（公投法第 58 條、第 59 條）。

　　一般認為公民投票是民主原則最直接、最純粹的表現，固有所據，按民主原則展現憲法所決定的基本秩序，以民主國的政體實現憲法價值決定，在民主原則的支配下，無論是直接民主或間接民主的方式，只要符合民主原則的特徵及內涵，即可認為實現「主權在民」的憲法理念，在近代民主制度數百年的發軔及實踐經驗下，多數國家仍採代議制度為主、直接民主為輔，以實踐民主原則；從而，作為直接民主之典型模式的公民投票，應僅能在憲法所決定的間接民主價值下，補充代議民主的漏洞，因此，有學者即認為，在憲法別無特別例外規定之下，公民投票得否以法律規定，即以「取代」憲法所決定的代議制度，尚有討論空間。（法治斌、董保城，2004：32-34）

總　統

第一節　總統之類型與地位

第一項　總統制之主要類型

　　現代國家除君主國之元首為君主外，大多數共和國均設置總統以作為國家元首，但總統之職權又因各國政制不同而異，一般而言，民主國的憲政體制主要可區分為總統制、內閣制、委員制、雙首長制幾種類型，茲分述如下（圖5-1）：

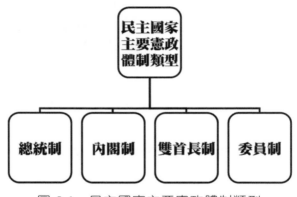

圖 5-1　民主國家主要憲政體制類型

一、總統制之總統

　　總統制(presidential system)可以美國為代表，是基於分權制衡原則而設計的政治制度，總統與國會分別由人民直接選舉產生，各擁有其民意基礎，不相統屬，分別享有完整的行政權及立法權，且均直接對人民負責。總統制國家之總統，不但是國家元首，同時身兼行政部門首腦，實際掌握治理國家之權責，同時，為確保行政權、立法權之相互制衡(checks and balances)，國會議員不得兼任內閣閣員，總統對國會並無解散之權，國會對總統亦無不信任投票權；不過，國會可利用立法權、預算審查權、國政調查權等權力牽制總統，總統若對國會所通過之法案表示反對，擁有否決權(veto power)以抵制國會之法案，國會必須再以三分

之二多數覆議通過，法案始得成立，因此，總統常以政黨領袖身分請求同黨國會議員支持其政策，一般而言，總統制國家之總統，乃是實際掌握政治權力之國家元首（圖 5-2）。

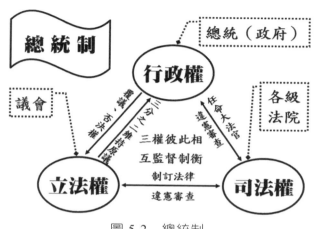

圖 5-2　總統制

二、內閣制之總統

　　內閣制(parliamentary system)起源於英國，以人民所選出的代表組成議會，作為國家最高權力機關，政府之權威來自於議會的權威，行政機關（內閣）必須向立法機關（國會）負責。內閣制國家之總統（或國王）只是國家元首，並不擔任行政部門的首長，也不對國政進行直接的治理，而由行政部門（內閣）主其事，內閣總理則由議會多數黨領袖擔任，國會議員兼任內閣閣員，內閣之施政必須向國會負實際政治責任，因而國家元首（總統或國王）所發布之法律或命令，必須經由內閣總理之副署，若國會對內閣政策表示不信任時，得發動不信任投票進行倒閣，相對地，內閣亦得解散國會以進行重新改選，對行政立法兩者之衝突直接訴諸民意。因此，內閣制國家之總統，乃是虛位元首，其職權均為形式上之規定，國政決策權均由內閣總理總攬，總統並無實質的憲政權力（圖 5-3 及圖 5-4）。

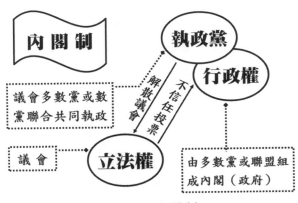

圖 5-3　內閣制

總　統　制	內　閣　制
嚴格遵守權力分立原則，政府與議會互不相隸屬，也不對議會負責	未徹底實行權力分立，政府與議會由議會的多數派，依藉內閣的機構結合起來
總統制下的部會首長不得兼任議會議員，亦不出席議會發言	內閣制中，部會首長常由議員兼任，可出席議會陳述意見
議會對於部會首長沒有不信任投票	對於部會首長個人或整個內閣，得作信任或不信任投票
總統可動用否決權，以作對抗議會的武器	元首雖有否決權，但很少行使
總統不得解散議會	元首對於議會有解散權

圖 5-4　總統制與內閣制之比較

三、委員制之總統

　　委員制(council system)之總統又稱為合議制總統，可以瑞士為代表，乃是由國會兩院召開聯席會選舉一個聯邦行政委員會(The Federal Executive Council)（由七位聯邦行政委員所組成），負責執行聯邦議會制定的政策，總統由委員每年互選輪流擔任，任期一年，不得連任。委員

制之總統，只是國家象徵性的代表，權力等同於其他委員，於委員會開會時擔任主席，其投票權亦與其他委員相等，唯有當可否同數時，總統之投票以兩票計算；因此，委員制之總統於法律上和事實上均不獨攬行政權，但又不是毫無行政權，在此一制度下，一切國家行政事務均由委員會合議決定，並以聯邦行政委員會之名義行之（林騰鷂，1998：195）；由於聯邦行政委員會是聯邦議會的隸屬機關，僅有執行責任而無實質決策權力，因而委員制之總統僅代表國家，並無實權（圖 5-5）。

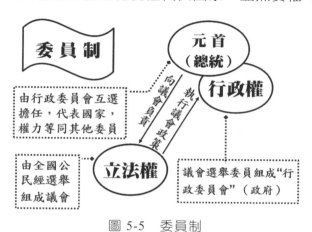

圖 5-5　委員制

四、雙首長制之總統

　　雙首長制(two-headed executive system)可以第五共和的法國及芬蘭等某些國家為代表，因總統擁有一定的憲政權力，而非純粹的虛位元首，因而被歸類為「半總統制」或「雙首長制」；我國於民國 83 年第三次修憲後，總統改為直接民選，憲政權力亦見擴增，體制上較類似於這種制度。不過，這些所謂半總統制的國家，總統雖擁有某些實際的政治權力，對行政首長及議會具有一定的制衡，但基本上並不從事實際治理國家的工作，憲政基本運作仍由內閣（政府）行管理之權，並向議會負責，故亦具有內閣制的精神，特別是總統與議會分屬不同政黨控制時，總統所受限制更為明顯；在雙首長制度下，一般政務由內閣處理，總統

主要負責國防、維護憲法與國家安全及部分外交事務、維持政局安定，並不親自涉及日常行政事務(Iden)；內閣總理乃是由民選的總統直接任命，不須經由議會之同意（不過，在實際憲政運作上，總統必須對國家整體政局作綜合性政治判斷，通常不會任命議會反對之人擔任），但議會可以通過不信任案的方式迫使總理辭職（擁有倒閣權），至於其他政府成員則由總理提請總統任命之，內閣總理及其他政府成員負責決策與施政，向議會負責，因此，雖具有內閣制的精神，但因總統於憲政上擁有一定獨特的權力，與總統制之總統有某種程度之相似性（圖 5-6）。

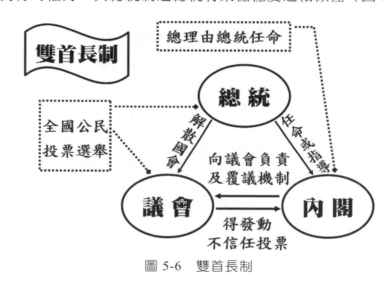

圖 5-6　雙首長制

第二項　主要國家憲政體制類型及特徵

再以民主國家主要憲政體制作分類，主要可區分為總統制、內閣制、雙首長制三種類型，其制度設計、權力運作與監督制衡關係，可歸納出各自不同的特徵（請參照圖 5-7、圖 5-8 及圖 5-9）。

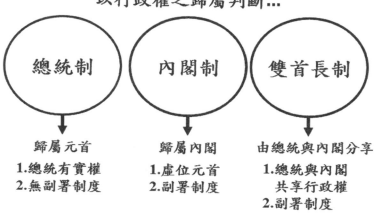

圖 5-7　憲政制度類型與特徵 01

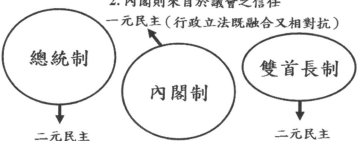

圖 5-8　憲政制度類型與特徵 02

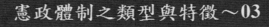

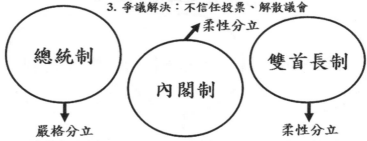

圖 5-9　憲政制度類型與特徵 03

第三項　我國之總統及其憲政地位

　　我國中央政府體制採行五權憲法制，但現行憲法卻與孫中山原先之設計有所出入，若依據建國大綱第 21 條所規定：「在憲政開始時期，中央政府當完成設立五院以試行五權之治，五院院長皆歸總統任免而督率之。」孫中山之原意，五院院長皆由總統督率，則總統顯然是實權總統，因此，總統不但是國家元首，亦扮演行政首長的角色。

　　不過，民國 35 年制憲國大對總統角色及中央政制之規劃，經政治協商會議後，卻偏向於內閣制之設計，若由憲法第 37 條與 57 條之規定可知，行政院對立法院負實際政治責任，總統依法公布法律發布命令，須經行政院院長或行政院院長及有關部會首長之副署，即為內閣制之重要特徵。若比較總統制與內閣制，如其他條件均相同，總統制下的立法機關比內閣制下的立法機關，要來得複雜且處境艱難，因為總統制下的立法機關的組成理論，強調的是權力分立及深思熟慮的決策，而不在於效率；至於內閣制下的立法機關，其組成理論則強調順利地決策及民意

至上，而不在防範政府專擅。（許志雄、蔡茂寅、蔡宗珍、陳銘祥、周志宏等，2004：281）

因此，考察我國憲法所規定總統之各項職權，透過副署(countersignature)制度的運作，實際上都應屬於行政院長的權力，總統只是執行憲法所規定的職能而已。（憲法增修後，根據增修條文第 2 條第 1 項之規定，總統發布行政院長與依憲法經立法院同意任命人員之任免命令及解散立法院之命令，無須行政院長之副署。）

行憲以來，總統無論在規範上或現實上，均擁有相當龐大的實質權力，甚至是遠遠凌駕於行政院之上（劉獻文，2002：204）；惟就制度角度言之，總統所擁有之權力大多並非來自憲法所賦予，而是現實政治影響的結果究其原因，我國自行憲以來，首任總統即由具政治實權者擔任，在黨國合一的體制下，總統之權力可謂無弗遠屆，在政府各級機關中均具有舉足輕重的地位，使得總統得以執政黨領袖身分，透過「以黨領政」方式對政府各部門進行直接的指揮。

第四項　修憲後總統職權之變動與權責問題

我國自民國 83 年 7 月第三次修憲後，總統改由人民直接選舉產生，總統之民意基礎既然擴大，因而有要求擴增總統權力的主張，行政院長副署權的範圍乃受到限制；至民 86 年 7 月第四次修憲時，總統權力更進一步擴大，擁有單獨任命行政院長及被動解散立法院的權力；易言之，總統擁有實權可以制衡政院及立院，因而我國總統便由較接近內閣制的國家元首轉變成為類似法國第五共和式的總統，具有一定的憲政權力，成為行政部門與立法部門的仲裁者，若國家政務出現僵局，總統可扮演仲裁或化解僵局的憲政角色。

不過，我國憲法並未賦予總統實際治理國政之權，因此，總統只是國家元首而非行政首長，但有學者認為，憲法增修後，我國總統在憲法上既近似於雙首長制，亦擁有相當的實權，與閣揆（內閣）及國會的關係相當複雜，因政治生態的變化，可能產生多種政權類型，運作上問題

重重，雙首長制的行政權二元化，由總統及內閣行使，與行政上講求指揮監督的統一性不符，在權責劃分方面，雙首長制有權責不符或權責不明的問題，顯然違背責任政治原理（許志雄，2000a：32-33），況且，當總統與國會多數黨派分屬不同政黨時，行政與立法之衝突在所難免，如核四政策所造成的紛爭即為警訊，我國憲法因欠缺總統主動解散國會權的設計，故無法動用解散權以化解行政、立法間的僵局，在野政黨動輒以罷免作為制衡總統的政治手段，不但造成政局動盪，亦非民主憲政之常軌，乃現行體制之最大問題；另一方面，修憲後對總統權力的制衡幾乎付之闕如，可謂憲政改革之重大缺失，亦為我國憲政發展埋下高度不穩定的變數。

若透過對政治權力性質的基本瞭解，亦有學者認為我國既非總統制，也不是內閣制，也談不上是法國的雙首長制，而是一種「浮動制」(floating system)，或是所謂「擺蕩於內閣制及總統制的混合制」(pendulous system)（顏厥安，2000：43）；依我國憲法的規定而論，總統任命不同政黨之人為行政院長的「左右共治」，在複數政黨才能掌握有國會多數席次時，則可能是「左右共治」結合以「聯合政府」的情形，乃至由總統任命未獲國會中佔多數席次政黨積極支持者為行政院長的「少數政府」，都是可能的選擇，憲法對此並未預為規定。（陳愛娥，2001：146-147）

若由憲法本文及增修條文之規定言之，我國總統擁有特殊的憲法地位（直接民選的民意基礎、行政院長的主動任命權、對國會的被動解散權、國家大政方針決定權、三軍統帥權等），況且，除定期改選的壓力外，總統行使前述各項權力，幾乎沒有相對應的責任，基於這種特殊的憲法地位，使得總統擁有優於其他憲政機關更強的協商權力(bargain power)，相反地，被稱之為閣揆的行政院長，雖憲法第 53 條有「行政院為國家最高行政機關」之規定，但既沒有直接民意基礎，又是總統直接任命，國會的各項杯葛動作都會有直接衝擊行政院或行政院長的法律效果，因此可以說是制度性的代罪羔羊。（顏厥安，2000：43）

　　我國自第四次憲法增修後，確定了雙首長制的憲政方向，總統取得相當程度的憲政實權並擁有單獨任命行政院長之權，對於立法院也僅享有被動的解散權，總統對於此等權力，僅在立法院成功倒閣時始有機會行使，因此，基本上總統並無絕對凌駕於立法院之上的權力正當性，在體制上，總統之代表性也未有超越立法院之代表性設計。（蔡宗珍，2000：53）

　　在體制上，我國九七修憲之前，臺灣憲政體制的基本邏輯，特別是行政權，本身即具某種行政雙元制的性格，「總統地位或職權的變化」始終是歷次憲改議題之主要核心，在憲政運作上，中華民國憲法其實一直都在實權總統和有效監督制衡之間，尋找憲法與政治的平衡點（劉獻文，2002：204）；因此，正本清源之道，唯有回歸權力分立、責任政治的基本精神，使權力向權力負責，總統職權於未來憲法的設計上，應受符合學理和實務的有效性約制，我國憲政體制問題始能獲得根本性的解決。

第二節　總統之選舉、任期及責任

第一項　總統之選舉及任期

　　世界各國之元首，除君主國之君主出於世襲繼承外，在共和國多以全體公民直接選舉或以議會間接選舉兩種方式產生；我國總統之選舉，憲法本文規定由國民大會選舉產生（憲法第 27 條第 1 項第 1 款），屬於間接選舉的類型，在民國 83 年 7 月第三次修憲後，改由中華民國自由地區全體人民直接選舉之，並自民國 85 年第九任總統選舉開始實施；根據增修條文的規定，總統、副總統候選人應聯名登記，在選票上同列一組圈選，以得票最多之一組為當選（增修條文第 2 條第 1 項），迄今，我國已舉行過四次（第 9 至 12 任）總統直接選舉（圖 5-10）。

2016年總統選舉投票結果統計

政 黨	候選人	票 數	得票率
DPP	蔡英文 陳建仁	689.4 萬	56.12%
KMT	朱立倫 王如玄	381.3 萬	31.04%

總投票 公民數	有效票	無效票	投票率
1878.2	1228.4	16.33	66.27%

圖 5-10　2016 年第十四屆總統選舉結果統計

　　承上所述，我國之總統、副總統是以相對多數的選舉方式產生，因而也曾產生過所謂「少數總統」(minority president)，為解決總統之代表性與正當性的問題，亦有論者主張應將總統選舉改「相對多數制」為「絕對多數制」，提議作為未來之修憲方向（社論，聯合報：2009.11.01）。

　　至於總統的任期，各國體制不一，最短者僅有 1 年，如瑞士之總統，最長者 7 年，如法國第三、第四、第五共和之總統，一般而言，大多介於 4 年至 6 年間；總統任期的長短，乃仁智互見之問題，並無一定的標準，主張任期應較短者，認為總統任期愈短愈無法濫用權力，較可避免權力的專制，反之，任期較長可維持政局的安定，使總統能穩定推動國家政策，任期過短則地位不易穩固，選舉亦見頻繁，不但無益於施政，更增加社會動員的成本。我國總統之任期，憲法本文原規定為 6 年，連選得連任一次（憲法第 47 條）；在民國 79 年政府召集國是會議時，即有改間接選舉為人民直選的提議，但憲改法制分組並未對此作出結論（李炳南，1997：33），至民國 80 年 5 月「一機關、兩階段」修憲時，亦未能獲得共識；其後，在民國 83 年 7 月第三次修憲後，總統乃改由人民直接選舉產生，任期改 6 年為 4 年，連選得連任一次（增修條文第 2 條第 6 項）。

第二項　總統之繼任、補選與職權代行

　　總統為國家之元首，對內、對外均負有重要的職責，其職務不能一日虛懸，因此，各國憲法對總統遇有不能視事等情形（如死亡、辭職、解職或因臥病、出國等原因），均有明文規定處理方式，茲將我國憲法之相關規定分述如下：

一、總統缺位之繼任

　　所謂「缺位」，是指總統於任內發生死亡、辭職或遭彈劾、罷免而去職，以致無法再行使職權；我國憲法規定，總統缺位時，由副總統繼任，至總統任期屆滿為止（憲法第 49 條前段）；至於副總統，我國行憲以來，確實不乏出現副總統缺位的情形，此問題一直延宕至民國 81 年第二次憲法增修時，才在增修條文中規定：「副總統缺位時，由總統於 3 個月內提名候選人，召集國民大會臨時會補選，繼任至原任屆滿為止」，民國 89 年第六次憲法增修時，因國大虛級化，改由立法院補選（蘇子喬，2009：28）。增修條文第 2 條第 7 項爰規定，「副總統缺位時，總統應於三個月內提名候選人，由立法院補選，繼任至原任期屆滿為止。」

二、總統、副總統均缺位之代理與補選

　　我國憲法規定，總統、副總統均缺位時，由行政院院長代行其職權（增修條文第 2 條第 8 項），並依增修條文第 2 條第 1 項之規定辦理總統、副總統之補選，繼任至原任期屆滿為止；此外，若總統於任滿之日解職，如次屆總統尚未選出，或選出後總統、副總統均未就職時，由行政院院長代行總統職權（憲法第 50 條），這項規定，在於防止總統職權之中斷，為避免對國家政務造成影響，乃以此為權宜之計（張治安，1992：273）。而行政院院長之代行總統職權，其期限不得超過三個月（憲法第 51 條）。

三、總統因故不能視事時之代理

　　所謂「不能視事」，是指總統因事故（如臥病或出國）而暫時無法處理事務，與總統因缺位（死亡、辭職或被彈劾、罷免）而無法再於任期內行使職權的情況有所不同；我國憲法規定，總統因故不能不能視事時，由副總統代行其職權，總統、副總統均不能視事時，由行政院院長代行其職權（憲法第 49 條後段）。然而，行政院長代理之期限，畢竟不宜過久（「不能視事」本質上即為暫時性因素）；但是，自修憲改總統、副總統為公民直選產生後，若由無民意基礎之行政院長代理總統職權過久（超過三個月以上），實更為不妥，因此，假設行政院院長代行總統職權超過三個月後，總統、副總統均仍然不能視事時，憲法對此問題並無明文規定，目前亦無憲政習慣可依循，未來，宜應釐清此一憲政議題。（蘇子喬，2009：28）

第三項　總統之責任

　　總統對外代表國家，為國家權力、榮譽及統合之象徵，雖不若君主國元首擁有不可侵權，但因地位崇隆而須有一定之尊嚴，基於這項原因，各國憲法對於總統均有尊崇與保障之規定，使其免受刑事上之訴究或審判；然而，總統之行為若有違憲、違法或失職情事，依我國法制，仍然必須負責，茲就總統之責任分三項作說明：

一、私法之責任

　　關於私法的責任，總統與一般人民之行為在私法上產生相同的法律效果，必須負完全的責任，總統若與一般人民發生私法上之糾紛，人民可依民、商法之規定向法院提起訴訟，請求損害賠償。

二、刑法之責任

憲法第 52 條規定：「總統除犯內亂或外患罪外，非經罷免或解職，不受刑事上之訴究。」此即總統不受刑事訴究之特權，不過，這項特權僅限於在職期間，一旦被罷免或因任期屆滿解職，其身分與普通國民無異，仍受刑事上之訴究；此外，即使在職期間，若觸犯刑法之內亂、外患罪，亦不能豁免（薩孟武，1988a：213）。關於總統刑事豁免權之範圍及享有之國家機密特權，參照司法院釋字第 627 號解釋。

三、憲法之責任

在民主國家，效忠憲法、遵守憲法為總統的職責與義務，總統如何可被彈劾，學者認為不外乎違法、失職(Ibid：214)，或濫權違憲等情事，依我國憲政體制，總統須負政治法律兩種責任：

1. **政治上的責任**：令總統負政治責任的方法是罷免制度（增修條文第 2 條第 9 項及立法院職權行使法第 44 條）。罷免總統之程序如下：立法院全體委員四分之一提議、全體委員三分之二以上同意成立後，再經由全國選舉人總額過半數之投票、有效票過半數同意罷免時，即為通過。

2. **法律上的責任**：至於令總統負法律責任的方法，則是彈劾的制度（增修條文第 2 條第 10 項及第 4 條第 7 項）。彈劾總統之程序如下：立院全體委員二分之一以上提議、全體委員三分之二以上決議、聲請司法院大法官審理，經憲法法庭判決成立時，被彈劾人應即解職。

罷免總統（政治責任）與彈劾總統（法律責任）之程序如下（圖 5-11）：

總統之罷免及彈劾程序			
性質	第一階段 提案人數	第一階段 表決人數	第二階段
彈劾 法律責任	二分之一立委提案	立院全體委員三分之二通過	由司法院大法官組成憲法法庭進行審理
罷免 政治責任	四分之一立委提案	立院全體委員三分之二通過	公民複決：總額過半投票、有效票過半數

圖 5-11　總統之罷免與彈劾程序

第三節　總統之職權

我國憲法本文列舉許多總統的職權，從憲法第 35 條至憲法第 44 條，除第 35、36、38 條及第 44 條外，均有「總統『依法』有……之權」的規定，其中多屬「職」的性質，總統行使這些職權，須有行政院院長副署（憲法第 37 條），國家一切重要法案，無一不由行政院會議議決（憲法第 58 條），行政院院長雖由總統提名，但須徵求立法院同意（憲法第 55 條，修憲後已凍結不再適用），而行政院又不對總統負責，而對立法院負責（憲法第 57 條），學者便認為我國之總統乃類似於內閣制的總統。（薩孟武，民 1988a：201-202）

不過，學者認為我國總統尚有兩種特別的權力，一是總統對於院與院間之爭執，得召集有關各院院長會商解決之（憲法第 44 條），二是立法院不贊同行政院的重要政策而作成決議時，或行政院對立法院決議之法律案、預算案、條約案認為窒礙難行，總統得核可行政院之請求，將決議或法案退還立法院覆議，但自憲法增修後，不但總統改為公民直選產生，增修條文亦賦予總統某些實質的政治權力，我國總統便由較接近內閣制的國家元首轉變成為類似雙首長體制的總統，權力較憲法本文所規定擴增許多，茲區分為下列五項作說明（圖 5-12）：

總統之職權	
外交方面	1.代表國家權
	2.締結條約
	3.宣戰媾和權
行政方面	1.任免文武官員
	2.發布緊急命令權
	3.決定國家安全有關大政方針之權
軍事方面	1.統率權
	2.宣布戒嚴權
立法方面	1.公布法律權
	2.覆議核可權
司法方面	依法行使大赦，特赦，減刑及復權
其他方面	1.授與榮典權
	2.院際爭執調解權
	3.向立法院提出國情報告
	4.咨請立法院召開臨時會
	5.宣告解散立法院權

圖 5-12　我國總統之職權

第一項　外交方面

一、代表國家權

　　國家為公法人，其意思表示必須以自然人為代表，我國憲法第 35 條規定：「總統為國家元首，對外代表中華民國。」即以總統為國家之代表，對外參與國際組織及活動；因此，在國際間以國家資格而發生的各種關係，都是以總統之名義表示國家的意思，如外交使節之派遣、國外使節之接見、各種國際典禮、儀式及交往活動的參加，均以總統代表國家從事各項國際活動。

二、締結條約權

　　憲法第 38 條規定：「總統依本憲法之規定，行使締結條約及宣戰媾和之權」，前述所謂「依本憲法之規定」，即總統對外行使締結條約、宣戰或媾和等權限，必須先經行政院會議議決後（宣戰案、媾和案、條約案）（憲法第 58 條後段）、再經由立法院之同意（憲法第 63 條）；另外，國際條約內容若涉及領土變更，必須經由立院全體委員四分之一之提議、全體委員四分之三之出席，出席委員四分之三之決議、並經國民大會代表總額三分之二之出席、出席代表四分之三之複決決議同意後通過（增修條文第 1 條第 2 項第 2 款、第 4 條第 5 項）。

三、宣戰媾和權

　　憲法第 38 條規定：「總統依本憲法之規定，行使締結條約及宣戰媾和之權」，前述所謂「依本憲法之規定」，即總統對外國宣布發動戰爭或與外國締結和平協議等權限，必須先經行政院會議議決後（宣戰案、媾和案、條約案）（憲法第 58 條後段）、再經由立法院之同意（憲法第 63 條）。

第二項　行政方面

一、任免文武官員

憲法第 41 條規定：「總統依法任免文武官員。」所謂「依法」是指必須遵守憲法及公務人員任用法之相關規定；此外，總統發布任免命令，須經行政院長之副署（憲法第 37 條），不過，發布行政院院長與依憲法經立法院同意任命人員之任免命令，無須行政院院長之副署（增修條文第 2 條第 2 項），一般而言，總統任免文武官員之職權，主要可區分為兩種：

1. 任命權

(1) 得單獨提名者：行政院長由總統提名之（增修條文第 2 條第 1 項）；而副總統可否兼任行政院長之疑義，參照司法院釋字第 419 號解釋。

(2) 須經其他機關同意者：如司法院之正、副院長、大法官（增修條文第 5 第 1 項），民國 94 年總統所提名之大法官，其中 8 位大法官，含正、副院長，任期 4 年，其餘大法官任期為 8 年（增修條文第 5 條第 3 項）；考試院之正、副院長、考試委員（增修條文第 6 條第 2 項）；監察院之正、副院長、監察委員（增修條文第 7 條第 2 項）；以上均由總統提名後，須經立院同意後任命之。

(3) 須由其他機關提請者：如政院副院長、各部會首長及不管部會之政委之任命，須由政院院長提請任命（憲法第 56 條）；省政府主席、省政府委員及省諮議會議員，均由行政院院長提請總統任命之（增修條文第 9 條第 1 項第 1 款、第 2 款）；各行政機關初任簡任、薦任之公務人員，經銓敘機關審查合格後，呈請總統任命之（公務人員任用法第 25 條）。

2. 免職權

(1) 以政治信任為進退者：根據憲法之規定，行政院對立法院負責（增修條文第 3 條第 2 項第 1 款），因此，若立法院通過對行政院長的不信任案，行政院長必須在 10 日內辭職（增修條文第 3 條第 2 項第 3 款）；此外，總統亦得依行政院長施政成效決定是否免除其職務，且依司法院釋字第 387 號解釋意旨：「…行政院院長既須經立法院同意而任命之，且對立法院負政治責任，基於民意政治與責任政治之原理，立法委員任期屆滿改選後第一次集會前，行政院院長自應向總統提出辭職。行政院副院長、各部會首長及不管部會之政務委員係由行政院院長提請總統任命，且係出席行政院會議成員，參與行政決策，亦應隨同行政院院長一併提出辭職。…」，故依釋字第 387 號解釋意旨，若行政院長請辭，所有內閣成員亦應隨同院長一併提出辭職。

(2) 以任期屆滿解職者：如有任期規定之司法院大法官（增修條文第 5 條第 2、3 項）；任期 6 年之監察院監察委員（增修條文第 7 條第 2 項），均由總統提名後，經立法院同意後任命之，非有法定原因，不得在任期屆滿前予以免職。

(3) 保障為終身職者：如法官為終身職，非受刑事或懲戒處分，或禁治產之宣告，不得免職；非依法律，不得停職，轉任或減俸（憲法第 81 條）。

(4) 依法任命之事務官：經由考試通過、銓敘機關審查合格之事務官（即狹義之國家公務員），除因考績免職、受懲戒處分或受行之宣告而確定者外，總統不得任意免職。

二、發布緊急命令權

緊急權是國家因戰爭、內亂外患或人民遭遇緊急危難、財經發生重大變故等原因而處於危險狀態時，既有憲法秩序無法有效因應該狀況，乃授權總統得採取非常措施，以確保國家安全並維護人民權益，有學者亦將此稱為「憲政獨裁」；但總統緊急權之行使，具有高度破壞憲法秩

序的危險性，故必須賦予其行使界限：1.目的的界限；2.時間的界限；3.發動條件的界限；4.手續、內容的界限（李慶雄，1993：280-281）。民國 88 年 9 月發生九二一地震後，李登輝總統即曾發布緊急命令，以因應當時社會遭遇的危難，民國 98 年 8 月莫拉克風災發生後，馬英九總統則認為現有政府體制足以因應災變，並未發布緊急命令；因此，緊急權之發布與否，某種程度上，端視總統以元首高度審酌國家情勢作判斷；但值得注意的是，總統緊急權之行使，與職權運作常涉國家緊急狀態之國家安全會議，憲法之監督、問責的制度，仍待進一步釐清與強化，回歸憲政常軌，以符法治精神。（劉獻文，自由時報：1996.07.05）

增修條文第 2 條第 3 項規定：「總統為避免國家或人民遭遇緊急危難或應付財政經濟上重大變故，得經行政院會議之決議發布緊急命令，為必要之處置，但須於發布命令後 10 日內提交立院追認，如立院不同意時，該緊急命令立即失效」。關於追認之問題，若立法院已被總統解散，或立法院已經改選，增修條文第 4 條第 6 項規定：「總統於立法院解散後發布緊急命令，立法院應於 3 日內自行集會，並於 7 日內追認之。但於新任立法委員選舉投票日後發布者，應由新任立法委員於就職後追認之。如立法院不同意時，該緊急命令立即失效。」（緊急命令之內容與效力，另參照司法院釋字第 543 號）

三、決定國家安全有關大政方針之權

總統為決定國家安全有關大政方針，得設國家安全局及所屬國家安全會議（增修條文第 2 條第 2 項）。

第三項　軍事方面

一、統率權

憲法第 36 條規定：「總統統率全國陸海空軍。」軍隊為國家之武力，其統率權應歸統一，而屬於國家元首，故各共和國憲法，多授總統

以統率陸海空軍之權；所謂軍事統率權，與軍令權相當，總統雖為全國陸海空軍之統帥，但事實上，總統不必親自統率，可委任他人為之（劉慶瑞，1992：153）。

二、宣布戒嚴權

戒嚴是當國家處於戰爭狀態或發生叛亂時，為維護國家安全，於全國特定地區施以兵力戒備之行為，並將戒嚴地區之行政權與司法權移交最高軍事當局指揮，其法律效果將對人民自由權利產生相當的限制；憲法第 39 條規定：「總統有依法宣布戒嚴之權。」在程序上，總統宣布戒嚴必須經行政院會議之議決（憲法第 58 條），再經由立法院通過（憲法第 39、第 63 條、戒嚴法第 1 條），若情勢急迫，總統得經行政院之咨請宣告戒嚴，但應於一個月內提交立法院追認，立法院認為必要時，得決議移請總統解除戒嚴（憲法第 39 條、戒嚴法第 12 條）。

第四項　立法方面

一、公布法律權

憲法第 37 條前段規定：「總統依法公布法律」，由立法程序言之，法律經立法院完成三讀程序後，經總統公布後便發生效力（憲法第 170條、中央法規標準法第 4 條），憲法第 72 條亦規定，立法院於法律案通過後，須移送總統及行政院，總統應於收到後 10 日內公布之；憲法第37 條後段則規定：「總統公布法律須經行政院長之副署或行政院長及有關部會首長之副署」，乃是以總統公布法律及發布命令之行為，必須經行政院長或行政院長及有關部會首長之副署。

二、覆議核可權

增修條文第 3 條第 2 項第 2 款規定：「行政院對立法院決議之法律案、預算案、條約案，如認為有窒礙難行時，得經總統之核可，於該決議送達行政院 10 日內移請立院覆議，立院對政院移請覆議案，應於送

達 15 日內作成決議，覆議案逾期未決議者，原決議失效，覆議時，如經全體委員二分之一以上決議維持原案，行政院長應即接受該決議。」根據這項規定，總統對行政院退還立法院覆議之覆議案有核可權，惟交還覆議之主動權屬於行政院，總統只處於被動的地位，而作核可或不核可而已；因此，總統贊成行政院的政策，自得核可行政院呈請之覆議案，以牽制立法院，反之，總統若贊成立法院的政策，又得不予核可而牽制行政院。

第五項　司法方面

憲法第 40 條規定：「總統依法行使大赦，特赦，減刑及復權之權。」這項權力，於往昔封建君主時代，常是國家統治者示恩買義的手段，用以彰顯仁慈寬恕的治國精神；於現代民主法治國家，則為救濟司法審判制度可能發生的錯誤，或為免除減輕國家刑罰權之嚴苛性，乃賦予總統這項特權；茲分述如下：(1)大赦：乃對於在特定時期及特定種類之刑事犯罪，加以赦免之意思；(2)特赦：乃對已受罪刑宣告之人，免除其刑之執行的意思；(3)減刑：乃對已受罪刑宣告之人，減輕其刑的意思；(4)復權：乃對於被褫奪公權之人，恢復其公權的意思。不過，總統行使大赦這項司法赦免權，必須經由行政院會議議決，且經立法院通過（憲法第 58、第 63 條）。

第六項　其他方面

一、授與榮典權

憲法第 42 條規定：「總統依法授與榮典。」即舉凡對國家社會有卓越貢獻之本國人或外國官民，總統得以國家元首身分，代表國家頒授勳章、獎狀、褒令以表彰其功勳。

二、院際爭執調解權

通稱中立權或調和權，亦稱為「院際調節權」，其法理之依據，或在於歐陸若干學者曾倡議之元首權、中立權、調節權三合一之理論（法治斌、董保城，2004：327）；憲法第 44 條規定：「總統對院與院間之爭執，除本憲法有規定者外，得召集有關各院院長會商解決之。」即五院彼此間發生爭執時，總統得以國家元首身分，處於公正的立場，防止五權運作之衝突，謀求五權運作之調和。

三、向立法院提出國情報告

依增修條文第 4 條第 3 項之規定：「立法院於每年集會時，得聽取總統國情報告。」即總統每年應向立法院作國情之報告，這項規定，頗類似於美國之制度。

四、咨請立法院召開臨時會

憲法第 69 條第 1 款規定，立法院得因總統之咨請，召開臨時會。至於召開臨時會的時機，若根據增修條文第 2 條第 3 項後段之規定，應是總統於發布緊急命令後 10 日內，將其提交立法院追認，因此，若立法院正處於休會期間，總統當咨請立法院召開臨時會。

五、宣告解散立法院權

增修條文第 2 條第 5 項規定：「總統於立法院通過對行政院院長之不信任案後 10 日內，經諮詢立法院院長後，得宣告解散立法院。但總統於戒嚴或緊急命令生效期間，不得解散立院。立法院解散後，應於 60 日內舉行立法委員選舉，並於選舉結果確認後 10 日內自行集會，其任期重新算起。」由此項條文規定可知，總統僅有立法院發動倒閣成功後，才能被動地解散立法院，而且，須經諮詢立法院長程序後，始得為之（立法院長之意見僅供總統作為參考，並無拘束力)同時，總統解散立

法院之命令，無須行政院長之副署（增修條文第 2 條第 2 項）（李炳南，1998：109-146）；另一方面，本條文亦對總統解散立法院之時機作出限制：即於戒嚴或緊急命令生效期間，不得解散立法院。

第四節　總統府之組織

第一項　幕僚單位

根據中華民國總統府組織法第 1 條之規定：「總統依據憲法行使職權，設總統府。」（於本節簡稱組織法，總統府組織請參照圖 5-13）總統府幕僚單位主要設有三局：第一局掌公布法律、發布命令之擬議、文武官員之任免及關於立法院行使任命同意權之提名作業等事項（組織法第 3 條）；第二局掌授予榮典、璽印典守、印信勳章製發等事項（組織法第 4 條）；第三局掌典禮、交際、事務管理等事項（組織法第 5 條）。此外，並設機要室、侍衛室、公共關係室（組織法第 6、7、8 條），分

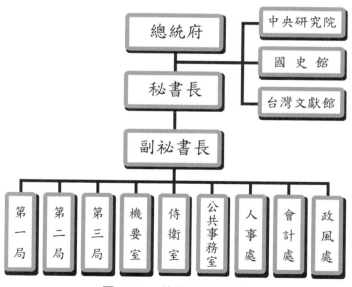

圖 5-13　總統府之組織

別掌理機要、侍衛警衛與政策宣導、新聞聯絡等事項，以及人事、會計、政風等三處（組織法第 11、12、13 條），負責辦理人事、會計、政風等事務，並設法規委員會，辦理法制相關業務（組織法第 14 之 1 條）；此外，根據組織法第 9 條第 1 項之規定，總統府置秘書長一人，特任，承總統之命，綜理總統府事務，並指揮監督所屬職員，同條第 2 項則規定置副秘書長二人，其中一人特任，另一人職務比照簡任第十四職等，襄助秘書長處理事務。

第二項　顧問組織

總統府設有資政及國策顧問與戰略顧問等委員會，為總統的顧問組織。依總統府組織法之規定（民國 99 年 9 月立法院修正通過），總統府置資政、國策顧問，由總統遴聘之，聘期不得逾越總統任期，對國家大計，得向總統提供意見，並備諮詢（組織法第 15 條第 1 項）；在編制員額方面，總統府資政不得逾 30 人，國策顧問不得逾 90 人，均為無給職（組織法第 15 條第 2 項）。此外，總統府置戰略顧問 15 人，上將，由總統任命之，對於戰略及有關國防事項，得向總統提供意見，並備諮詢（組織法第 16 條）。

第三項　直屬機構

除幕僚單位與顧問組織外，總統府另設有若干直屬機構，各具有特定職能與任務。根據組織法第 17 條之規定，中央研究院、國史館（含台灣文獻館）、國父陵園管理委員會均隸屬於總統府：中央研究院為我國最高學術研究機構，除從事人文及科學研究外，並指導聯絡及獎勵全國各級學術機關之研究；國史館職掌纂修國史事宜，負責史料之審查及國史之編纂；國父陵園管理委員會僅有組織編制，目前並未實際運作行使職權。

　　此外，總統為決定國家安全有關大政方針，得設國家安全會議及所屬國家安全局（憲法增修條文第 2 條第 4 項），究其淵源，本條文是因襲臨時條款第四項（總統有決定動員戡亂有關大政方針之權），只是將動員戡亂改為國家安全（李炳南，1995：137）。國家安全會議是總統決定國家安全有關大政方針之諮詢機關，其會議除總統特別指定有關人員列席外，以總統為主席，出席人員包括副總統、總統府秘書長、行政院院長、副院長、內政外交國防財政經濟各部部長、大陸委員會主委、參謀總長以及國家安全會議秘書長與國家安全局局長（國家安全會議組織法第 4 條）；國家安全局之職能為綜理國家安全情報工作及特種勤務之策劃與執行，並支援政府相關機構之有關國家安全情報事項，負統合指導、協調、支援之責（國家安全局組織法第 2 條）。

　　依國家安全會議組織法第 8 條規定：「國家安全會議及其所屬之國家安全局，其運作應受立法院之監督。」而職權常涉因應國家緊急狀態之國家安全會議與國家安全局，其運作與總統緊急權之行使關係相當密切，然目前立法院之監督仍較流於形式，因而憲法之監督、問責的制度，仍待進一步釐清與強化，以符法治及責任政治的精神。（劉獻文，自由時報：1996.07.04）

MEMO

行　政

第一節　行政院之性質與地位

第一項　行政院之性質

　　我國中央政府組織是以五權憲法架構為基礎，以行政、立法、司法、考試、監察五院分別行使五個治權；由建國大綱、國民政府組織法、訓政時期約法乃至現行憲法，於規範論述五權體制時，均以行政為首要，但各院地位獨立平等，依分工合作的原則創造萬能政府，和諧推動國家政務；行政權既為治權的一種，本屬國家統治權的作用，由廣義觀點言之，舉凡立法、司法、考試、監察四種治權以外之一切國家組織機關的作用，均歸屬行政權之範疇；若由權力分立觀點加以理解，行政院為我國行使行政權的最高機關（憲法第 53 條），立法院為我國行使立法權的最高機關（憲法第 62 條），司法院為我國行使司法權的最高機關（憲法第 77 條），考試院為我國行使考試權的最高機關（憲法第 83 條），監察院為我國行使監察權的最高機關（憲法第 90 條）；考察我國中央政府體制，綜合憲法本文與增修條文之相關規定，包含有總統制及內閣制的兩種色彩，因此，行政院於某些方面近似於西方國家之內閣，但於某些方面卻又不是西方國家的內閣，而是五權憲法體系中之治權機關，且為治權機關之核心中樞，此與西方國家又有所不同。

第二項　行政院之地位

　　憲法第 53 條規定：「行政院為國家最高行政機關。」所謂「最高」，指行政院(Executive Yuan)為全國行政體系中層級最高的機關，無論中央或地方行政機關，均直接或間接隸屬於行政院，且在行政院之上並無更高的行政機關；易言之，行政院為我國行使行政權的最高機關，在國家行政系統上，行政院對行政事務擁有最高統率權，此種統率權，包括最高行政政策之決定，以及最高行政指揮權與監督權的行使；此外，值得注意的是，憲法對總統及立法、司法、考試、監察各院之職

權，均採列舉方式規定，唯獨行政院之職權採概括方式，亦即排除總統與其他各院列舉職權外，均屬行政院之職權，其憲政地位至為重要。

行政院於我國憲政體制中之地位如何，若以行政權之歸屬而言，我國政制原較偏屬內閣制的類型，但在第四次憲法增修後，已取消立法院對任命行政院長的同意權（李炳南，2001：136），總統擁有單獨任命行政院長的權力；若考察歷經七次增修後的憲法，總統已成為擁有一定實權的憲政機關，現今憲政制度的特色，已較近似於雙首長制度，主要原因是總統改為直接民選後，擁有較堅實的民意基礎，可透過行政院長之任命以貫徹其施政意志，且又不受立法院的直接監督，在憲法上有許多行政方面的職權，如覆議核可權、院際爭執調解權、軍事統率權，須經立法院同意任命人員之任免命令，以及解散立法院之權，均無須行政院長副署，行政院長職權於憲法增修後顯已限縮。

在行政與立法兩院關係上，憲法第四次增修時改變了「覆議制度」，門檻由三分之二降為二分之一，使立法院與行政院抗衡時，居於優勢地位；此一制度轉變，相當程度緩和立法院行使倒閣權的意願，當在野黨於立法院居於多數席次，他們除倒閣外，亦得憑藉有利的覆議制度主導政策，結果反而延長少數政府的壽命；依我國憲政制度，固然行政院須向立法院負責，內閣應建立在立法院的信任之上，惟因配套措施不足，留下少數政府的空間。（高朗，2001：316）

另一方面，總統為決定國家安全有關大政方針，得設國家安全會議及所屬國家安全局，又可發布行政院長之免職命令，促使行政院改組，因此，傳統認為行政院為國家最高行政機關之地位已有所改變，特別是憲法對行政院長之任期並無明確規定，總統得隨時將行政院長免職，此與司法院、考試院、監察院之院長採任期制，以及未有總統得隨時免職之規定有所不同，職是之故，學者便認為行政院與其說是國家最高行政機關，不如說是國家的行政中樞機關，處國家行政中樞之地位。（林騰鷂，1998：237-238）

第二節　行政院之組織與職權

第一項　行政院院長

一、行政院院長之任命、任期、解職與出缺代理

（一）行政院院長之任命

　　憲法第 55 條第 1 項原規定：「行政院院長由總統提名，經立法院同意任命之。」但民國 86 年 7 月第四次修憲後，增修條文第 3 條第 1 項規定：「行政院院長由總統任命之。憲法第 55 條之規定，停止適用。」亦即總統得單獨任命行政院院長，無須經過立法院同意之程序，此一規定，強化總統用人之權，固可避免立法院同意權行使之牽制，惟總統並不對立法院負責，立法院雖有對行政院長提出不信任案之權（增修條文第 3 條第 2 項第 3 款），然就權力分立責任政治之憲政精神而言，仍有未臻完善之處，須待進一步釐清（張世熒，1998：118-119）；而副總統可否兼任行政院長之疑義，參照司法院釋字第 419 號解釋。

（二）行政院院長之任期

　　行政院院長應於何時辭職，憲法並無明文規定，行憲以來，此一問題曾造成許多爭議，民國 83 年第三次修憲後，增修條文第 2 條第 3 項曾規定：「行政院院長之免職命令，須新提名之行政院院長經立法院同意後生效。」因此，總統雖擁有行政院院長之任免權，但仍須考量立法院實際政黨生態。依民國 84 年 10 月司法院釋字第 387 號之意旨，行政院院長既須經立法院同意而任命之，且對立法院負政治責任，基於民意政治與責任政治之原理，在立法委員任期屆滿改選後第一次集會前，行政院院長自應向總統請辭。（李惠宗，2001：271）

　　但自第三屆立法院開議後，又面臨副總統兼任行政院院長之合憲性問題，司法院乃於民國 85 年 12 月作成釋字第 419 號解釋：「…副總統是否得兼任行政院院長，憲法並無明文規定，但兩者之職務性質亦非顯不相容，惟此項兼任如遇總統缺位或不能視事時，將影響憲法所規定繼任或代行職權之設計，與憲法設置此二職位分由不同之人擔任的精神未盡相符。…。」而為處理此一憲政爭議，乃有「總統得直接任命行政院院長，不須經過立法院同意」之修憲構想，在歷經民國 86 年 7 月第四次修憲後，增修條文第 3 條第 1 項乃規定，行政院院長由總統任命之，原憲法第 55 條之規定停止適用。

（三） 行政院院長之解職

　　大約可歸納為以下幾種情況：(1)死亡或自行辭職獲准者；(2)於立法院提出不信任案，經全體委員二分之一以上贊成後，應於 10 日內提出辭職；(3)總統基於政治之考量，另行任命行政院院長，則原任院長解職；(4)總統改選後，原任院長於新任總統就職前提出辭職，乃憲政之慣例；(5)因違法失職之情事，遭監察院彈劾，經公務人員懲戒委員會決議撤職；(6)因觸犯刑法，經法院判處有期徒刑並褫奪公權時，行政院院長必須去職。

（四） 行政院院長之出缺代理

　　當行政院院長辭職或出缺時，在總統未任命行院長前，由行政院副院長暫行代理。（增修條文第 2 條第 8 項）

二、行政院院長之職權

　　行政院院長之職權，主要可歸納為以下九項（圖 6-1）：

行政院院長之職權	
增修條文第3條第1項、憲法第49條後段 憲法第50條、憲法第51條	代行總統職權
憲法第56條	提請總統任命內閣首長權
憲法第37條、增修條文第2條第2項 增修條文第3條第2項第1款	副署權
憲法第58條後段	提案權
增修條文第3條第2項第2款	覆議權
憲法第58條前段 行政院會議議事規則第5條	主持行政院會議之權
行政院組織法第7條第1項	行政指揮監督權
憲法第44條	參與解決院際爭執權
增修條文第9條第1項第1款、第2款	提請總統任命省府首長權

圖 6-1　行政院院長之職權

（一）代行總統職權

　　總統、副總統均缺位時，由行政院院長代行其職權（增修條文第 3 條第 1 項）；總統、副總統均不能視事時，由行政院院長代行其職權（憲法第 49 條後段）；如屆期次任總統尚未選出，或選出後總統副總統均未就職時，由行政院院長代行總統職權（憲法第 50 條）；此外，行政院院長之代行總統職權，其期限不得超過三個月（憲法第 51 條）。

（二）提請總統任命內閣首長權

　　行政院副院長、各部會首長及不管部會之政務委員，由行政院院長提請總統任命之（憲法第 56 條）。

（三）副署權

　　總統依法公布法律、發布命令，須經行政院院長之副署，或行政院長及有關部會首長之副署（憲法第 37 條）；但總統發布行政院長與依憲法經立法院同意任命人員之任免命令及解散立法院之命令，無須行政院長之副署（增修條文第 2 條第 2 項）。

　　向立法院提出施政方針及施政報告，並接受立法院之質詢（增修條文第 3 條第 2 項第 1 款）。

（四）提案權

　　行政院有向立法院提出法律案、預算案、戒嚴案、大赦案、宣戰案、媾和案、條約案及其他重要事項之權（憲法第 58 條後段）。

（五）覆議權

　　行政院對於立法院決議之法律案、預算案、條約案，如認為有窒礙難行時，得經總統之核可，於該決議案送達行政院 10 天內，移請立法院覆議（增修條文第 3 條第 2 項第 2 款）。

（六）主持行政院會議之權

　　行政院設行政院會議，由行政院院長、副院長、各部會首長及不管部會之政務委員組織之，以院長為主席（憲法第 58 條前段）；行政院會議所討論之各項重要政策，院長擁有最後之裁決權（行政院會議議事規則第 5 條）。

（七） 行政指揮監督權

行政院院長綜理院務，並指揮監督所屬機關（行政院組織法第 7 條第 1 項，以下簡稱組織法），至於所屬機關，包括行政院各機關部會及院內幕僚單位。

（八） 參與解決院際爭執權

經總統之召集，行政院院長得參與會商解決院際運作之爭執（憲法第 44 條）。

（九） 提請總統任命省府首長權

省政府主席、省政府委員及省諮議會議員，均由行政院院長提請總統任命之（增修條文第 9 條第 1 項第 1 款、第 2 款）。

第二項　行政院副院長、各部會首長及政務委員

一、行政院副院長

依憲法第 56 條之規定，行政院副院長是由行政院院長提請總統任命之，亦為行政院會議之重要成員（憲法第 58 條前段），其主要職權在於代理院長之職務，其代理情形可分為兩種：

1. 行政院院長辭職或出缺時，在總統未任命行政院院長前，由副院長暫行代理（增修條文第 3 條第 1 項）。

2. 行政院院長因故不能視事時，由副院長代理其職務（組織法第 7 條第 2 項）；此外，當行政院院長因事不能參加行政院會議時，由副院長代理主持行政院會議（行政院會議議事規則第 2 條）。

二、各部會首長

　　行政院之組織，除設院長、副院長外，並設各部會首長若干人，及不管部會之政務委員若干人（憲法第 54 條），各部會首長及不管部會之政務委員，由行政院院長提請總統任命之（憲法第 56 條），各部會首長，均兼為政務委員（組織法第 4 條第 1 項）（圖 6-2），其職權有：

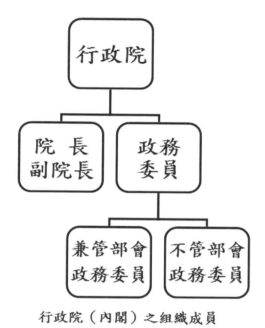

行政院（內閣）之組織成員

圖 6-2　行政院（內閣）之組織成員

1. 出席行政院會議：根據憲法第 58 條前段之規定，各部會首長均為行政院會議之成員。

2. 於行政院會議提案之權：根據憲法第 58 條後段之規定，各部會首長須將應提出於立法院之法案及其他重要事項，或涉及各部會共同關係之事項，提出於行政院會議議決之。

3. 副署權：根據憲法第 37 條之規定，總統依法公布法律、發布命令，須經行政院院長之副署，或行政院院長及有關部會首長之副署；因此，當總統所公布之法令與其主管部會之職掌有關時，部會首長必須與行政院院長共同副署。

4. 綜理所管部會政務之權：各部會首長依其機關組織法或條例，依法掌管部會相關政務，並指揮監督所屬各單位之行政事務。

三、政務委員

　　政務委員可區分為「兼管部會之政務委員」（即各部會首長）與「不管部會之政務委員」兩種，根據組織法第 4 條第 2 項規定，行政院置不管部會之政務委員 5 人至 7 人，性質類似於英國之不管部大臣 (minister without portfolio)，不掌理特定部會之業務，而以參加行政院會議為主要任務，其設置理由主要有三：一為不管部會之政務委員無自己部會之利害關係，能以超然地位顧全大局，使行政政策協調融合；二為較有餘暇得輔佐院長助理國務；三可羅致政治人才，並調濟各黨派之利害（劉慶瑞，1992：170）。歸納政務委員之主要職權有：

1. 出席行政院會議：根據憲法第 58 條前段之規定，不管部會之政務委員為行政院會議之成員，得參與行政院各項重要政策之議決。

2. 處理跨部會事務或特定政務：行政院院長得授權不管部會之政務委員主持特定之政務，或處理跨部會事務或涉及各部會之綜合性事務。

　　各部會首長及不管部會政務委員之進退，依司法院釋字第 387 號解釋意旨，行政院院長既須經立法院同意而任命之，且對立法院負政治責任，基於民意政治與責任政治之原理，立法委員任期屆滿改選後第一次集會前，行政院院長自應向總統提出辭職。行政院副院長、各部會首長及不管部會之政務委員係由行政院院長提請總統任命，且係出席行政院會議成員，參與行政決策，亦應隨同行政院院長一併提出辭職。

第三項　行政院會議

一、行政院會議之組織

　　行政院類似於西方國家之內閣，行政院會議有如西方國家之內閣會議，是我國政策合法化之憲定程序（陳志華，1997：175），憲法第 58 條前段規定：「行政院設行政院會議，由行政院院長，副院長，各部會首長及不管部會之政務委員組織之，以院長為主席。」因此，行政院長、副院長、各部會首長及不管部會之政務委員，均為行政院會議之基本成員；此外，尚有行政院所屬主計處、新聞局與其他機關單位首長（依組織法第 5、6 條設置之機關單位），以及秘書長、副秘書長亦得列席參加會議（組織法第 9 條第 2 項）；另依組織法第 8 條之規定：「行政院會議得邀請有關人員備詢」，目前，北高兩市首長亦列席參加行政院會議。

二、行政院會議之召開

　　行政院會議依慣例每週召開一次，必要時院長得召開臨時會，如院會法定出席人數三分之一認為有必要召開臨時會，亦得請院長召集之（行政院會議議事規則第 6 條）；會議以院長為主席，院長因故不能視事時，由副院長代理其職務（組織法第 7 條第 2 項），院長、副院長均因事不能出席時，由出席者公推一人代理主席（行政院會議議事規則第 2 條）；會議時，依憲法規定必須提出於行政院會議之事項，以出席人數過半數同意決議之，但院長或主管部會首長有異議時，由院長決定之（行政院會議議事規則第 5 條），因此，院會雖為會議之型態，實際上，仍具首長獨任制之精神，至於其他屬於行政院職權範疇之事項，通常由院長以裁量方式決定之。

三、行政院會議之職權與議決事項

　　行政院會議以院長為主導，行政院會議之職權，與行政院院長之職權難以截然劃分，但如代行總統職權、副署法令、提請總統任命內閣首長、參與解決院際爭執之權，為憲法所明定，屬於行政院院長個人之職權，而以行政院院長代表行政院向立法院提案、移請立法院覆議重要政策或法案、議決總統所擬發布之緊急命令等職權，則應為行政院會議之職權；廣義之行政院，包括行政院及各部會，行政院與各部會猶為一個團隊，各部會之職權合而成為行政院之職權，龐雜繁複，殊難一一列舉，是以憲法無單獨規定行政院職權之條文，組織法第 2 條乃規定：「行政院行使憲法所賦予之職權。」（陳志華，1997：186）因此，舉凡國家事權，依其性質不屬於其他四院者，均屬於行政院之職權。依此控除法所下之定義，係比照行政乃立法、司法、考試、監察以外國家之作用而來。而行政院會議之職權與議決事項，主要為下列幾項（圖 6-3）：

1. 審議應向立法院提出之法律案、預算案、戒嚴案、大赦案、宣戰案、媾和案、條約案（憲法第 58 條後段）。

2. 議決其他重要行政事項（憲法第 58 條後段）。

3. 議決涉及各部會共同關係之事項（憲法第 58 條後段）。

4. 議決總統所擬發布之緊急命令：當國家或人民遭遇緊急危難或為應付財政經濟之重大變故時，行政院會議得決議總統所擬發布之緊急命令（增修條文第 2 條第 3 項）。

5. 行政院對於立法院決議之法律案、預算案、條約案，如認為有窒礙難行時，得經總統之核可，於該決議案送達行政院 10 日內，移請立法院覆議（增修條文第 3 條第 2 項第 2 款）。

6. 向立法院提出預算：行政院於會計年度開始前 3 個月內，應將下年度預算提出於立法院（憲法第 58 條後段、憲法第 59 條）。

7. 審議並向監察院提出決算：行政院於會計年度結束後 4 個月內，應提出決算於監察院（憲法第 60 條）。

行政院會議之職權與議決事項	
憲法第58條後段	審議應向立法院提出之法律案、預算案、戒嚴案、大赦案、宣戰案、媾和案、條約案
憲法第58條後段	議決其他重要行政事項
憲法第58條後段	議決涉及各部會共同關係之事項
增修條文第2條第3項	議決總統所擬發布之緊急命令：當國家或人民遭遇緊急危難或為應付財政經濟之重大變故時，行政院會議得決議總統所擬發布之緊急命令
增修條文第3條第2項第2款	行政院對於立法院決議之法律案、預算案、條約案，如認為有窒礙難行時，得經總統之核可，於該決議案送達行政院10日內，移請立法院覆議
憲法第58條後段、憲法第59條	向立法院提出預算：行政院於會計年度開始前3個月內，應將下年度預算提出於立法院
憲法第60條	審議並向監察院提出決算：行政院於會計年度結束後4個月內，應提出決算於監察院

圖 6-3　行政院會議之職權與議決事項

第三節　行政院之責任

第一項　行政院之政治責任

憲法第 58 條後段規定：「行政院院長，各部會首長，須將應提出於立法院之法律案、預算案、戒嚴案、大赦案、宣戰案、媾和案、條約案及其他重要事項，或涉及各部會共同關係之事項，提出於行政院會議議決之。」因此，行政院對國家施政之成敗負實際之政治責任。

第二項　依憲法規定向總統負責

依憲法之規定，行政院院長是由總統所提名（增修條文第 3 條第 1 項），行政院副院長、各部會首長及不管部會之政務委員，均由行政院院長提請總統任命之（憲法第 56 條），且因覆議核可及覆議交辦制度之規定（增修條文第 3 條第 2 項第 2 款、憲法第 72 條），行政院應向總統負其責任，總統得裁決行政院院長或行政院組織成員之進退去留。

第三項　依憲法規定向立法院負責

根據憲法增修條文之規定，行政院依下列方式向立法院負責（圖 6-4）：

1. 行政院有向立法院提出施政方針及施政報告之責，立法委員在開會時，有向行政院院長及行政院各部會首長質詢之權（增修條文第 3 條第 2 項第 1 款），原則上，立法院於每一會期開議時，行政院院長及所屬各部會首長應到院報告並備質詢。（如行政院停建核四電廠是否應向立法院報告並配質詢，參照司法院釋字第 520 號解釋）。

行政院向立法院負責之方式（增修條文第3條）	
增修條文第3條第2項第1款	1.行政院有向立法院提出施政方針及施政報告之責，立法委員在開會時，有向行政院院長及行政院各部會首長質詢之權。
增修條文第3條第2項第2款	2.行政院得就法案移請覆議或接受決議：行政院對於立法院決議之法律案、預算案、條約案，如認為有窒礙難行時，得經總統之核可，於該決議案送達行政院10日內，移請立法院覆議。
增修條文第3條第2項第3款	3.立法院得經全體立法委員三分之一以上連署，對行政院院長提出不信任案，經全體立法委員二分之一以上贊成，應於十日內提出辭職，並得同時呈請總統解散立法院。

圖 6-4　憲法關於行政院向立法院負責之方式

2. 行政院得就法案移請覆議或接受決議：行政院對於立法院決議之法律案、預算案、條約案，如認為有窒礙難行時，得經總統之核可，於該決議案送達行政院 10 日內，移請立法院覆議。立法院對於行政院移請覆議案，應於送達 15 日內作成決議。如為休會期間，立法院應於 7 日內自行集會，並於開議 15 日內作成決議（增修條文第 3 條第 2 項第 2 款前段）。覆議案逾期未決議者，原決議失效。覆議時，如經全體立法委員二分之一以上決議維持原案，行政院院長應即接受該決議（增修條文第 3 條第 2 項第 2 款後段）。

3. 行政院長必須對立法院所通過之不信任案提出辭職：立法院得經全體立法委員三分之一以上連署，對行政院院長提出不信任案。不信任案提出 72 小時後，應於 48 小時內以記名投票表決之。如經全體立法委員二分之一以上贊成，行政院院長應於 10 日內提出辭職，並得同時呈請總統解散立法院；不信任案如未獲通過，一年內不得對同一行政院院長再提不信任案（增修條文第 3 條第 2 項第 3 款）。

此外，行政院之責任究係單獨責任(individual responsibility)抑或是連帶責任(collective responsibility)，持單獨責任說之理由主要有二：(1)憲法第 37 條規定各部會首長副署總統公布之法令文書，是以「有關」部會首長為限；(2)增修條文第 3 條第 2 項第 1 款規定，立法委員在開會時，有向行政院院長及行政院各部會首長質詢之權。

持連帶責任說之見解主要有三：(1)憲法第 56 條規定行政院副院長、各部會首長及不管部會之政務委員，均由院長提請總統任命，即含有共同負連帶責任之意味(Ibid:182)；(2)憲法第 58 條後段國家重要政策，均經由行政院會議之議決，各部會首長及政務委員均參與其事，則發生問題時，全體委員自應負責（劉慶瑞，1992：175）；(3)就增修條文第 3 條之整體意涵而言，所謂「行政院向立法院負責」，係指共同負責，乃就行政院整體而言，至於辭職，雖僅規定行政院院長，但根據前兩項理由，並綜合憲法其他條文觀之，應以行政院全體共同負責較為適當，亦符民主國家責任政治之基本原則。

至於各部會首長關於自身所管轄之事務，究係單獨負責抑或是由行政院全體共同負責，應視該事項是否有關重要政策或僅關於個人行為而定，通說認為若涉及重要政策事項，應由行政院全體共同負責，因為各部會首長不但為主管部會之首長，亦為政務委員之一，而得參加行政院會議，議決各種重要政策，實不宜推卻責任，反之，如係個人行為或不甚重要之事項，則應由各部會首長個人單獨負責，無須行政院全體負責。(Iden:175-176)

第四項　依憲法規定向監察院負責

依憲法之規定，監察院為行使監察權，得向行政院及其各部會調閱其所發布之命令及各種有關文件（憲法第 95 條），並得按行政院及其各部會之工作，分設若干委員會，調查一切設施，注意其是否違法或失職（憲法第 96 條）；而監察院經前述委員會之審查及決議，得提出糾正

案，移送行政院及其有關部會，促其注意改善（憲法第 97 條第 1 項），對於中央及地方公務人員，認為有失職或違法情事，得提出糾舉案或彈劾案，如涉刑事，應移送法院辦理（憲法第 97 條第 2 項）。因此，監察院有監督行政院之職權，得行使調查權並提出糾正、糾舉與彈劾案。

第四節　行政院所屬機關及幕僚單位

第一項　行政院所屬機關

　　行政院為國家最高行政機關，負責決策與施政之推動，所屬機關相當眾多，根據行政院組織法第 3 條之規定，以 8 部 2 會（內政部、外交部、國防部、財政部、教育部、法務部、交通部、蒙藏委員會、僑務委員會）為基本組織架構，並設置主計處及新聞局（組織法第 5 條），此外，行政院基於實際之需要或為處理特定事務，得經行政院會議及立法院之決議，增設裁併各部會各委員會或其他所屬機關（組織法第 6 條）。

　　目前（101 年 1 月 1 日之前，圖 6-5），行政院除依組織法設有八部二會、主計處及新聞局外，依組織法第 6 條之規定，尚設有中央銀行、人事行政局、衛生署、環境保護署、經濟建設委員會、原子能委員會、農業委員會、勞工委員會、文化建設委員會、中央選舉委員會、原住民事務委員會、客家事務委員會、大陸事務委員會、北美事務協調委員會、國軍退除役官兵輔導委員會、青年輔導委員會、國家科學委員會、研究發展考核委員會、公共工程建設委員會、體育委員會、公平交易委員會、消費者保護委員會、國家通訊傳播委員會及故宮博物院等機關單位。

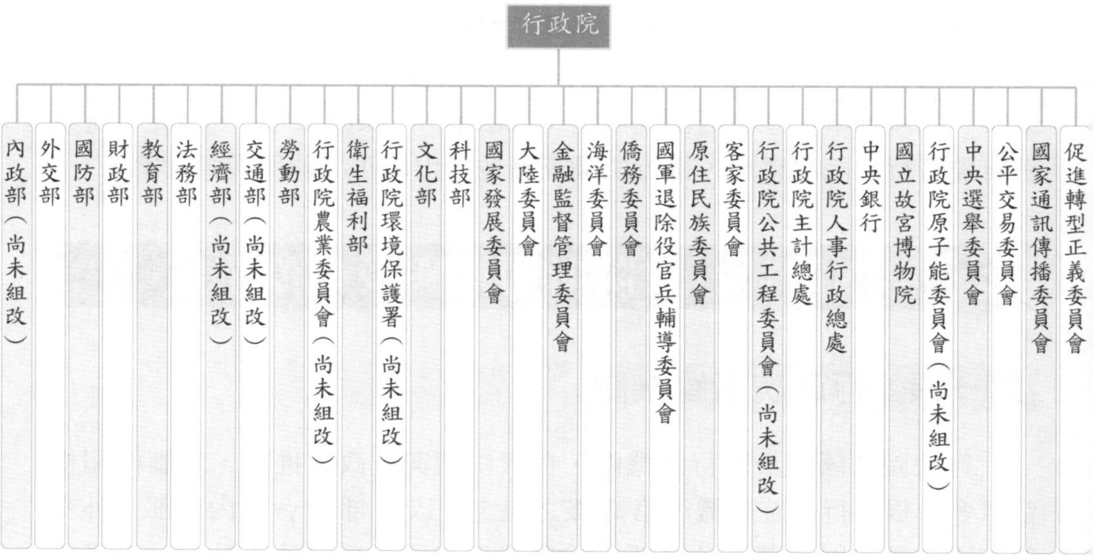

行政院

內政部（尚未組改）

外交部

國防部

財政部

教育部

法務部

經濟部（尚未組改）

交通部（尚未組改）

勞動部

行政院農業委員會（尚未組改）

衛生福利部

行政院環境保護署（尚未組改）

文化部

科技部

國家發展委員會

大陸委員會

金融監督管理委員會

海洋委員會

僑務委員會

國軍退除役官兵輔導委員會

原住民族委員會

客家委員會

行政院公共工程委員會（尚未組改）

行政院主計總處

行政院人事行政總處

中央銀行

國立故宮博物院

行政院原子能委員會（尚未組改）

中央選舉委員會

公平交易委員會

國家通訊傳播委員會

促進轉型正義委員會

圖 6-5　行政院所屬中央二級機關

資料來源：行政院全球資訊網 http://www.ey.gov.tw/mp?mp=1

第二項　行政院組織再造規畫

　　為提升政府效能並兼顧精簡原則，立法院於第七屆第四會期（民國 99 年 1 月）通過政府組織再造方案（修正行政院組織法、中央政府機關組織法，以及新定中央政府機關總員額法及行政院組織功能與業務調整暫行條例）；其中，現行中央預算員額將由 19 萬 200 人精簡為中央機關總員額上限 17 萬 3 千人，未來行政院將從 37 個部會減為 27 個部會加 2 總處，成為 14 部、8 會、3 獨立機關、1 行（央行）、1 院（故宮）、2 總處，並將從民國 101 年 1 月 1 日施行。

立法院三讀通過行政院組織法的 14 部，包括內政、外交、國防、財政、教育、法務、經濟及能源、交通及建設、勞動、農業、衛生福利、環境資源、文化、科技等部，其中科技部、文化部、環境資源部及衛生福利部為新增。

　　8 個委員會包括國家發展、大陸、金融監督管理、海洋、僑務、國軍退除役官兵輔導、原住民族、客家。其中，國家發展委員會由行政院研考會改制，現行的體育委員會、國家科學委員會、青年輔導委員會、蒙藏委員會、原子能委員會將走入歷史，並新設海洋委員會。

　　3 個獨立機關為中選會、公平交易委員會、國家通訊傳播委員會。1 行為中央銀行，1 院為國立故宮博物院，行政院組織法通過後，中央銀行與國立故宮博物院都將從總統府下，改隸屬於行政院。2 總處則是行政院主計總處與行政院人事行政總處。此外，院會也通過附帶決議，行政院應維持目前跨部會「行政院婦女權益促進委員會」運作，並設立性別平等處，作為行政院婦女權益促進委員會之秘書單位，統籌行政院實行性別主流化等相關事宜，如圖 6-6 所示。(中央社：2010.01.12)

行 政 院 組 織 再 造 新 規 畫					
14部	內 政 部		8會	國家發展委員會	新增，合併研考會、經建會
	外 交 部	整併部分新聞局業務		大陸委員會	合併蒙藏委員會
	國 防 部			金融監督管理委員會	
	財 政 部			海洋委員會	新增
	教 育 部	合併體委會，整併部分青輔會業務		僑務委員會	
	法 務 部			國軍退除役官兵輔導委員會	
	經 濟 部			原住民族委員會	
	交通及建設部	原交通部，合併公共工程委員會		客家委員會	
	勞 動 部	整併部分青輔會業務	1行	中央銀行	
	農 業 部	新增，原農委會	1院	國立故宮博物院	
	衛生福利部	新增，原衛生署	獨立機關	中央選舉委員會	
	環資能源部	新增，原環保署		公平交易委員會	
	文 化 部	整併部分新聞局業務		國家通訊傳播委員會	
	科 技 部	合併國科會、能源會			

圖 6-6　行政院組織再造規劃方案

資料來源：聯合新聞網 http://udn.com/NEWs/main.html

第三項　行政院之幕僚單位

　　行政院設秘書長一人，特任，副秘書長一人，簡任，秘書長承院長之命，處理本院事務，並指揮監督所屬職員；副秘書長承院長之命，襄助秘書長處理事務（組織法第 9 條第 1 項），均應列席行政院會議（組織法第 9 條第 2 項）（圖 6-7）。並置參事 8 人至 12 人，負責撰擬法案命令、審核行政法規、審核所屬機關行政計劃及工作報告等事項，為輔助參事辦理前項業務，並配置秘書、科長、編審、科員、書記官等人員（組織法第 11、12 條）。

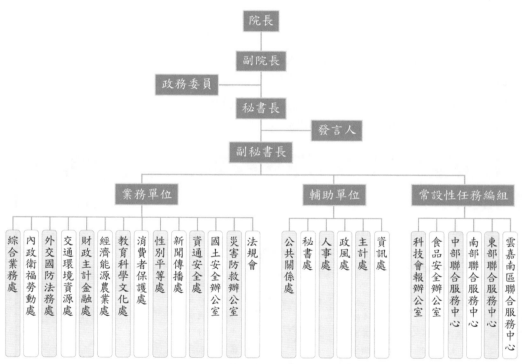

圖 6-7　行政院院本部組織架構圖

資料來源：http://www.ey.gov.tw/mp?mp=1

　　此外，行政院設有秘書處，職掌會議記錄、文書收發保管與分配撰擬編製事項，以及印信典守和出納庶務等事務（組織法第 10 條），秘書處依業務性質區分為七組，除第七組掌庶務工作外，其餘各組分掌各部會或地方機關之有關行政計劃或案件的研議，由參事兼任組長。此外，設有人事、會計、統計等室，分別辦理各相關事項業務（組織法第 15 條）；同時，行政院尚設有訴願審議委員會及法規委員會，其委員由院長指派院內簡任人員兼任（組織法第 13 條），分別掌理訴願案件之審議及法規之撰擬、審查與解釋，均為行政院之幕僚機構。

MEMO

立　法

第一節　立法院之性質與地位

第一項　立法院之性質

　　進代各國政府組織機關中，以立法機關發展較晚，議會的起源，可追溯至英國，在過去君主專制的時代，議會不過是君王統治國家時，提供政策意見的諮詢機構而已，時至 21 世紀，議會機關已成為民主憲政國家政府重要的一環；我國中央政府組織是以五權憲法架構為基礎，以行政、立法、司法、考試、監察五院分別行使五個治權，各院地位獨立平等，依分工合作的原則創造萬能政府，和諧推動國家政務；立法權既為治權的一種，本屬國家統治權的作用，由廣義觀點言之，舉凡行政、司法、考試、監察四種治權以外之一切國家組織機關的作用，均歸屬立法權之範疇；若由權力分立觀點加以理解，憲法第 62 條明文規定：「立法院為我國行使立法權的最高機關」。

第二項　立法院之地位

　　我國中央政府組織制度，以五權憲法架構為基礎，設置行政、立法、司法、考試、監察五院分別行使五個治權，各院地位獨立平等，依分工合作的原則創造萬能政府，和諧推動國家政務；憲法 62 條規定：「立法院為國家最高立法機關，由人民選舉立法委員組織之，代表人民行使立法權」立法院之立法權本屬國家統治權的作用，廣義而言，舉凡行政、司法、考試、監察四種治權以外之一切國家組織機關的作用，均歸屬立法權之範疇；而在憲法歷經七次增修後，許多原屬國民大會的職權，都移歸立法院行使，以現代民主憲政制度言之，立法院相當於歐美國家之國會，地位極其重要。

　　我國自第六次憲法增修後,透過國民大會的重大變革,立法院因而擁有唯一一股屬於民意代表機關的正當性基礎,化解我國憲政體制上長期有兩種或三種民意代表機關之直接民主正當性來源所引發的衝突,修憲後總統改為直接民選產生,總統的民意基礎與國會的民意基礎,遂成為不相統屬的兩股民主正當性來源;此外,第四次憲法增修後,確定了雙首長制的憲政方向,總統取得相當程度的憲政實權並擁有單獨任命行政院長之權,對於立法院也僅享有被動的解散權,總統對於此等權力,僅在立法院成功倒閣時始有機會行使,因此,基本上總統並無絕對凌駕於立法院之上的權力正當性,在體制上,總統之代表性也未有超越立法院之代表性設計(蔡宗珍,2000:53)。

　　民國 89 年政黨輪替後,立法院之地位出現新的發展形勢。有學者認為,自第四次憲法增修後,覆議案的可決人數已大幅降低,只要全體立法委員二分之一以上維持原決議,即可強迫行政院接受其決議的法律案、預算案及條約案;因此,在少數內閣情況下,可能引發「反對黨決策,執政黨執行」的荒謬現象(許志雄,2000a:32)。

　　我國自第四次憲法增修後,立法院喪失對閣揆人選的同意權,同時並取得倒閣權,雖然倒閣權之行使實質上足以影響政府建構,但在行政院長仍是由總統單獨任命的條件下,立法院對於政府建構充其量擁有消極性之抵制可能性,而無法積極地參與政府形成;據此,立法院至少在形式上並不享有政府建構的形式功能與權力,爭議較大的是,究竟立法院對於政府建構是否具有實質性的影響力,如套用換軌制之一般性分析結果來看,立法院欲有效影響或牽制政府建構之不可或缺的條件是,立法院中之多數勢力不但須具有權力運作之穩定性,且相關政黨須具備剛性政黨之內在凝聚力與嚴格的黨團紀律(蔡宗珍,2000:56-57)。而此正是目前我國立法院政治生態所欠缺,因而制度的運作存有高度不確定性。

第二節　立法院之組織

第一項　立法委員

一、立法委員的資格

　　凡中華民國國民年滿 23 歲，無辭奪公權與無法律限制的情形，例如未曾犯貪污罪判決確定、未受禁治產宣告等，均得登記為立法委員候選人（公職人員選舉罷免法 31、34 條）。

二、立法委員的選舉

　　立法委員自第七屆起選出 113 人，選舉方式依以下三種方式產生（增修條文第 4 條第 1 至 3 款）（圖 7-1）：

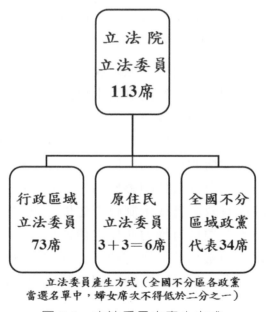

圖 7-1　立法委員之產生方式

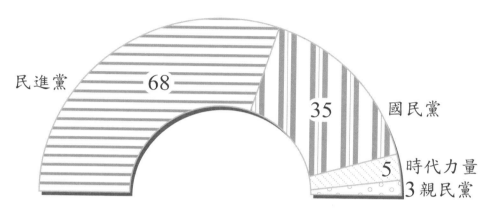

民進黨68席，國民黨35席，時代力量5席，親民黨3席，無黨籍1席，其他1席

圖 7-2　立法院第九屆各黨派席次圖

1. 自由地區直轄市、縣市 73 人，每縣市至少 1 人。本款採單一區域代表小選區制；為區域選舉，依直轄市、縣市人口比例分配，按應選名額劃分同額選舉區選出之。

2. 自由地區平地原住民及山地原住民各 3 人。本款採少數民族代表制，目的在保障少數民族的參政權。

3. 全國不分區及僑居國外國民共 34 人。本款採政黨比例代表制，以政黨名單投票選舉之，由獲得 5%以上政黨得票比率選出，各政黨當選名單中，婦女不得低於二分之一）。

三、立法委員的罷免

　　立法委員在其任職經過十二個月後，如不能稱職，可由原選舉區選舉人依法定程序提請罷免（公職人員選舉罷免法第 69 條），罷免案一旦通過，被罷免人即應自選舉委員會公告之日起解除職務。（但立法委員

任職未滿 1 年，則不得罷免，因其任職未滿一定期間，無法判斷其是否稱職）。至於依政黨比例代表方式選出之全國不分區及僑民立法委員，既非經由選民直接選舉產生，自不適用有關罷免之規定（參照司法院釋字第 331 號解釋）（法治斌、董保城，2004：349）；此外，立法委員於一個會期內無故不出席者，視為辭職。

四、立法委員的任期

　　立法委員的任期原為 3 年，自第四次憲法增修時，朝野各黨即有關於任期調整之提議，其主要方案歸納有三：1. 立委任期改為 4 年；2. 立委任期縮短為 2 年；3. 立委任期改為 4 年，每 2 年一半席次；（李炳南，1998：106-109）自第七次修憲後，改為「立法委員之任期 4 年，連選得連任，其選舉於每屆任滿前 3 個月內完成之」（增修條文第 4 條第 1 項）。立法委員無如總統任期連選僅得連任一次的規定，因此立法委員的連任並無限制。新任立法委員皆於選出翌年 2 月 1 日報到宣誓就職。（關於立委職權之行使，參照司法院釋字第 31 號、第 261 號解釋）

五、立法委員的性質

　　立法委員由人民直接選舉產出，代表人民行使立法權，其性質為公職民意代表，直接對人民負責，並非監察院彈劾對象。但立法院內其他不具利法委員身份之公務人員，仍為監察院權行使的對象。另外，立法委員係依法行使憲法所賦予的職權，自屬公職（司法院釋字第 42 號）。既然依法支領歲費、公費，應認為有給職（司法院釋字第 22 號），與國大代表屬於無給職，並不相同；此外，立法委員之報酬或待遇，應以法律定之，除年度通案調整者外，單獨增加報酬或待遇之規定，應自次屆起實施（增修條文第 8 條）。

六、立法委員兼職的限制

　　「立法委員不得兼任官吏」（憲法第 75 條），其未辭職而就任官吏者，顯有不繼任立委之意，應於其就任時，視為辭職（司法院釋字第 1

號）。所謂「官吏」，不以由國家任用為限，只公營事業機構的董事、監察人、總經理及受有俸給的文武職公務員或係由政府派充的人員等（司法院釋字第 4 號、第 24 號、第 25 號）。此外，立法委員也不得兼任監察委員及市議員、縣市議員、鄉鎮民代表。又依據立法委員行為法規定，立法委員不得兼任公營事業機構之職務；至於有關倫理規範、義務與基本權益、遊說及政治捐獻、利益迴避、紀律等事項，亦均以立法委員行為法及其他有關法律規範之。

七、立法委員職務之保障

（一） 言論免責權之保障

現代民主國家均有保障議員言論自由之原則規定，然議員在議會中是否真正享有絕對之言論自由，各國依立法、解釋、慣例等而有不同之保障制度及範圍。比較言之，保障制度大致可分為兩種：

1. **絕對保障制度**：係指議員在執行職務時所發表之言論，給予絕對免責之保障，不問其言論之內容如何，均不受任何方式之追訴。

2. **相對保障制度**：係指民意代表在國會內之言論故應予以保障，但並非漫無限制，即免責權之保障應有一定範圍。

（二） 言論免責權之保障範圍

我國立法委員言論免責權之保障明顯採 相對保障制度，依憲法規定之內容分別說明如下：

1. **保障之對象**：憲法第 73 條規定立法委員在院內所為之言論及表決，對院外不負責任。因此，從文字上來看，宜應僅限於立法委員本人。雖現今立法事務日趨繁難，立法助理往往在立法過程中雖扮演協助委員完成立法工作的重要角色，但並未納入言論免責保障之對象。

2. **保障之會場所**：憲法規定在院內所為之言論及表決，對外不負責任。所謂「院內」主要針對立委在會議中之言論及表決行為，此會議應只

法定會議而言，而不包括會外。換言之，為履行立委職務所舉行的任何會議在內，並不限於大會及臨時會而已，而應及於一切的會議，如各委員會議等，惟此會議必須由立法院所召開為限。如果會議係由政黨或個人召開，其目的應和立委行使其職權有關（例如召開公聽會或記者會）。

3. **保障的事項**：所謂言論及表決，應可解釋為包括提案、討論、詢問、異議或動議之提出、表決及口頭或書面質詢。立法委員在院內所為之言論及表決之所以對院外不負責任，旨在保障立法委員能順利完成受人民付託之職務，並避免立法機關之功能遭致其他機關之干擾而影響，依司法院釋字第 435 號意旨，舉凡在院會或委員會之發言、質詢、提案、表決以及與此直接相關之附隨行為，如院內黨團協商、公聽會之發言等均屬應予保障之事項。不過，「超越此一範圍與行使職權無關之行為」，即不得援引憲法之言論免責特權。（法治斌、董保城，2004：353）

4. **國會自律權的問題**：言論免責權是民主政治運作成功之基礎，如何保障言論免責權不至被濫用，故立法院有內部自定之規範以維繫紀律，以落實國會紀律議會主權之保障。所謂國會自律權（國會自治權），指國會享有自律自治的權力，可以拘束國會內部的秩序及議會的紀律。故這種國會的自律權可以分為廣義及狹義的來解釋：廣義的自律權包括秩序權及警察權。國會秩序權指在國會範圍內的秩序，以及會議進行時之秩序，都由議長、或議會主席來行使之。對於違反國會內部秩序者可以給予處罰，視為國會懲戒權制度，亦包括在此秩序權以內。警察權是指立法院長或議會主席可以行使警力以排除妨害國會議事運作者（參照司法院釋字第 342 號）。

5. **不受逮捕特權**：憲法第 74 條規定：「立法委員，除現行犯外，非經立法院許可，不得逮捕或拘禁。」（現已停止適用）此種議員不受逮捕特權，來自英國議會政治發展的傳統，其目的為保障民意代表得能順行使職權，可不畏懼政府權勢而產生寒蟬效應，能順利透過言論及表

決等等之議會活動監督政府的施政。目前,增修條文第 4 條第 6 項限縮立法委員這種特權:即立法委員在會期外之犯罪行為,仍應受法律的制裁,其行為並不在憲法保障的範圍之內。易言之,立法委員在下列三種情況得加以逮捕,(1)現行犯;(2)立法院許可;(3)會期外。因此,從憲法增修條文意涵作反面解釋,立法委員在每年兩個會期開議期間,非經立法院許可,若非現行犯,均得享有不受逮捕特權。

第二項 立法院院長與副院長

立法院院長、副院長由立法委員互選,全體立法委員均為當然候選人(憲法第 66 條)由每屆立法委員於第一會期報到首日之預備會議中互選產生,任期與該屆委員同。院長、副院長的選舉,應分別舉行,以得出席人數過半數之票數者為當選。立法院院長應本於公平中立原則,維持立法院秩序,處理議事(立法院組織法第 3 條)。院長之職權主要可歸納為以下幾項:(1)綜理院務,主持立法院會議;(2)立法院會議之決議可否同數時,取決於主席;(3)立法院秘書長、副秘書長,院長遴選報告院,由政府採特派及簡派;(4)參加總統因院際爭執所召集院長協商會議(憲法第 44 條);(5)參加司法院院長為解決省自治法施行中障礙難行之事項(憲法第 115 條)。

第三項 委員會

立法院設各種會議,分別以議決方式,執行各種法定職權。

一、委員會

「立法院得設各種委員會」(憲法第 67 條)。基於分工原則與立法專門化原則,立法院設各種委員會,分別執行各種立法業務(圖 7-3)。

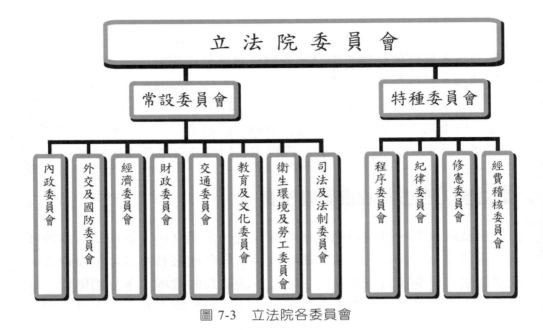

圖 7-3　立法院各委員會

1. **常設委員會**：常設委員會設有內政、外交及國防、經濟、財政、教育及文化、交通、司法及法制、衛生環境及勞工等 8 個委員會（立法院組織法第 10 條），負責審查各種議案及人民請願書，每位委員以參加一個委員會為限，委員會各置召集委員 3 人，由各委員會委員互選之。

2. **特種委員會**：立法院有專為特定任務而設立的委員會，包括紀律委員會、程序委員會、修憲委員會（立法院組織法第 7、8、9 條）。紀律委員會的目的，在審議違反議事規則或其他妨礙議場秩序的立法委員；程序委員會負責編列議事日程；修憲委員會掌管修憲案的研擬與提案。

　　另外，立法院尚得為特定目的或需要而設立其他特種委員會，如通過「三一九槍擊事件真相調查特別委員會條例」，並依此組成「真相調查特別委員會」。（另參照司法院釋字第 585 號）

3. **全院委員會**：立法院為審查同意案、覆議案、不信任案及彈劾案，由全體委員參加審查的會議。審查同意案：行使同意總統所提司法、考試、監察正副院長、大法官、考試委員、監察委員及審計長、檢察總長之人事案；審查覆議案，指覆議行政院移請總統核可的會議（增修條文第 3 條第 2 項）。不信任案：針對行政院長提出不信任而令其去職。彈劾、罷免案：針對總、副總統提出而令其去職全院委員會主席由院長擔任（立法院組織法第 4 條）。

4. **委員會聯席會**：各委員會聯席會議，為立法院審查國家預算時，由十二個常設委員會以聯席形態進行審查，主席由預算委員會召集委員擔任，負責審查由行政院所提案之中央政府總預算案。

5. **修憲委員會**：為提出憲法修正案，立法院設有修憲委員會。修憲委員會職掌憲法修正案審議與憲法相關事宜。修憲委員會以立法委員席次總額過半數加一人為總數，由各政黨在立法院席次比例而定。

第四項　院　會

　　院會為立法院最高決策機關，任何議案均須經院會三讀通過或決議，始完成法定程序、發生效力。

　　院會主席由立法院院長擔任，院長因事故不能出席時，以副院長為主席；院長、副院長均因事故不能出席時，由出席委員互推一人擔任（立法院組織法第 4 條第 1 項、第 2 項）；院會目前每週二、週五定期召開（委員會於每週一、三、四召開），議決法律案、預算案、戒嚴案、大赦案、宣戰案、媾和案、條約案及國家其他重要事項。

第三節　立法院會議之召開

第一項　會議時間

1. **常會**：立法院為合議制機關，因此由立法委員以多數決方式行使職權。「立法院會期每年二次，自行集會，第一次自二月至五月底，第二次自九月至十二月底，必要時得延長之」（憲法第 68 條）。

2. **臨時會**：遇有總統咨請或立委四分之一以上的請求，得召開臨時會（憲法第 69 條）。因此，除立委請求外，立法院於休會期間召開臨時會，有二種情形：(1)總統發布緊急命令後 10 日內，經行政院會議通過後，將該緊急命令提交立法院追認時，則應於 3 日內自行集會。（增修條文第 2 條第 3 項）；(2)遇有宣戰、戒嚴或其他國家重大事變時，由總統咨請召開臨時會（憲法第 39、第 43 條）。

第二項　會議方式

立法院會議以院長為主席，院長因事故不能出席時，以副院長為主席。院長、副院長均因事故不能出席時，由出席委員互推一人為主席，「立法院會議公開舉行，必要時得召開祕密會議，行政院院長或各部會首長，得請開祕密會議」（立法院組織法第 4、5 條）。

第三項　開　議

立法院會議須有立法委員總額三分之一出席，始得開會。此項立法委員總額，以每會期實際報到人數為計算標準，但會期中辭職、去職、亡故者，應減除（立法院職權行使法第 4 條）。

第四項　決　議

1. **普通決議**：以出席委員過半數之同意行之，可否同數取決於主席（立法院職權行使法第 6 條）。

2. **特別決議**

   (1) 憲法修正案，需立法委員四分之一之提議，四分之三出席，及出席委員四分之三之決議後提出（增修條文第 12 條）。

   (2) 選舉正、副院長或行使人事同意權，須立法委員二分之一出席投票，並獲有效票數過半以上之同意。

   (3) 領土變更案，需立法委員四分之一之提議，四分之三出席及出席委員四分之三之決議（增修條文第 4 條第 5 款）。

   (4) 提案彈劾總統、副總統案，需全體立法委員二分之一以上之提議，全體立法委員三分之二之決議後提出（增修條文第 4 條第 5 款）。

   (5) 罷免總統、副總統案，需全體立法委員四分之一之提議，三分之二之同意後提出（增修條文第 1 條第 10 款）。

   (6) 人事同意權之行使：以無記名投票表決，經全體立委二分之一以上之同意通過（立法院職權行使法第 29 條）立法院依法行使同意總統所提名人事案如下：(1)司法院正、副院長、大法官（增修條文第 5 條第 1 項）；(2)考試院正、副院長、考試委員（增修條文第 6 條第 2 項）；(3)監察院正、副院長、監察委員（增修條文第 7 條第 2 項）；(4)監察院審計部審計長（憲法第 104 條）；(5)法務部檢察總長（法院組織法第 66 條第 7 項）。

第四節　立法院之職權

第一項　立法權

　　立法院主要的職權為立法，透過立法權制定各種法律，作為國家行政機關行政策的依據，作為司法機關審判的依據。法治國家的真意，即政府與人民均受立法院制定的法律規範，政法依法行政、依法審判；人民依法享受權利與負擔義務。

　　立法院立法的程序主要可歸納為以下流程（圖7-4）：

一、提　案

　　政府的五院有提案權。行政院有提出法律案之權（憲法第 58 條），但須經行政院會議決議，代表行政院整體提出，行政院院長及各部會首長個人無提案權。考試院關於所掌事項，得向立法院提出法律案（憲法第 87 條）此外，立法院若有委員 30 人以上連署，得提出法律案，其他提案除別有規定外，應有 20 人以上之連署。（立法院議事規則第 8 條）。

二、審　查

　　法案審查權，由十二個委員會依法案性質分別行使。委員會對於法案審議完畢後，應向院會提出審議報告。委員會於審查提案時，得邀請政府人員及社會相關人員到會備詢（憲法第 67 條）。

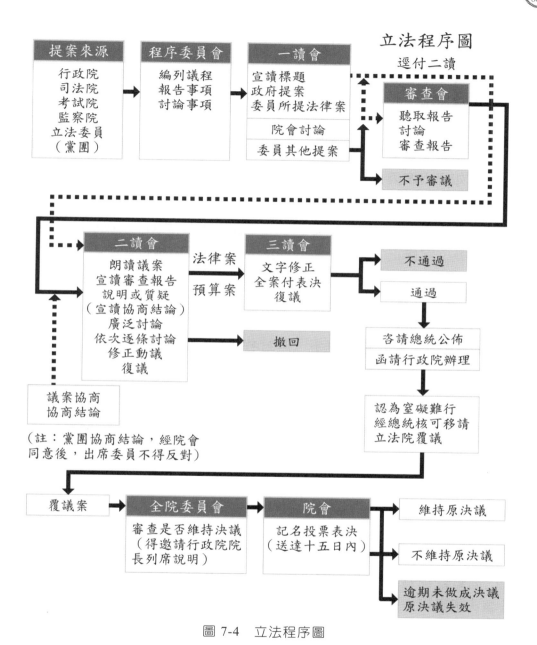

圖 7-4 立法程序圖
資料來源：立法院全球資訊網 http://www.ly.gov.tw/innerIndex.action

三、討論（三讀會）程序

1. 第一讀會：主席將議案宣付朗讀後，即交付有關委員會審查，但有出席委員提議，40 人以上連署或附議，經表決通過逕付二讀（立法院職權行使法第 8 條）。

2. 第二讀會：就委員會審查意見或原案要旨作廣泛討論，逐條朗讀議決，如經出席委員提議，30 人以上連署或附議，經表決通過，得重付審查或撤銷之。（立法院職權行使法第 9 條）。

3. 第三讀會：除發現內容有互相牴觸，或與憲法及其他法律牴觸者外，祇得為文字修正，並將全案提付表決（立法院職權行使法第 11 條）。

四、表　決

　　法案的表決以出席委員過半數同意行之，可否同數時，取決於主席。表決方法包括口頭、舉手、無記名投票、點名表決、表決器表決等方式（立法院職權行使法第 6 條）。

五、復　議

　　原案決議時，未曾發言反對原決議之出席委員，具有與原決議案相反之理由，經 40 人以上連署或附議，得提出決議案之復議。復議動議，應於原案表決後下次院會散會前提出之（立法院議事規則第 42 條）。

六、覆　議

　　行政院認為立法院通過的法律案，窒礙難行時，得經過總統核可，於該決議案送達行政院 10 日內，移請立法院覆議。立法院對於行政院移請覆議案，應送達 15 日內作成決議。…。覆議時，如經全體立法委員二分之一以上維持原案，行政院院長應即接受該決議（增修條文第 3 條第 2 項）。

七、公　　布

　　立法院通過的法律案，應移送總統及行政院。總統應於收到法律案後 10 日內公布（憲法第 73 條）。總統公佈法律前，須經行政院院長副署，行政院院長及有關部會首長副署（憲法第 37 條）。

八、施　　行

　　法律明定自公布或發布日施行者，自公佈或發布之日起算至第三日起發生效力（中央法規標準法第 13 條）；法律特定有施行日期，或以命令特定施行日期者，自該特定日期發生效力（中央法規標準第 14 條）。

第二項　預算議決權

　　立法院的預算議決決算審查權，屬於經費的控制權。政府的施政必須有賴經費，而立法院控制國家總預算權，等於控制國家的施政。由立法院來審查國家預算，即由人民來決定是否同意國家的政策。

一、議決預算權

　　「行政院於會計年度開始三個月前，應將下年度預算案提出於立法院」（憲法第 59 條）。為使立法院能善盡監督預算責任，立法院對行政院所提預算案，不得為增加支出的提議（憲法第 70 條），以防止政府預算膨脹，增加人民負擔。立法院曾於 79 年度決議，追加公務人員年終獎金預算，大法官會議解釋此項預算的追加，牴觸憲法，不生效力（參照司法院釋字第 264 號）。預算案的提出，行政院院長、主計長、財政部長及相關部會首長應列席院會報告。然後交付預算委員會召集全院各委員會聯席會議做審查。議決時，須經過三讀會程序；此外，依司法院釋字第 391 號意旨，立法院審查預算時，除不得提議增加支出，亦不得就預算科目作調整。（劉獻文，2002：206）

　　立法機關在預算的控制上是基於民意而來的監督權，但此種監督權仍有其界限，就此，大法官在釋字第 334 號解釋中認為，財劃法第 34 條旨在增強民意監督，僅屬程序上之規範，亦無從將之解釋為係在實體上賦予「無限制舉債」之權力。（李惠宗，2001：271）

　　而若行政院依職權停止法定預算中部分支出項目之執行，是否當然構成違憲或違法？（停建核四爭議）依司法院釋字第 520 號意旨認為，停建核四自屬國家重要政策之變更，仍須儘速補行相關評估程序，由行政院提議為上述報告者，立法院有聽取之義務。行政院提出前述報告後，其政策變更若獲得多數立法委員之支持，先前停止相關預算之執行，即可貫徹實施。

二、決算審查權

　　監察院審計長應於行政院提出決算後三個內，依法完成其審核，並提出審核報告於立法院。因預算的議決權屬於立法院，預算執行結果，經審計單位完成財務審核後，應再向立法院提出報告，使立法院明瞭預算執行的績效（憲法第 105 條）。

三、議決國庫補助省經費權

　　各省辦理由省立法並執行事項，若經費不足時，得經立法院議決，由國庫補助之（憲法第 109 條）。

第三項　議決國家其他重要事項之權

　　「立法院有議決法律案、預算案、戒嚴案、大赦案、宣戰案、媾和案、條約案及國家其他重要事項之權」（憲法第 63 條）。其他國家重要事項為概括規定，除前述列舉各案外，舉凡有關國計民生重要大事均包含在內。

第四項　行政監督權

　　依憲法增修條文第 3 條之精神，行政院依法應向立法院負責，因此，立法院有權監督行政院的行政措施（如行政院停建核四電廠是否應向立法院報告並配質詢，參照司法院釋字第 520 號解釋），立法院人事同意權、議案議決權、質詢權、聽取施政報告權、覆議權、不信任投票等制度的設計，目的在貫徹分權制衡的理念，監督政府的各項施政。

　　而為貫徹行政監督權的行使，依司法院釋字第 585 號解釋意旨，立法院為有效行使憲法所賦予之立法職權，得享有一定之調查權，調查權行使之方式不以要求有關機關提供參考資料或調閱文件原本之文件調閱權為限，必要時並得經立法院院會決議，要求有關人民或政府人員，陳述證言或表示意見，其程序應以法律為適當之規範；上開文件調閱權，已於立法院職權行使法規範，規定立法院經決議於會期中得設調閱委員會或調閱專案小組，就特定議案涉及事項要求有關機關提供參考資料，或調閱文件原本，以作為處理該特定議案之依據，因此，立法院擁有文件調閱權以監督行政院及其所屬機關。

一、任命同意權

1. 立法院行使任命同意權時，應先召開全院委員會審查後，再提經院會表決之。任命同意權類似選舉制度，屬於事前監督的作用，目的在作事前的審查，確保人選的正確性，達到施政的有效性。

2. 司法院院長、副院長、大法官，考試院院長、副院長，考試委員，監察院院長、副院長，監察委員，由總統提名，經立法院同意任命之（增修條文第 5、6、7 條）；另依憲法第 104 條規定，審計長由總統提名，經立法院同意後任命之。

二、法案及其他國家重要事項議決權

立法院有議決法律案、預算案、戒嚴案、大赦案、宣戰案、媾和案、條約案及國家其他重要事項之權（憲法第 63 條）。其他國家重要事項為概括規定，除前述列舉各案外，其他有關國計民生之大事包含在內。

三、質詢權

立法院開會時，立法委員有向行政院長及各部會首長提出質詢之權（增修條文第 3 條第 2 項第 1 款）。質詢包括書面與言辭質詢，直接質問行政作為的施政情形與效果，對行政機關施以立即壓力，確保施政品質。至於參謀總長是否需赴國會備詢，依司法院釋字第 461 號解釋，參謀總長在行政系統為國防部長之幕僚長，直接對國防部長負責，自非憲法規定之部會首長，並無增修條文第 3 條第 2 項第 1 款之適用。（李惠宗，2001：271）

於第 461 號解釋文中，大法官進一步探究參謀總長之身份：「…但鑑諸行政院應依憲法規定對立法院負責，故凡行政院各部會首長及其所屬公務員，除依法獨立行使職權，不受外部干涉之人員外，於立法院各種委員會依憲法第 67 條第 2 項規定邀請到會備詢時，有應邀說明之義務。參謀總長為國防部部長之幕僚長，負責國防之重要事項，包括預算之擬編及執行，與立法院之權限密切相關，自屬憲法第 67 條第 2 項所指政府人員，除非因執行關係國家安全之軍事業務而有正當理由外，不得拒絕應邀到會備詢，惟詢問內容涉及重要國防機密事項者，免予答覆。」

此外，憲法第 71 條規定：「立法院開會時，關係院院長及各部會首長，得列席陳述意見」。依司法院釋字第 461 號解釋，大法官認為司法、考試、監察三院院長，本於五院間相互尊重之立場，並依循憲政慣例，得不受邀請備詢，亦即三院院長毋須接受質詢，但得於立法院開會

時列席陳述意見。而司法、考試、監察三院所屬非獨立行使職權而負行政職務之人員，大法官認為於其提出之法律案及有關預算案涉及之事項，亦有上開憲法規定之適用。

　　至於立法院是否有權質詢地方層級（縣市鄉鎮）官員？就此，大法官認為地方官員除法律有明定外，得衡酌必要性決定是否赴立法院委員會備詢（參照司法院釋字第 498 號解釋）。

四、聽取行政院施政方針及施政報告之權

　　「行政院有向立法院提出施政方針及施政報告之責」（增修條文第 3 條第 2 項第 1 款）。目的在使立法院得以明瞭每半年行政院之重要政策及施政的方向，以便行使監督權，決定對於政策的贊成與否。

五、覆議權

　　「行政院對於立法院決議之法律案、預算案、條約案，如認為有窒礙難行時，得經總統之核可，於該決議案送達行政院 10 日內，移請立法院覆議。立法院對行政院請覆議案，應於送達 15 日內作成決議。如為休會期間，立法院應於 7 日內自行集會，並於開議 15 日內作成決議。覆議案逾期未決議者，原決議失效。覆議時，如經全體立法委員二分之一以上決議維持原案，行政院院長應即接受該決議」（增修條文第 3 條第 2 項第 2 款）。

六、不信任投票

　　依憲法之精神，行政院應向立法院負責，若行政院之施政無法獲得立法院之信任（包括政策導向、整體施政成效、院長或部會首長施政風格或私德操守等問題），立法院依法即得對行政院提出不信任投票；增修條文第 3 條第 2 項第 3 款規定：「立法院得經全體立法委員三分之一以上連署，對行政院院長提出不信任案。信任案提出 72 小時後，應於

48 小時內以記名投票表決之。如經全體立法委員二分之一以上贊成，行政院院長應於 10 日內提出辭職，並得同時呈請總統解散立法院」。

七、聽取總統國情報告

立法院於每年集會時，得聽取總統國情報告（增修條文第 4 條第 3 項）。

八、提出總統副總統彈劾案

立法院對於總統、副總統之彈劾案，須經全體立法委員二分之一以上之提議，全體立法委員三分之二以上之決議，向立法院提出，不適用憲法第 90 條、第 100 條及增修條文第 7 條第 1 項有關規定（增修條文第 4 條第 7 項）。

九、提出總統副總統罷免案

總統、副總統之罷免案，須經全體立法委員四分之一之提議，全體立法委員三分之二之同意後提出，並經中華民國自由地區選舉人總額過半數之投票，有效票過半數同意罷免時，即為通過（增修條文第 2 條第 9 項）。

第五項　憲法修改提案權

立法委員四分之一之提議，四分之三之出席，及出席委員四分之三之決議，可提出憲法修正案，此項憲法修正案，應於公告半年後，交付由公民投票複決之。（增修條文第 12 條）。

第六項　提請國家領土變更權

中華民國領土，依其固有疆域，非經全體立委四分之一之提議，全體立委四分之三之出席，及出席委員四分之三之決議，提出領土變更案；並於公告半年後，經中華民國自由地區選舉人投票複決，有效同意票過選舉人總額之半數，不得變更之（增修第 4 條第 5 項）。

第七項　人事同意權

立法院依增修條文第 5 條第 1 項，第 6 條 2 項，第 7 條 2 項，憲法第 104 條，法院組織法第 66 條第 7 項之規定，有同意總統所提司法、考試、監察正副院長、大法官、考試委員、監察委員及審計長、法務部檢察總長人事案之權，行使同意權時，不經討論，交付全院委員會審查，審查後提出院會以無記名投票表決，經超過全體立法委員二分之一之同意為通過；另外，行政院院長所提名之國家通訊傳播委員會委員，均經立法院同意任命之，以院會出席委員之過半數為同意門檻。

第八項　補選副總統

我國行憲以來，確實不乏出現副總統缺位的情形，此問題一直延宕至 1992 年第二次憲法增修時，才在增修條文中規定：「副總統缺位時，由總統於 3 個月內提名候選人，召集國民大會臨時會補選，繼任至原任屆滿為止」，民國 89 年第六次憲法增修時，因國大虛級化，改由立法院補選。（蘇子喬，2009：28）第六次憲法增修後，增修條文第 2 條第 7 項規定：「副總統缺位時，由總統於 3 個月內提名候選人，由立法院補選，繼任至原任屆滿為止。」

第九項　其他職權

一、中央與地方權限爭議的解決

　　中央與地方權限的劃分，「如有未列舉事項發生時，其事務有全國一致之性質者屬於中央，有全省一致之性質者屬於省，有一縣之性質者屬於縣。遇有爭議時，由立法院解決之」（憲法第 111 條）。

二、受理人民請願

　　請願係人民向所屬民意機關或主管行政機關表達願望，立法院有受理人民請願之權（請願法第 2 條）；「請願」是民意表達最直接的方式，隨著民主思潮的發展，人民直接向立法院提出請求的案例日益增加。人民請願文書由祕書處辦理收文手續後，交由程序委員會審核其形式是否符合請願法規定或有無應補正事項；如請願內容非屬立法職權者，移送權責機關處理；若為行政事項，則逕予函復；若係依法不得請願者，即通知請願人。請願文書經程序委員會形式審查通過後，交由有關委員會審查應否列為議案。成為議案者，由程序委員會列入討論事項，經大體討論後，議決交付審查或逕付二讀或不予審議。

　　綜上所述，立法院之主要職權歸納如下（圖 7-5）：

立法院之職權		
立法權	提　案	憲法第58、87條、立法院議事規則第8條
	審　查	憲法第67條
	討論(三讀會)程序	立法院職權行使法第8、9、11條
	表　決	立法院職權行使法第6條
	復　議	立法院職權行使法第42條
	覆　議	增修條文第3條第2項第二款前段
	公　布	憲法第37條
	施　行	中央法規標準法第13條、第14條
預算議決權	議決預算權	憲法第59、70條、釋字第264號解釋
	決算審查權	憲法第105條
	議決國庫補助省經費權	憲法第109條
議決國家其他重要事項之權	憲法第63條	
行政監督權	任命同意權	增修條文第5、6、7條、憲法第104條
	法案及其他國家重要事項議決權	憲法第63條
	質詢權	增修條文第3條第2項第1款
	聽取行政院施政方針及報告之權	增修條文第3條第2項第1款
	覆議權	增修條文第3條第2項第2款
	不信任投票	增修條文第3條第2項第3款
	聽取總統國情報告	增修條文第4條第3項
	提出總統副總統彈劾案	增修條文第4條第7項
	提出總統副總統罷免案	增修條文第2條第9項
憲法修改提案權	增修條文第12條	
提請國家領土變更權	增修第4條第5項	
人事同意權	立法院依增修條文第5條第1項、第6條2項、第7條2項、憲法第104條、法院組織法第66條第7項	
補選副總統	增修條文第2條第7項	
其他職權	中央與地方權限爭議的解決	憲法第111條
	受理人民請願	請願法第2條

圖 7-5　立法院之職權

第五節　立法院所屬機關及幕僚單位

第一項　所屬機關及幕僚單位

　　立法院除院長、副院長及立法委員外，置祕書長 1 人，特任，承院長之命，處理本院事務，並指揮監督所屬職員；副祕書長 1 人，職務列簡任第 14 職等，襄助祕書長處理本院事務（立法院組織法第 14 條）；祕書長、副祕書長均由院長遴選報告院會後，提請任命之。立法院之組織，請參照圖 7-6。

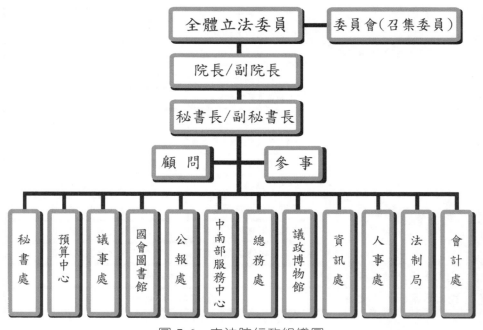

圖 7-6　立法院行政組織圖

　　依立法院組織法第 15 條規定，立法院所屬機關下設五處（秘書處、議事處、公報處、總務處、資訊處）、一局（法制局）、二館（國會圖書館、議政博物館）、二中心（預算中心、中南部服務中心）；此外，

立法院置顧問 1 至 2 人，掌理議事、法規之諮詢、撰擬及審核事項；另置參事 12 至 14 人，掌理法規之撰擬、審核及院長指派之事項（立法院組織法第 23 條）。

依立法院組織法規定，立法委員每人得置公費助理 8 人至 14 人，由委員聘用；立法院應每年編列每一立法委員一定數額之助理費及其辦公事務預算，襄助立法委員之問政與選民服務事宜（立法院組織法第 32 條）。

第二項　黨　團

依立法院組織法第 33 條第 1 項規定，每屆立法委員選舉當選席次達三席且席次較多之五個政黨得各組成黨團；席次相同時，以抽籤決定組成之。立法委員依其所屬政黨參加黨團。每一政黨以組成一黨團為限；每一黨團至少須維持三人以上。

未能依前項規定組成黨團之政黨或無黨籍之委員，得加入其他黨團。黨團未達五個時，得合組四人以上之政團；黨（政）團總數合計以五個為限。前項政團準用有關黨團之規定（立法院組織法第 33 條第 2-3 項）。

黨團辦公室由立法院提供之，各黨團置公費助理 10 人至 16 人，由各黨團遴選，並由其推派之委員聘用之（立法院組織法第 33 條第 5-6 項）。

MEMO

司　法

第一節　司法院之性質與地位

第一項　司法院之性質

一、司法的起源

　　人類經營集體生活，不可避免會發生利益的衝突，司法之主要目的，在基於正義的精神以維持社會及私法關係中之秩序，這種秩序若受到不法侵害，國家應負恢復秩序、還原權利之責，另一方面，若人民因政府之行政措施致使權益受有損害，亦可請求法院裁判，以謀恢復、救濟其法益；這項仲裁的公權力，隨著歷史演進，往昔在於個人或家長、部落族群的首領，於中世紀轉移至教會或封建領主，於近代則歸屬於專制政治的君主，至民權革命思想發達，權力分立思想及制度確立後，轉移由國家設置獨立機關依法律行使這項權力。在西方國家，自中世紀以後，即以希臘神話之正義女神(Iustita)的形象作為司法維護公平正義的象徵（圖 8-1）。

無私～蒙上雙眼，對事不對人，以示無私

公正～左手執天平以示公正審判

執法～右手執劍以示貫徹執法

圖 8-1　正義女神

二、司法的功能

　　民主法治社會以法律作為人民生活的規範，亦為政府各機關權力行使的標準和限制。法國學者孟德斯鳩提出三權分立的學說，旨在限制政府的權力，保障人民權利，故主張司法權應獨立於國家的行政及立法權之外，彼此相互監督制衡，使人民權利能受到法律的保障；因此，政府權力之運作必須依法行政，為確定此種權力不被濫用，須依賴公正獨立的機關，此即國家司法機關的任務。在三權憲法意義之下，司法尚負有仲裁國家行政立法機關衝突的職能，而於我國五權憲法體制下，則在行政立法考試監察四權運作遇有爭執時，有賴司法權作成最後的仲裁，維護闡明民主憲政之精神。

　　基本上，司法權之主要功能可歸納如下（圖 8-2）：

司法的功能	
審　判	司法最主要的功能是解決紛爭，有賴於法官適用法律，依程序公正客觀地作成裁判，以求維護社會正義
監督法秩序	在權力分力制度設計下，國會負責制定法律、政府負責執行法律、法院監督執行法律。因此，司法之功能在於維護政府與人民均能遵守法律而不踰越，對於違反法律者予以制裁，確保法律的有效性
維護程序正義	政府或人民若有違法行為時（特別是人民），法院之審問應注重相關程序之完備，以保障人民基本權利
統一解釋憲法及法律與命令	司法機關得對法律適用之疑義作出解釋，以確保法律正確的適用，透過憲法及法律命令之解釋，得宣告立法機關通過的法條或行政機關制定的行政措施違憲無效，以確保憲法之最高性，維護國家憲政之體制

圖 8-2　司法的功能

第二項　司法院之地位

　　憲法第 77 條規定：「司法院為國家最高司法機關，掌管民事、刑事、行政訴訟之審判及公務員之懲戒。」（如圖 8-3 所示）但司法院是否為「國家最高司法機關」，實際上仍有待討論，就分權理論言，司法院相當西方國家的審判機關，負責法律的維護，綜觀憲法第 7 章之規定，並無司法院會議之組織與職權行使方式，與憲法中其他四院分設行政、立法、考試、監察等院會議有所不同；因此，司法院有別於其他四院上下指揮系統的首長制，而採行獨立審判制度，雖然廣義的司法機關尚包括大法官會議、憲法法庭、各級法院、行政法院及公務員懲戒委員會，但就審判事務而言，乃獨立依法行使職權，即除司法行政事務受司法院長監督外，所屬各機關於實際上，均獨立依法行使職權不受任何干涉。

圖 8-3　司法院之職掌

資料來源：司法院全球資訊網 http://www.judicial.gov.tw/

依五權憲法制度之設計，司法院與其他四院立於平等地位。在我國，依學者通說，認為司法審查權乃專屬於大法官會議之職權（林子儀，1993：25）；司法院對於立法院通過的法律，大法官會議可以行使違憲審查權，宣告法律牴觸憲法無效；對於行政院制定的命令，法院法官可以行使違法審查，宣告命令牴觸法律無效，故具有制衡行政、立法機關的功能；另外，司法院之地位，依司法院釋字第 530 號意旨，司法院除大法官解釋憲法、統一解釋法令及審理政黨違憲事項外，其本身僅具最高司法行政機關之地位，為符司法院為最高審判機關之制憲本旨，相關組織法應進行檢討修正，以符憲政體制，因此，依大法官釋憲意旨，司法院之地位將逐步朝法院化趨勢發展。

第二節　司法院之組織

第一項　司法院院長與副院長

司法院設院長、副院長各一人，由總統提名，經立法院同意後任命（增修條文第 5 條第 1 項）。而民國 92 年總統所提名之大法官 8 人，其中包含一人為院長、一人為副院長，任期為 8 年（增修條文第 5 條第 3 項），即院長、副院長均由大法官兼任，但不適用任期 8 年之規定（即民國 92 年總統所提名之大法官任期為 4 年）；司法院之組織，請參照圖 8-4。

依憲法及司法院組織法的相關規定，司法院院長指揮監督司法院所屬行政業務，並不參與司法審判工作，更不能干預審判，其職權主要可歸納為：(1)綜理院務及監督所屬機關（司法院組織法第 8 條）；(2)擔任大法官會議主席，主持大法官會議（司法院組織法第 3 條）；(3)監督總統，副總統就職；(4)出席總統對於院際爭執所召集之有關各院院長協商會（憲法第 44 條）；(5)於省自治法施行中發生重大障礙時，召集相關機關首長會商解決（憲法第 115 條）；(6)召集變更判決會議；(7)就其所掌司法事項得向立法院提出法律案（司法院釋字第 175 號解釋）。

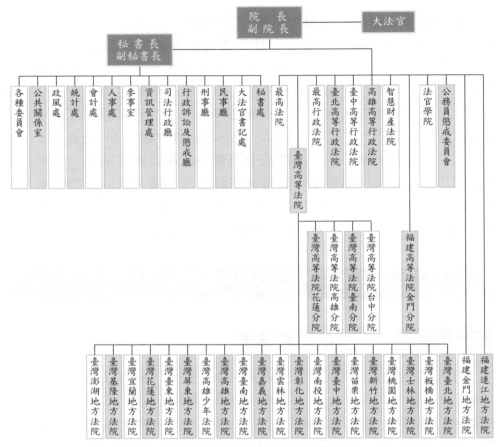

圖 8-4　司法院行政組織圖

資料來源：http://www.judicial.gov.tw/

第二項　大法官會議與憲法法庭

1. **大法官之任命與同意**：增修條文第 5 條第 1 項規定，司法院設大法官
   15 人，其中包含一人為院長、一人為副院長；增修條文第 5 條第 2
   項規定，司法院設大法官任期 8 年，不分屆次，個別計算，並不得連
   任，並為院長、副院長之大法官不受任期之保障，（但增修條文第 5
   條第 3 項規定民國 92 年總統所提名之大法官任期為 4 年）憲法增修

後之後，引進於任期中改提名半數大法官經立法院同意的方式，形成新舊大法官交替以符社會時勢脈動；自民國 100 年起，由總統任命 7 位經立法院同意的大法官後，司法院每隔 4 年改任命半數大法官。

2. **大法官會議**：憲法第 78 條規定：「司法院解釋憲法，並有統一解釋法律及命令之權。」因此，大法官會議職掌憲法之解釋、統一解釋法令案件；依司法院組織法第 5 條之規定，得被提名為大法官者應具備下列資格之一：(1)曾任最高法院法官 10 年以上，而成績卓著者；(2)曾任立法委員 9 年以上，而有特殊貢獻者；(3)曾任大學法律主要科目教授 10 年以上，而有專門著作者；(4)曾任國際法庭法官或有公學法或比較法學之權威著作者；(5)研究法學富有政治經驗，聲譽卓著者。另外，以上具有其中任何一款資格的大法官，人數不得超過總名額的三分之一。至於大法官的保障，依增修條文第 5 條第 1 項後段之規定，除由法官轉任者外，並不適用憲法第 81 條及有關法官終身職待遇之規定。

3. **憲法法庭**：其法定職掌有二：(1)依增修條文第 2 條第 10 項規定，憲法法庭由司法院全體大法官組成，負則責審議立法院所提出之總統、副總統彈劾案；(2)另依增修條文第 5 條第 4 項規定，憲法法庭審理政黨違憲之解散事宜。

第三項　各級法院

依法院組織法之規定，法院法官掌管民、刑訴訟審判。地方法院審判案件，以法官一人獨任或三人合議行之；高等法院審判案件，以法官三人合議行之；最高法院審判案件，以法官五人合議行之。各級法院法官的任用資格，包括經司法考試及格，或曾任法官或檢察官經銓敘合格、或律師考試及格，執行業務三年並有薦任任用資格等方式。此外，所謂「法官」，除前述負責審判事務者外，行政法院的評事及公務員懲戒委員會的委員亦為憲法所稱的法官。不過，依司法院釋字第 162 號解

釋意旨，行政法院院長、公務員懲戒委員會委員長係綜理行政事務之首長，並不適用憲法第 81 條對法官的保障。另外，依司法院釋字第 13 號解釋意旨，檢察官亦不包括在內，但實任檢察官之保障則等同法官。

依法院組織法之規定，法院分為三級，即地方法院、高等法院、最高法院，其職權主要有：(1)民事訴訟案件的審判：法院根據當事人請求，就司法爭執裁判的法律程序，屬於私人相互間私權的爭執，受管轄法院的審判；(2)刑事訴訟案件的審判：以實行國家刑罰權為目的，因被害人或檢察官，請求法院對犯罪者科處刑罰的法律程序；(3)依法令規定劃歸普通法院管轄之其他法律訴訟案件：如憲法第 132 條所規定之選舉訴訟；(4)依法管轄非訟事件：即私法上的權利或法律關係，於其變更、發生、消滅，非屬於法院裁判權範圍，但應由法院干預的法律程序，例如法人登記事件、夫妻財產制登記事件等。

第四項　行政法院

行政法院掌理全國行政訴訟審判事務，依法院組織法之規定，分為高等行政法院及最高行政法院二級，於省、直轄市及特別行政區域分別設置高等行政法院，管轄不服訴願決定提起之訴訟事件，最高行政法院設於中央政府所在地，管轄不服高等行政法院裁判而上訴或抗告之事件。高等行政法院審判以法官 3 人合議行之，最高行政法院之審判之法官 5 人合議行之。

依行政訴訟法之規定，人民因中央或地方機關之違法處分，認為損害其權利，經提起訴願而不服其決定，或提起訴願逾 3 個月，不為決定，或延長訴願決定期間，逾 2 個月不為決定時，得向行政法院提起行政訴訟，行政法院認為起訴有理由時，應以判決撤銷或變更原處分或原決定，認為起訴無理由時，應以判決駁回之，對於高等行政法院的判決，得上訴最高行政法院。

第五項　公務員懲戒委員會

　　依司法院組織法之規定，司法院設公務員懲戒委員會（下稱公懲會），職掌審議公務員懲戒案件，公懲會置委員長一人，兼任委員，委員 9 人至 15 人，依司法院釋字第 162 號解釋意旨，公懲會委員即憲法上所稱之法官，終身職，應獨立審判，不受干涉。

　　公懲會掌理公務員之懲戒事宜，凡公務員因違法、廢弛職務或其他失職行為而受彈劾者，監察院認為應移送公懲會懲戒時，應將彈劾案連同證據移送審議，審議前應限期命被付懲戒人提出申辯書，必要時並得通知其到場申辯。公懲會依法審議案件時採合議制，開會時應有委員過半數以上出席，及出席委員過半數之決議，依公務員懲戒法之規定，案件採一審終結，惟有法定原因時，得聲請再審議。公懲會之審議結果，如認為應予懲戒，得按其情節之輕重，議處撤職、休職、降級、減俸、記過、申誡之處分，但是政務官僅適用撤職及申誡二種處分。如認為有涉刑事嫌疑者，應即移送該管轄法院或軍法機管審理，另依司法院釋字第 262 號解釋意旨，公懲會之懲戒對象除公務員外，尚包括軍職人員在內。

第三節　司法院之職權

第一項　解釋憲法

　　憲法第 78 條規定：「司法院解釋憲法，並有統一解釋法律及命令之權。」（如圖 8-5 所示）遵此，在我國是由司法院大法官會議職掌憲法之解釋，舉凡包括適用憲法發生疑義之事項、關於法律或命令有無牴觸憲法的事項、關於省自治法、縣自治法或省法規及縣法規有無牴觸憲法的事項，均得向大法官聲請解釋，大法官解釋的效力相當於憲法，具有拘束法律、命令的效力。（憲法增修後，依地方制度法之規定，現已無省

自治法及省法規）由現行憲法及司法院大法官會議之解釋憲法的規定，學者歸納出「憲法含義之解釋」及「法規與憲法有無牴觸之解釋」二大類型。（林子儀，1993：23）

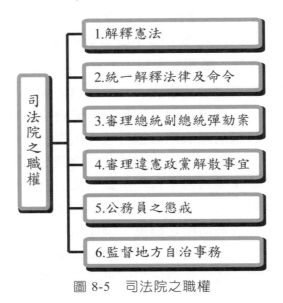

圖 8-5　司法院之職權

憲法之解釋，以美國法院尤其是最高法院為例，當審判與憲法有關之案件時，得附帶審查有關法律有無違憲，在這審判過程中，法院對於憲法的涵義應加以解釋，這種解釋對於憲法條文的意義有一種補充、擴大的作用（薩孟武、劉慶瑞，1985：96）。誠如美國聯邦最高法院大法官 Hughes 所言：「憲法乃是法官之宣言。("We are under a constitution, but the constitution is what the judges say it is.")」

大法官從事釋憲任務中，除了法律與命令的統一解釋外，憲法守護與憲法續造在避免時勢變遷造成憲法無法運作的重要防衛機制，其中憲法守護在於對於透過憲法修正或政治危機而有掏空憲法基本價值的危險，所必須透過大法官解釋將危機加以解決。憲法續造任務，更為特殊，屬於憲法解釋的特別情況，主要是因應成文憲法的漏洞或變遷而來，畢竟成文憲法以條文表示制憲者原意，必須面對有限的文字面對無

窮的社會變化，「在明示其一，排除其他。」的法律解釋學下，成文憲法做為人民權利的保證書，必須要有屬於憲法的解釋學的方法，來面對複雜萬端的社會現象。（項程華，2010：177-178）

聲請釋憲的主體包括：(1)中央或地方政府機關；(2)人民、法人或政黨；(3)立法委員（須達總額三分之一）；(4)最高法院或行政法院；(5)法院法官於審理案件時，對於適用之法律，依合理之確信，認為有牴觸憲法之疑義時，得裁定停止訴訟程序，聲請解釋憲法。聲請解釋時，應以聲請書敘明釋憲目的、爭議的性質與經過、釋理由與立場，向司法院為之；司法院接受聲請釋憲案後，應先推大法官 3 人進行審查，審查若無不合法定要求者，應提會討論；依司法院大法官審理案件法之規定，大法官解釋憲法時，應有大法官總額三分之二出席，及出席人數三分之二之同意，方得決議通過，釋憲案之解釋文，應附具理由書，連同各大法官之不同意見書，併由司法院公布，並通知該案聲請人及其關係人；大法官議決通過的憲法解釋案之法律效力，相當於憲法，效力高於法律或命令，具有拘束法律或命令的效力（如圖 8-6 所示）。

第二項　統一解釋法律及命令

憲法第 78 條規定：「司法院解釋憲法，並有統一解釋法律及命令之權。」因此，在我國是由司法院大法官會議職掌統一解釋法律及命令案件，而統一解釋法律及命令之原因有二：(1)中央或地方機關，就其職權上適用法律或命令所持見解，與本機關或其他機關適用同一法律或命令時所已表示之見解相異者，得聲請統一解釋，但該機關依法應受本機關或其他機關見解之拘束，或得變更其見解者，不在此限；(2)人民、法人或政黨於其權利遭受不法侵害時，經確認終局裁判所適用之法律或命令所表示之見解，與其它審判機關所適用同一法律或命令時所已表示之見解有異者，但得依法定程序聲明不服，或裁判已變更前裁判之見解者，不在此限。

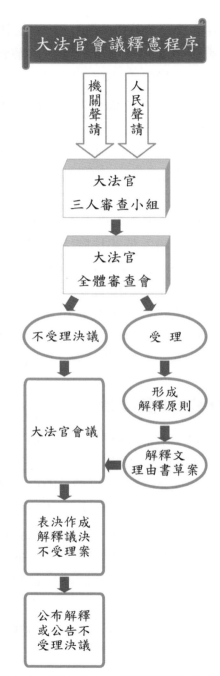

圖 8-6　司法院大法官解釋憲法程序圖

　　聲請統一解釋法律及命令的主體包括：(1)中央或地方政府機關；(2)人民、法人或政黨。聲請解釋時，應以聲請書敘明聲請統一解釋法令目的、爭議的性質與經過、釋理由與立場，向司法院為之；司法院接受聲請統一解釋法律及命令案後，應先推大法官 3 人進行審查，審查若無不合法定要求者，應提會討論；依司法院大法官審理案件法之規定，大法官解釋法律及命令時，應有大法官總額二分之一出席，及出席人數二分之一之同意，方得決議通過，統一解釋法律及命令案之解釋文，應附具理由書，連同各大法官之不同意見書，併由司法院公布，並通知該案聲請人及其關係人；而大法官議決通過的統一解釋法律及命令案的效力，相當於憲法，效力高於法律與命令，對法律或命令具有拘束力。

第三項　審理總統副總統之彈劾案

　　在民主國家，效忠並遵守憲法為總統的職責與義務，總統如何可被彈劾，不外乎違法、失職，或濫權違憲等情事，依我國憲政體制，總統尚須負政治法律兩種責任：(1)政治上的責任：令總統負政治責任的方法是罷免制度（詳參本書第 5 章）；(2)法律上的責任：令總統負法律責任的方法，則是彈劾的制度；我國自民國 94 年第 7 次修憲後，廢除國民大會組織，改由司法院全體大法官組成憲法法庭，作為審議總統副總統彈劾案的機關。

　　彈劾總統副總統之程序：須有立院全體委員二分之一以上提議、全體委員三分之二以上決議、聲請司法院大法官審理，經憲法法庭判決成立時，被彈劾人應即解職（增修條文第 2 條第 10 項及第 4 條第 7 項）。

　　審判團體之組成：「司法院大法官，除依憲法第 78 條之規定外，並組成憲法法庭，審理總統、副總統之彈劾及政黨違憲的解散事宜。」（增修條文第 5 條第 4 項）因此，依增修條文之規定，立法院為第一階段發動彈劾的機關，司法院大法官所組成之憲法法庭為第二階段審議彈劾的機關，經憲法法庭判決成立時，被彈劾人應即解除職務。

第四項　審理違憲政黨解散事宜

　　過去，政黨違憲之審議是由行政院政黨審議委員會掌理，但因容易遭致政黨因素干擾而使公平性受到質疑，因而職權之歸屬、行使之程序的檢討，便成為修憲時廣受關切之議題；以統一前之西德為例，為防止政黨團體藉集會結社之自由，進行違反民主憲政體制之活動：德國基本法第 21 條規定：「政黨依其目的或依其黨員之行為，在於損害或排除自由民主之基本秩序，或危害德意志聯邦共和國之存在者，為違憲。」基本法第 21 條第 2 項之此一規定，為「有防衛力」民主原則之表現，應防衛者，為自由民主之基本秩序，依憲法法院之判決，此乃排除任何實力及恣意之支配，由人民基於多數之意思及自由、平等，自行決定之法治國家之支配秩序，基本法以政黨在於破壞自由民主之基本秩序為目的，作為其認定其違憲之要件。(Theodor Maunz & Reinhold Zippeliu, 1985：54-55)

　　我國於民國 81 年 5 月憲法增修時，採行德國「防禦式民主」的概念（西德憲法法院於一九五〇年代分別將納粹黨、共產黨宣告為「違憲政黨」，爰勒令其停止活動並即解散，且不得再成立目的相同之替代性組織），其目的在於避免政黨濫用自由，而提供民主國家對於違憲政黨適當的防衛手段（陳愛娥，2001：148），爰設計由司法院大法官組成憲法法庭以審理違憲政黨解散案件。關於政黨違憲解散的原因，依增修條文第 5 條第 5 項之規定：「政黨之目的或其行為，危害中華民國之存在或自由民主之憲政秩序者為違憲。」因此，若有政黨之宗旨或其活動涉及危害中華民國之存在或自由民主之憲政秩序，經憲法法庭審理成立後，得宣告予以解散，而被宣告解散之政黨，應即停止一切活動，並不得成立目的相同之代替組織，其依政黨比例方式產生之民意代表應自判決生效時起解除職務，最後，對於憲法法庭之判決，不得聲明不服。關於憲法法庭之審判，德國學者認為，有鑑於政黨在民主國家中所發揮「參與形成國民政治意志」的功能，不容許執政者任意以解散其敵對政

黨為手段來維持其政治權力，因此必須對違憲政黨的要件作從嚴的解釋。(Iden)

第五項 公務員之懲戒

公務員懲戒之性質，除包含政府組織內部之行政監督外，尚有對於公務員違反行政上義務所科處的制裁措施；依公務員懲戒法之規定：「公務員有違法、廢弛職務或其他失職行為，應受懲戒。」因此，除公務員因廢弛職務或其他失職行為，應受行政監督之懲戒，但關於違法的部分，應屬司法權行使之範圍，因而公務員懲戒委員會之職權，屬司法權之作用。

司法院公務員懲戒委員會掌理公務員之懲戒事宜，凡公務員因違法、廢弛職務或其他失職行為而受彈劾者，監察院認為應移送公懲會懲戒時，應將彈劾案連同證據移送審議，公懲會之審議結果，如認為應予懲戒，得按其情節之輕重，議處撤職、休職、降級、減俸、記過、申誡之處分，但是政務官僅適用撤職及申誡二種處分。如認為有涉刑事嫌疑者，應即移送該管轄法院或軍法機管審理。（另參照司法院釋字第 491號、第 583 號解釋）

第六項 監督地方自治事務

司法院對於地方自治事務擁有監督之權，這種監督權可分為兩部份：(1)地方自治法制部份：依憲法第 114 條規定：「省自治法制定後，須即送司法院，司法院如認為有違憲之處，應將違憲條文宣布無效。」(2)地方自治實務部份：憲法第 115 條規定：「省自治法施行中，如因其中某條發生重大障礙時，經司法院召集有關方面陳述意見後，由行政院院長、立法院院長、司法院院長、考試院院長與監察院院長組織委員會，以司法院院長為主席，提出方案解決之。」

第四節　司法獨立

第一項　司法獨立的意義

　　司法獨立之目的在於確保國家行使審判權能達致公平、客觀，以實現社會的正義。司法獨立之意義有三：第一是司法組織系統上之獨立：即國家之裁判權，由一獨立自立之司法組織機關（即各級法院）獨立行使審判；第二是法官之審判獨立，即法官依據法律獨立審判，不受任何干涉；第三是法官身分地位之獨立，即指法官之身分與地位應受法律之特別保障（如圖 8-7 所示）；因此，組織上的獨立自主，只不過是法治國家為確保法官獨立審判的前提要件，若要進一步落實司法獨立，就必須確立法官的職權獨立與身份保障等制度。（許慶雄，1993：270）

圖 8-7　司法獨立之意義

一、法官審判獨立

　　憲法第 80 條規定：「法官依據法律獨立審判，不受任何干涉。」易言之，法官僅受法律的拘束而已。所謂法律，即依憲法第 170 條規定，法律應經立法院三讀通過，總統公布。此外，司法院釋字第 38 號解釋認為，一般行政機關發布之命令、地方自治團體法規亦包含在內，而司

法院大法官會議所作成之司法解釋，亦應為法官據以獨立審判之基礎。司法自主性的落實與司法行政監督權的行使，均應以維護審判獨立為目標。（翁岳生，2004：15）

法官的審判獨立分為外部獨立與內部獨立兩者，限制法官的政黨活動屬內部獨立範疇。所謂外部獨立，是指法官的一種特權，憑此特權的保障，法官始得以對抗任何外力（如司法首長、政黨、輿論等）對其職務之行使所加諸的干涉；內部獨立則與之恰相對，它不僅不是法官的特權，反是一種課諸於法官身上的義務，即要求法官在職務內行為方面，必須有能力、有決心，能客觀、公正不受任何外來的威逼利誘所影響，以及個人主觀價值偏好所左右，秉持良心，依據法律獨立審判；在職務外行為方面，則要求法官在外的言論及政治活動的參與，應該節制、保守，避免人民對其獨立性與公正性產生懷疑。（許宗力，1997：79）

在審判過程中，法院對於被其所認定為違憲之法規，所能採取的措施，也只為「拒絕適用」（參照司法院釋字第 137 號、第 216 號、第 407 號、第 530 號解釋），此乃基於裁判之「個案性」，而此亦為一般法院之違憲審查權與大法官會議所有者，不同之所在，在於大法官會議之違憲審查權具有一般之拘束力，其有宣佈違憲法規為無效之權限。（林子儀，1993：27）

司法院釋字第 530 號意旨認為，憲法第 80 條、第 81 條規定目的在於保障法官身分，以維護審判獨立，但為確保人民有依法定程序提起訴訟，受充分而有效公平審判的權利，維護人民的司法受益權，最高司法機關仍有司法行政監督的權限。

二、法官之超出黨派

憲法第 80 條規定：法官須超出黨派，係指法官之審判應超越政治、保持中立。因此，所謂超出黨派之外，並非也不能要求法官本身並無政治立場或政治態度，而應解釋為法院法官不得於任職期間參加政黨活動，以貫徹超出黨派之外的精神。所以，法官不能加入任何政黨，不

能參加政黨活動，於審判時應秉持超然客觀的立場，不受政黨意識的影響。

何謂「超出黨派」，還是有解釋的餘地。主要有三種學說：一、是不得參加政黨，更不得從事政黨活動；二、是可以加入政黨，但不得參與政黨活動；三、是可以加入政黨，也可參與政黨活動，但須節制、保守，不得危害人民對其獨立性的信賴。目前，依法官法第 15 條之規定：「法官於任職期間不得參加政黨、政治團體及其活動，任職前已參加政黨、政治團體者，應退出之。」我國制度顯採第一說。

三、法官地位之保障

各國為求司法之獨立，爰就法官之身分地位給予保障。為貫徹司法獨立，憲法第 81 條規定：「法官為終身職，非受刑事或懲戒處分或禁治產之宣告，不得免職，非依法律不得停職、轉任或減俸。」其目的即在使法官享有穩固充分之終身職保障，期使能維護其審判立場之客觀公平。憲法第 81 條規定法官的免職要件有三：即刑事處分、懲戒處分與禁治產宣告三種條件。至於法官之彈劾，係指若法官之行為違背憲法義務或違反相關法律而有負國民之負託，即應彈劾；關於懲戒，則純以法官違背其服務關係上之一般義務，透過懲戒得使法院得以維持推展其內部紀律，即應懲戒。綜上所述，彈劾為法官喪失社會信賴而應去職的問題，懲戒乃司法組織內部行政與紀律之問題。

依司法人員人事條例第 33 條至第 37 條之規定，法官非有法律規定公務員停職之理由，不得停止其職務；法官除經本人同意外，不得轉任法官以外之職務；除遇有組織之裁併或新機關之設立，急需人員補充等因素外，不能違背法官意願而加以調任或為審級之調動；另外，至於薪俸，法官非依法律受降級或減俸處分者，不得降級或減俸。憲法第 81 條雖有規定，法官為終身職，除受刑事或懲戒處分，或受禁治產之宣告外，不得予以免職，因此除法官自動請辭外，不得強制其退休，目前，公務人員退休之規定，命令退休並不適用於法官，因此，法官之退休，

僅有自願退休一種可資適用；然而，年老力邁或心神喪失或身體殘廢，不堪勝任職務之法官，依法並不能強命其退休，但為避免前述情形法官久佔職缺，影響後進之路，並謀司法組織人事之代謝流動，僅能鼓勵法官辦理自願退休或實施優遇及停止或減少辦案之方案。

四、法官自治

法官自治又稱為「司法內部獨立」，是指法官對於法院內的行政及人事等事項，應具有自治權限，例如對於法院院長、庭長之產生，應由法官互選，對於院務、庭務以及法官之獎懲等，法官得成立法官會議來決議，而非由院長、庭長片面決定；目前，我國地方法院及高等法院之庭長，已開始辦理遴選，法官會議目前正試辦中（洪泉湖等，2000：216）。

第二項　司法組織人事預算之獨立

一、人事之獨立

司法獨立，除前項所述法官之獨立審判、法官之超出黨派與法官地位保障外，為實現法官之人事制度獨立，司法院設有人事審議委員會，職掌審議各級法院法官、行政法院評事及公懲會委員之任免、轉任、遷調、考核及獎懲相關事項；司法組織方面，憲法第 82 條規定：「司法院及各級法院之組織，以法律定之。」人事預算獨立又成稱為「司法集體獨立」，即整個司法系統的人事和預算，應獲得高度尊重，不得任意刪減、改變（洪泉湖等，2000：216）。

二、預算之獨立

增修條文第 5 條第 6 項規定：「司法院所提出之年度司法概算，行政院不得刪減，但得加註意見，編入中央政府總預算案，送立法院審議。」故司法院所獨立提出之司法概算，行政院無權審酌，僅得加註意見，以落實司法獨立。

第五節　司法改革

第一項　司法組織與行政之改革

　　司法獨立之目的，在於確保國家行使審判權能達致公平、客觀，以實現社會的正義。然而司法問題陳痾已久，部分法官審判品質普受社會質疑，對於法官的公正廉潔，民間甚至有「一審重判、二審減半、三審豬腳麵線！」之譏諷（臺語）；考察我國司法改革的問題，近年已就革新司法制度（組織與行政之改革）、各項訴訟制度之變革、提升司法業務績效、充實司法工作條件及提高裁判品質等方面進行努力；面對過去司法備受質疑的缺失，新任許宗力院長於民國 105 年 11 月就任後，對持續推動未來司法的改革成效，社會普遍存有更高更深切的期待。

　　在法官人事改革方面，自民國 99 年 7 月爆發高院三名法官集體收賄與私德欠佳的醜聞後，更嚴重傷害司法的形象，這些年來，許多人民認為部分法官（通稱恐龍法官）躲在象牙塔內「不食人間煙火、閉門造車」，作出違反社會通念的荒謬判決後，亦使社會大眾動搖對司法的信心。

　　目前，對職司審判工作的核心人物－法官，如何建立客觀有效的評鑑、退場的機制，實已刻不容緩，具體而言，民國 100 年 6 月通過的「法官法」，已成現今司法改革落實的重點。

一、法院組織之改革

　　主要包括：(1)司法院轉型為最高審判機關：成立司法院定位推動小組、進行相關組織法修正、司法機關歸併、組織架構重新調整；(2)第一、二審法院之革新：成立專業法院、推動法官專業化、告錯法院不駁回、人民就座應訊、法官評議紀錄公開、設置法官助理、設置司法事務官、鼓勵法官回任下級審，強化第一審審判功能、籌建新法院，加強為民服務。

二、司法行政業務之改革

　　主要包括：(1)擴大平民法律服務；(2)結合教育資源，加強訴訟實務課程的推廣；(3)落實便民禮民政策；(4)改善審判環境，積極清理遲延案件；(5)妥適保存法庭錄音資料；(6)徹底維護人民訴訟權；(7)裁判書類用語的簡化與通俗化；(8)舉辦「與民有約」系列活動。

第二項　司法改革之主要內容

一、民事訴訟制度之改革

　　目前已實施之制度改革包括：1.修正民事訴訟法；2.合意選定法官審判；3.制定專家參審制；4.修正強制執行法；5.其他制度的改革：修訂涉外民事法律適用與世界同步、修正破產法、改革公證制度、非訟事件處理制度改革、擴大鄉鎮市調解功能。

二、刑事訴訟制度之改革

　　目前已實施之制度改革包括：1.刑事訴訟採行改良式當事人進行主義，加強維護被告基本人權；2.建立金字塔型的審級構造，增進審判的效能；3.修正冤獄賠償法；4.刑事妥速審判法正式施行（民國 99 年 9 月）。

三、行政訴訟制度之改革

　　目前已實施之制度改革包括：1.增加訴訟種類（除原有撤銷訴訟外，另增確認訴訟、給付訴訟兩類）；2.改採三級二審的審級制度；3.以言詞辯論為原則；4.徵收裁判費；5.增設「以原就被」管轄原則的例外，增加便利性。

四、公務員懲戒制度之改革

目前已實之制度改革包括：1.落實正當法律程序；2.增加審級制度；3.具體規範懲戒對象；4.明確規範懲戒原因及歸責條件；5.合理修正懲戒種類。

五、少年及家事制度之改革

目前已實之制度改革包括：1.成立少年及家事廳；2.設立專業化的臺灣高雄少年法院；3.落實專業法庭或專責法官辦理專業的少年及家事事件；4.研議制定家事審判法。

現今司法改革的具體作為，主要可歸納為以下方向：1.推動國民參與刑事審判；2.完善金字塔訴訟及法院組織；3.通盤檢討裁判憲法審查制度；4.增進司法與社會對話機制；5.法官的多元晉用、監督與淘汰；6.促進司法效率並合理減輕法官工作負擔；7.提升司法公開與透明；8.建構專業、效率、便民的法院、法庭及審判程序；9.提升被害人地位與保護兒少。（司法院網站）

第三項　法官法之制定與推動國民參審制度

一、法官法之制定

民國 100 年 6 月所通過之「法官法」，立法目的在於建立客觀有效的評鑑、退場的機制其主要內容包括：1.改革法官的任用制度；2.法官與國家的關係為法官特別任用關係；3.修正法官的俸給制度；4.強化法官的研習制度；5.落實法官自治原則；6.改革法官兼庭長的調派制度；7.加強法官專業化；8.建立法官評鑑制度；9.加強法官職務監督制度；10.推派淘汰不適任法官制度。

法官法的條文中設立「法官評鑑委員會」及「職務法庭」，建立法官退場機制，淘汰不適任的法官或社會所批評的「恐龍法官」。司法院設立「法官評鑑委員會」，進行法官個案評鑑及全面評核，各級法院團體績效評比，遭評鑑不適任的法官，最嚴重可被免除法官職務外，也將喪失公務人員任用資格。「法官評鑑委員會」由法官三人、檢察官一人、律師三人、學者及社會公正人士四人組成。法官之評鑑，分為個案評鑑及全面評核（評鑑及考核），作為法官職務評定參考。當法官有明顯誤判、違反法官倫理情節重大等爭議時，可將法官交付個案評鑑，評鑑若認為有必要，可加以懲戒，並作為各級法院院長職務評定參考。

至於「職務法庭」之審理及裁判，以公務員懲戒委員會委員長為審判長，與法官四人為陪席法官組成合議庭行之。其中，陪席法官至少一人但不得全部與當事人法官為同一審級；於審理司法院大法官懲戒案件時，應全部以最高法院、最高行政法院法官或公務員懲戒委員會委員充之。以期確保行使職權的客觀公正，不致出現官官相護的弊端。

二、推動國民參審制度

所謂「國民參與審判」，是指讓完全沒有審判專業知識、經驗的一般國民加入審判程序，參與聽訟、問案及最後判決形成的過程。依據外國實施國民參與審判經驗顯示，國民加入參與審判不僅會使司法審判更透明，且由於來自不同社會階層、出身背景，擁有不同生活經歷的國民，得以直接在法院形成判決過程中，提供他們寶貴的生活經驗、法律感情，及不同的價值觀，讓司法專業社群藉由國民的參與，獲得與外界對話與反思之機會，這樣雙方相互交流、回饋想法的結果，將可期待最終能豐富法院判斷的視角與內涵，進而提昇國民對司法的信賴。

依司法院於 106 年 12 月所公布「國民參與刑事審判法」草案初稿，未來規畫由「國民法官」參與重大刑案的一審審理；國民法官的選任，由年滿二十三歲、具高中以上學歷的國民，採隨機抽選方式任之，但律師、法學教授、現役軍警消等具法律背景者將排除在外。依草案規

定，將由六名國民法官與三名職業法官組成合議庭，國民法官在庭上可提問，庭後可與職業法官討論，表決時須六人同意，才可決定被告有罪無罪；國民法官出庭期間公司須給公假，法院也會給出庭日旅費。新制讓國民法官「能看也能判」，未來一審法院可選定最輕本刑七年以上或故意犯罪致死等重大刑案，實施國民參審新制，訴訟當事人不得拒絕。

司法院經「國民參與審判法案研議委員會」，邀請來自審、檢、辯、學各界代表，密集研議法案，目前初步規劃草案的方向包括：

1. 法案名稱：國民參與刑事審判法。

2. 人選決定部分：初步規劃參考英美陪審制，採逐案隨機抽選出參與審判國民方式，確保來自社會各階層的廣泛性參與。

3. 參與審判案件部分：以適用重罪與侵害生命法益之重大案件為原則。

4. 參與範圍部分：參考歐陸及日本等國之參審模式，讓國民全程參與認定罪責與量刑程序，使國民正當法律感情納入廣受社會大眾關注的個案量刑判斷中，真正實現國民深度參與的精神。

5. 參與權限部分：參與審判國民與法官有相同表決權，亦即審判過程中原則與法官有相同職權。

6. 參與審理模式部分：參與審判國民可與法官共同討論，可隨時討論解除國民疑惑，減輕國民負擔、確保國民根據當事人主張及證據聚焦於爭點討論，更可在個案中實現參與審判國民與專業法官直接對話，拉近審判專業與社會大眾想法的距離；同時透過參與審判國民的優勢人數（目前規劃國民 6 人、法官 3 人）、評議規則（如評議時國民先陳述意見）等，確保國民評議程序中的意見受法官重視，且得不受干擾自主表達意見。

7. 配套訴訟制度部分：研議配合改採卷證不併送，一律先行準備程序，於準備程序中審檢辯三方之協力及證據開示規定，及於審判之證據調查程序中當事人自主出證等制度，以落實「法庭活動為中心」的審理

模式，讓參與審判國民能透過法庭上眼見耳聞當事人提出的證據及主張後，自主形成心證，達到實質參與的目的。

8. 其他：包含參與審判國民之個人資料保護、日旅費支給、雇主應給予公假、違法侵害其等權益之處罰，以及檢討上訴制度、判決書製作等訴訟制度之配套，均會一併考量。此外，也會搭配定期之制度檢討評估機制，以期建構可長久順利施行的國民參與審判制度。

MEMO

考　試

第一節　考試院之性質與地位

第一項　考試院之性質

　　考試權為我國傳統特有的政治制度，創始於西漢，至隋唐開科取士確立科舉，於明清時已發展成為重要完備的制度，至 19 世紀中，英國首先開始傚行（1855 年），美、法、德等國繼之，漸廣為各國採行；考試權在我國原屬政府權力之一種，但歐美國家在三權分立憲政制度下，考試附屬於行政，僅為行政措施的一種，孫中山先生鑑於西方國家盲從濫選及任用私人的流弊，主張將中國傳統考試制度獨立於行政之外，設置獨立機關專掌考選之權，無論大小官吏，均必須經過公開考試並銓定資格後，方能任用，以避免行政機關濫用私人，以落實專家政治的理想（圖 9-1）。

孫中山 1866-1925

> ‧‧‧政府無論大小官吏，均必須經過公開考試並銓定資格後，方能任用，以避免行政機關濫用私人，落實「專家政治」的理想

圖 9-1　孫中山談專家政治

第二項　考試院之地位

增修條文第 6 條第 1 項規定：「考試院為國家最高考試機關，掌理左列事項，不適用憲法第 83 條之規定：(1)考試；(2)公務人員之銓敘、保障、撫恤、退休；(3)公務人員之任免、考績、級俸、陞遷、褒獎之法制事項。」因此，考試院為我國行使考試權之最高機關，獨立於行政權外，與其他五院立於平等地位；而五權憲法的考試權，並非單純的考試機關，尚包括公務員的任用等人事行政事項業務。

第二節　考試院之組織

第一項　考試院院長與副院長

一、考試院院長、副院長之產生

增修條文第 6 條第 2 項規定：「考試院設院長、副院長各一人，考試委員若干人，由總統提名，經立法院同意後任命之。」憲法第 84 條已停止適用，且依考試院組織法第 5 條的規定，考試院院長、副院長任期 6 年，如有出缺時，繼任人員之任期至原任屆滿之日止；考試院之組織，請參照圖 9-2。

行政體系線 ——
業務監督線 ----

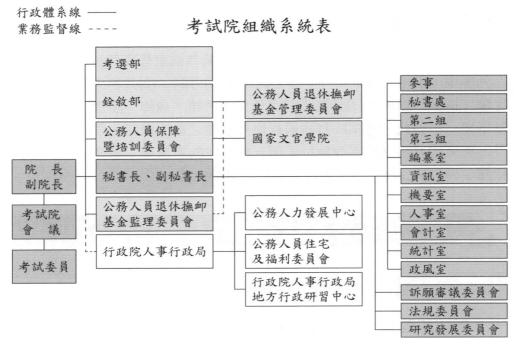

圖 9-2　考試院行政組織圖

資料來源：考試院全球資訊網 http://www.exam.gov.tw

二、考試院院長、副院長之職權

　　依憲法及考試院組織法之相關規定，考試院長的職權主要包括：(1)綜理院務並監督所屬機關（考試院組織法第 8 條）；(2)擔任考試院會議之主席（考試院組織法第 7 條）；(3)當院際發生爭執時，得參加總統所召集五院院長會議以協商解決（憲法第 44 條）；(4)出席參加司法院院長召集之五院院長委員會，會商解決省自法治施行障礙難行事項（憲法第 115 條）；(5)列席立法院陳述意見（憲法第 71 條）等。考試院副院長的職權，除依考試院組織法第 7、第 8 條規定出席考試院會議與代理院長職務外、並應襄助院長綜理院務。

第二項　考試委員

一、考試委員之產生與任期

增修條文第 6 條第 2 項規定：「考試委員由總統提名，經立法院同意後任命之。」關於名額，考試院組織法第 3 條規定：「考試院考試委員之名額，定為 19 人。」至於任期，考試院組織法第 5 條規定：「考試委員之任期為 6 年。前項人員出缺時，繼任人員之任期至原任期屆滿之日為止。」

二、考試委員之資格

依考試院組織法第 4 條之規定，考試委員應具備下列資格之一：

(1)曾任考試委員聲譽卓著者；(2)曾任典試委員而富有貢獻者；(3)曾任大學法律主要科目教授 10 年以上，聲譽卓著，有專門著作者；(4)高等考試及格 20 年以上，曾任簡任職滿 10 年以上，並達最高級，成績卓著，有專門著作者；(5)學術豐富，有特殊著作或發明，或富有政治經驗聲譽卓著者。

三、考試委員之職權

憲法第 88 條規定：「考試委員須超出黨派以外，依據法律獨立行使職權。」另依考試院組織法第 7 條之規定，考試委員應出席考試院會議，決定憲法所定職掌之政策及其有關重大事項。此外，考試院就其掌理或全國性人事行政事項，得召集有關機關會商解決之。

第三項　考試院會議

一、考試院會議之組成

依考試院組織法第 7 條之規定，考試院設考試院會議，以院長、副院長、考試委員、考選、銓敘兩部長與公務人員保障暨培訓委員會主任

委員組織之。決定憲法及增修條文所定職掌之政策、法制及其有關重大事項。考試院會議之進行，依考試院會議規則第 15 條之規定，以院長為主席，院長因故不能出席，由副院長代理。議案的決定，以總額二分之一出席，出席人數二分之一決議行之，可否同數，取決於主席。因此，考試院應為合議制機關，所有考試院相關政策均應由院會以合議方式決定之。

二、考試院會議之職權

考試院會議所討論議決之事項，主要可歸納如下：(1)審議有關考銓政策之制定；(2)關於院部施政方針、計畫及預算之審定；(3)關於向立法院提出之考銓法律案；(4)關於院部發布及應由院核准之重要規程、章則及事例；(5)關於舉行考試與分區決定及主持考試人員之決定；(6)關於考選部、銓敘部及保培會共同關係之事項；(7)議決其他有關考銓之重要事項。

第四項　考選部與銓敘部

考試院組織法第 6 條規定，考試院設考選部、銓敘部，其組織法以法律定之。

一、考選部

考選部職掌全國考選行政事宜，設部長一人，綜理部務、監督所屬職員，另設政務次長、常務次長各一人，輔助部長處理部務。考選部所職掌全國考選之行政事宜主要包括：(1)公務人員之考選；(2)專門職業與技術人員資格之考選；(3)典試委員會之組織事宜；(4)考取人員之冊報事宜；(5)關於考試業務之應辦理事項等。

二、銓敘部

　　銓敘部職掌全國公務人員之銓敘事宜及各機關人事機構之管理事項，設部長一人，綜理部務、監督所屬職員，另設政務次長、常務次長各一人，輔助部長處理部務。銓敘部所職掌全國銓敘之行政事宜主要包括：(1)公務人員職位分類之實施及標準訂定；(2)考試及格人員之訓練與分發；(3)公務人員資格之審查銓定；(4)公務人員任免升降轉調之審查及登記；(5)公務人員考績之審查；(6)公務人員敘獎、敘俸之審查與決定；(7)公務人員獎勵撫卹之審核及福利事項；(8)各機關人事管理員之指揮監督；(9)公務人員之調查登記事項等。

第五項　典試委員會

　　依典試法之規定，考試院為辦理典試事宜，設典試委員會，委員會置典試委員長一人，典試委員若干人，由考選部提請考試院派任之。典試委員會為非常設機構，由考選部呈請考試院於每次考試前一個月內組織之，委員會於試務完成後解散並撤銷典試委員職務；委員會之職掌為主持國家各項考試、命題、閱卷、錄取等相關事項。此外，依典試法之規定，典試委員應依據法律獨立行使職權，不受考試院指揮監督，以確保各項考試的公平性。

第六項　公務人員保障暨培訓委員會

一、公務人員保障暨培訓委員會之組織

　　依公務人員保障暨培訓委員會組織法之規定，考試院設公務人員保障暨培訓委員會（下稱保培會），下設保障處與培訓處，負責公務人員之保障與培訓業務事宜。

　　保培會置主任委員一人，委員 10 至 14 人，其中 5 至 7 人專任，由考試院長提請總統任命，餘 5 至 7 人兼任，由考試院長聘兼之，委員任期 3 年，任滿得予連任。

二、公務員保障暨培訓委員會之職權

　　保培會之職權主要要有二：(1)受理公務員再申訴再復審的決定，以保障公務員的合法權益；(2)統一掌理全國公務員訓練與進修事宜。

第七項　公務人員退休撫恤基金監理委員會

　　考試院設公務人員退休撫恤基金監理委員會，專責辦理公務人員退休撫恤基金之審議、監督及考核事項。

第三節　考試院之職權

　　增修條文第 6 條第 1 項規定：「考試院為國家最高考試機關，掌理左列事項，不適用憲法第 83 條之規定：(1)考試；(2)公務人員之銓敘、保障、撫恤、退休；(3)公務人員之任免、考績、級俸、陞遷、褒獎之法制事項。」考試院關於所掌事項，得向立法院提出法律案（憲法第 87 條）。因此，依憲法及增修條文之規定，考試院的職權主要可歸納為考試權、銓敘權與考銓法律提案權（圖 9-3）。

考試院之職權		
考試權	1.公務人員任用資格考試 2.專門職業與技術人員資格考試	憲法第86條、增修條文第6條第3項（憲法第85條停止適用）
銓敘權	1.掌理公務人員之銓敘、保障、撫恤、退休業務 2.掌理公務人員之任免、考績、級俸、陞遷、褒獎業務	增修條文第6條第1項第2-3款、公務人員任用法第25條、公務員懲戒法第1條、公務人員撫恤法第2條、第3條、司法院釋字第343號、憲法第42條、司法院釋字第338號、公務人員任用法第5條
考銓法律提案權	職掌考試與銓敘之相關事項，得向立法院提出法律案	憲法第87條、增修條文第6條第1項

圖 9-3　考試院之職權

第一項　考試權

　　考試權為考試院之主要職權，憲法第 85 條規定：「公務人員之選拔，應實行公開競爭之考試制度，並應按省區分別規定名額，分區舉行考試。非經考試及格，不得任用。」但憲法增修後，已凍結憲法第 85 條之適用（增修條文第 6 條第 3 項）。至於考試權之範圍應包括：公務人員任用資格考試與專門職業資格考試、技術人員職業資格考試，依憲法第 86 條之規定，均應經考試院依法考選銓定之。

　　有學者即認為考試院與工作權對立，大法官在相關解釋中，一再強調考試的重要，甚至在釋字第 453 號解釋中，原本不需要考試的記帳職業，居然被大法官宣告違憲，而認為應該有考試才可以；另外，大法官對於涉及考試的相關規定，幾乎都沒有宣告其違憲過，包括釋字第 352 號、第 404 號、第 547 號解釋等，都宣告考試相關的限制合憲。（呂炳寬、項程華、楊智傑，2006：325-326）

一、公務人員任用資格考試

　　公務人員任用資格考試，分為高等考試、普通考試、初等考試三種。高等考試按學歷再分一、二、三級。另為因應特殊性質機關的需要及照顧殘障者的就業權益，考選部得舉行一至五等之特種考試。此外，為暢通公務員升遷管道，提振公務人員服務士氣，考選部另有舉行公務人員升等考試，提供委任、薦任、簡任之升等考試。

二、專門職業與技術人員資格考試

　　專門職業與技術人員資格考試，分為高等考試與普通考試二種。為適應特殊需要，考選部得舉行特種考試考試及格人員，由考試院發給證書，並登載公報，取得執業資格。專門職業與技術人員資格考試，主要建立專業證照制度，對職業的專業化與分工化，具正面積極的意義。

第二項 銓敘權

　　考試院之職權，除考試權外，尚有公務人員的銓敘、保障、撫恤、退休（增修條文第 6 條第 1 項第 2 款）由下設之銓敘部執掌該職權。另外，公務人員之任免、考績、級俸、陞遷與褒獎等業務（增修條文第 6 條第 1 項第 3 款），銓敘部負責法制事項，實際業務部分，則由行政院人事行政局掌理。原憲法第 83 條規定之養老事項，因法律另訂有退休金辦法，爰刪除養老規定，悉劃歸行政院人事行政局辦理；目前，考試院之銓敘權分述如下：

一、掌理公務人員之銓敘、保障、撫恤、退休業務

1. **銓敘**：由銓敘部對各機關具任用資格的公務人員進行銓定官等及職等。其中，公務人員之官等分委任、薦任、簡任，職等分為第一至第十四職等，以第十四職等為最高職等。委任為第一職等至第五職等；薦任為第六至第九職等；簡任為第十至第十四職等（公務人員任用法第 5 條）公務人員初任委任、薦任或簡任各官等，須經銓敘機關審查後，委任職由主管機關任命；薦任職或簡任職由總統任命（公務人員任用法第 25 條）。

2. **保障**：由銓敘部對公務人員之身分依法保障，即公務人員非因法定原因及依法定程序，不受撤職、降調、減俸等處分，非依法律，不受懲戒（公務員懲戒法第 1 條）。

3. **撫恤**：考試院對經銓敘部審定登記有案之公務人員，在職中因為病故、意外死亡或因公死亡時，給予其遺族撫恤金及殮葬補助（公務人員撫恤法第 2 條、第 3 條）。

4. **退休**：即公務人員任職滿一定期間，由政府編撥預算給予一定金額，使其安養餘年。依公務人員退休法之相關規定，公務人員任職 5 年以上年滿 60 歲者或任職滿 25 年者，應准其自願退休（自願退休）；任職滿 5 年，年滿 65 歲、心神喪失或身體殘廢，不堪勝任職務者，應命令退休（命令退休）。

二、掌理公務人員任免、考績、級俸、陞遷、褒獎之法制業務

1. **任免**：依公務人員任用法之規定，公務人員的任用資格，銓敘部應依法考試及格、依法銓敘合格、依法考績升等；各機關對擬任考試及格者為公務人員，經銓敘機關審查合格後，由分發機關分發各有關機關任用。

2. **考績**：依公務人員考績法之規定，對公務人員之工作、操行、學識、才能予以考核，各機關辦理考核業務，應組織考績委員會辦理初核，由機關單位主官執行覆核後，送請銓敘部核定（並分為年終考績與專案考績）；若公務人員因考績而受免職處分，進而改變公務人員身分關係，影響其服公職的權利，依司法院釋字第 343 號解釋意旨，得提起訴願與行政訴訟。

3. **級俸**：依公務人員俸給法之規定，銓敘部應按公務人員的官等與職等，依法支付薪額。公務人員之俸給，分為本俸、年功俸及加給，均以月計；公務人員的俸級經銓敘部敘定後，非依公務人員懲戒法及其他相關法律規定不得降敘，公務人員對敘定之俸級如有爭執，依司法院釋字第 338 號解釋意旨，得提起訴願與行政訴訟。

4. **陞遷**：銓敘部對服務成績優良之公務人員，依法給予以提升官等職等或按其工作性質及辦事能力予以遷調職務，以資獎掖鼓勵。

5. **褒獎**：銓敘部依法得就對國家有功之公務人員予以獎勵，服務事蹟著有貢獻者，專案報院呈總統授與榮典褒獎，憲法第 42 條即有規定：「總統依法授與榮典。」

第三項　考銓法律提案權

憲法第 87 條規定：「考試院關於所掌事項，得向立法院提出法律案。」憲法歷經增修後，增修條文第 6 條第 1 項規定：「考試院掌理左列事項，不適用憲法第八十三條之規定：一、考試。二、公務人員之銓敘、保障、撫卹、退休。三、公務人員任免、考績、級俸、陞遷、褒獎之法制事項。」因此，依憲法第 87 條規定，考試院就其職掌考試與銓敘之相關事項，得向立法院提出法律案。

監　察

第一節　監察院之性質與地位

第一項　監察院之性質

　　監察制度於我國早於秦漢時代便已設置，監察制度分為「御史制度」與「給諫制度」兩種，御史制度由監官行使糾彈官員之權，給諫制度則由諫官行規諫君主施政失，前者為糾彈權，後者為諫正權（圖 10-1）。究其性質，監察本即行政權的一種，孫中山先生認為：監察制度一方面對三權分立政體之下，國會因同時擁有審議法律案、預算案及各類監察之權力，可能造成立法機關獨大、國會專制，故亟思對立法機關加以節制；另一方面，孫中山則對所謂察官御史及言官之給事或諫議大夫極為嚮往，認為對防止政府權力之貪污腐化極具功效，故不僅力求保存，更應發揚光大，脫離立法權，獨立建制（法治斌、董保城，2004：401-402），因此，出於主張考試權應獨立於行政機關之外的邏輯，認為監察權亦應獨立於立法機關之外，以避免國會的專制，以構成我國五權憲政之體制（圖 10-2）。

歷代監察制度

秦漢	御史制	輔佐丞相、監察百官
唐宋	臺院制（御史臺與諫院）	唐代諫官糾正皇帝過失，宋代言官則彈劾宰相（臺諫合一）
明清	都察院制	清代行政權與監察權合一，監察官為天子耳目

圖 10-1　歷代監察制度

　　傳統的「御史制度」與
「給諫制度」，對舉發政府施
政缺失和防止權力貪污腐化極
具成效。
　　監察制度不但應該保存，
而且要發揚光大，使其脫離立
法權　獨立建制。

Dr. Sun Yat-Sen

圖 10-2　孫中山談監察制度

第二項　監察院之地位

　　依五權憲法的基本精神，監察院應獨立於立法權之外，與其他四院立於平等地位，分工合作以達成萬能政府的理想。依增修條文第 7 條之規定，監察院為國家最高監察機關，行使彈劾、糾舉及審計權，原憲法第 90 條所規定之同意權，經憲法增修後取消，移歸立法院行使。因此，目前監察院之主要職權，在於行使彈劾或糾舉違法、失職公務人員，糾正行政疏失。

　　憲法第 91 條原本規定，監察委員由省市議會選舉產生，屬於民意機關。所以就憲法地位與職權性質，應該認為與國民大會、立法院共同相當於民主國家的國會（司法院釋字第 76 號解釋）。憲法增修之後，監察委員由總統提名，經立法院同意任命，其不但產生方式改變，職權亦有調整，由增修條文第 7 條各項意涵觀之，監察院已非中央民意機構，必須獨立行使職權，並受憲法保障（參照司法院釋字第 325 號解釋），對於失職公務員發動彈劾或糾舉之權，類似司法體系的檢察部門，因此，修憲後監察院的性質較近似為準司法機構。

第二節　監察院之組織

第一項　監察院院長與副院長

一、監察院院長、副院長的產生與任期

　　增修條文第 7 條第 2 項規定：「監察院設監察委員 29 人，並以其中一人為院長，一人為副院長，任期為 6 年，由總統提名，經立法院同意任命之。憲法第 91 條至第 93 條規定停止適用」；監察院之組織，請參照圖 10-3。

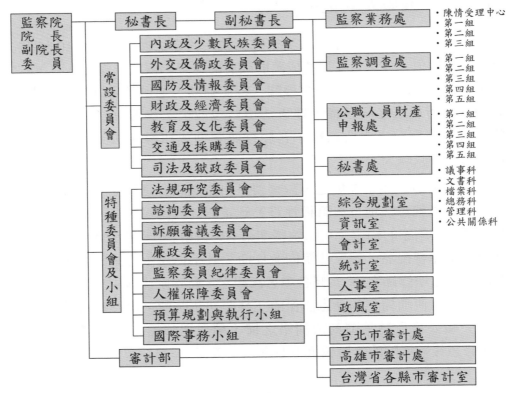

圖 10-3　監察院行政組織圖

資料來源：監察院全球資訊網 http://www.cy.gov.tw/index.asp

二、監察院院長的職權

依憲法及監察院組織法之相關規定，監察院院長之職權主要可歸納如下：

1. 綜理院務：監察院院長綜理院務並監督所屬機關（監察院組織法第 6 條）。

2. 主持監察院會議：監察院會議由院長、副院長及監察委員組織之，以院長為主席（監察院組織法第 7 條）。

3. 參與憲政制度下院際爭執之協商：五院憲政運作出現爭執時，得參加總統所召集五院院長會議以協商解決（憲法第 44 條）。

4. 出席立法院陳述意見：立法院開議時討論關涉監察事項之法律案時，監察院院長得列席陳述意見（憲法第 71 條）。

5. 會商解決省自治法施行中障礙難行事項：監察院院長得參加司法院院長所召集之五院院長會議，會商解決省自治法施行中障礙難行事項（憲法第 115 條）。

第二項　監察委員

一、監察委員的任命同意

監察院設監察委員 29 人，任期 6 年，由總統提名，經立法院同意任命之（增修條文第 7 條第 2 項）。原憲法對監察委員的產生採間接選舉方式，即由各省市議會、蒙古西藏地方議會及華僑團體選舉（憲法第 91 條），但依憲法增修條文第 7 條第 2 項之規定，排除了原憲法第 91 條的適用，改由總統提名，經立法院同意任命之。

二、監察委員的資格

依監察院組織法第 3 條之 1 之規定，監察委員由總統提名，經立法院同意任命，除須具備年滿 35 歲的消極資格外，並應具有以下資格之一始得擔任：

1. 曾任中央民意代表一任以上，或省市議員二任以上，聲譽卓著者；

2. 曾任簡任司法官 10 年以上，並曾任高等法院，高等法院檢察署以上司法機關司法官，成績優異者；

3. 曾任簡任公務員 10 年以上，成績優異者；

4. 曾任大學教授 10 年以上，聲譽卓著者；

5. 國內專門職業或技術人員高等考試及格，執行業務 15 年以上，聲譽卓著者；

6. 清廉正直，富有政治經驗或主持新聞文化事業，聲譽卓著者。

三、監察委員兼職的限制

憲法第 103 條規定：「監察委員，不得兼任其他公職或執行業務。」其立法目的在使監察委員能維持超然地位以行使職權。所稱不得兼任公職，並不以行政官吏為限，若依司法院釋字第 19 號及第 42 號解釋意旨，尚包括國大代表、省縣市議員等各級民意代表、中央與地方機關公務員等；另依司法院釋字第 24 及第 81 號解釋意旨，公營事業機關的董事、監察人及總經理，與受有俸給的文武職公務員，均屬公職。至於不得執行業務方面，包括擔任營利團體的職務與專門技術的自由業，如醫師、律師等或民營公司董監事及經理人及新聞雜誌發行人執行人等（司法院釋字第 20 號、第 75 號、第 120 號）。理由是監察委員職司糾舉彈劾，若可兼任其他公職或執行業務，勢難發揮獨立行使職權之功能。

四、監察委員的保障

　　增修條文第 7 條第 5 項規定：「監察委員須超出黨派之外，依據法律獨立行使職權。」此一規定與憲法第 80 條：「法官須超出黨派之外，依據法律獨立審判，不受任何干涉。」及憲法第 88 條：「考試委員須超出黨派之外，依據法律獨立行使職權。」之規定，均在強調五權憲法架構下之監察委員、考試委員與法官均應依法獨立行使職權，以期發揮憲政的功能。

　　監察委員原為民意代表，具有言論免責權與不被逮捕特權。但是修憲後，監察委員改由總統提名，已非民意代表，依增修條文第 7 條第 6 項規定，刪除監察委員的言論免責權與不被逮捕特權，原憲法第 101 條與第 102 條規定停止適用。

第三項　監察院會議

一、監察院會議的組成

　　監察院之會議，由院長、副院長及監察委員組織之，以院長為主席（監察院組織法第 7 條）。監察院會議每月開會一次（如院長認為有必要，或有全體委員四分之一以上之提議，得召集臨時會），開會須有全體委員二分之一以上出席，提案須以書面為之，臨時動議須有 2 位委員以上之附議，均以出席委員過半數之決議行之，因此，監察院會議以多數決定為決議，為合議制機關。

二、監察院會議的職權

　　監察院會議所討論議決的事項，主要可歸納如下：

1. 審議提出於立法院之有關法律案；

2. 審議監察法規之研議事項；

3. 審議中央及地方政府總決算之審核報告事項；

4. 提請大法官會議解釋憲法或統一解釋法令的聲請案；

5. 關於彈劾、糾舉、糾正及審計權行使之研究改進事項；

6. 議決院務政策，監督監察業務及其他有關之重要事項。

第四項　委員會

　　憲法第 96 條規定：「監察院得按行政院及其各部會之工作，分設若干委員會，調查一切設施，注意其是否違法或失職」。監察院下設 7 個常設委員會（內政及少數民族、外交及僑政、國防及情報、財政及經濟、教育及文化、交通及採購、司法及獄政委員會）；另設有 8 個特種委員會（法規、訴願、廉政、國際、預算、人權、紀律、獎章委員會）。各委員會委員均由監察委員擔任，每位監察委員以參加 3 個委員會為限，每位委員或委員人數不得超過 14 人。

　　委員會之開會，由召集委員或委員 3 人以上提議召集，以合議制之原則議事，開會時以委員過半數出席為法定開議人數，其決議須由出席委員過半數之通過。

第五項　審計部

　　監察院組織法第 4 條規定：「監察院設審計長，監督政府所屬機關預算執行、掌理政府所屬全國各機關財政收支之監察及決算之審核、考核政府所屬全國各機關財政效能。」因此，審計部為監察院的直屬機關，設審計長一人，由總統提名，經立院同意任命（憲法第 104 條），任期為 6 年（審計部組織法第 3 條）；關於審計長之任期，司法院釋字第 357 號解釋指出：「依憲法第 104 條規定設置於監察院之審計長，其職務之性質與應隨執政黨更迭或政策變更而進退之政務官不同」，故依本號解釋意旨，在於確保審計長職位之安定性，以期使能在一定任期中超然獨立行使職權，與憲法規定並無牴觸。

第三節　監察院之職權

監察院之職權，主要可歸納為以下八項（圖 10-4）：

圖 10-4　監察院之職權

第一項　彈劾權

一、彈劾權之意義

　　所謂彈劾權，乃指監察院對於違法或失職之中央或地方政府官員行使控訴之權。在西方三權分立制度下，彈劾權為國會之司法權，目的在對內閣行政官員之違法失職行為提出控訴或懲處，以救濟司法之窮；憲法第 97 條第 2 項規定：「監察院對於中央地方公務人員，認為有失職或違法情事，得提出糾舉案或彈劾案，如涉及刑事，應移送法院辦理。」

二、彈劾之對象及其效果

我國現行彈劾權行使之對象可分三類：一般公務人員（增修條文第7條第3項）、監察院所屬人員（增修條文第7條第4項）及現役軍人（司法院釋字第262號解釋）。不過，依過往實務案例，能成立之彈劾案多屬中層或基層之事務官，難收監察之效能。考察監察權之本質，在於匡補司法權之不足，因此，為符民主國家政務官受彈劾、事務官受懲戒之基本原則，宜應將彈劾權之行使對象限於政務官，透過彈劾制度使政務官負政治責任，至於一般事務官之責任，應由公務人員懲戒委員會追究其疏失（失職部分），若涉及法律責任（違法部分），則由司法機關透過裁判使其負起法律責任。

彈劾後應由何機關負責審理？曾為憲法爭點之一；學理上，依權力分立、人權保障與司法獨立等憲政基本精神，應以司法院公懲會主負彈劾案之懲戒事宜；依司法院釋字第396號意旨，更明確要求國家懲戒機關應法庭化、懲戒程序應審判化後，由司法院掌管公務員懲戒。受彈劾之公務員如尚涉及犯罪嫌疑，應依憲法規定移送法院審理，亦即懲戒程序與刑事程序併行，但懲戒處分應以犯罪是否成立為斷，公懲會如認為有必要，則得於刑事裁判確定前，停止審議程序。（法治斌、董保城，2004：413）

第二項　糾正權

一、糾正權之意義

所謂糾正權，乃監察院對政府行政措施不當之一種監察權，乃對事之權，監察委員可依糾正權之行使，對行政機關之一切工作與設施進行檢核，如認有缺失，得督促要求行政機關改正其行政措施或設施。

二、糾正權對象及其效果

依憲法第 97 條第 1 項規定：「監察院經各該委員會之審查及決議，得提出糾正案，移送行政院及其有關部會促其注意改善。」以及監察法第 25 條規定：「行政院或有關部會接到糾正案後，如逾二個月仍未將改善與處置之事實，答覆監察院時，監察院得質詢之。」因此，行政機關如受監察院之糾正，應即改正其行政措施或設施。

第三項　糾舉權

所謂糾舉權，乃監察院對於違法或失職之中央或地方政府公務人員，認為應予停職或其他急速處分之權，乃對人之權。憲法第 97 條第 2 項規定：「監察院對於中央地方公務人員，認為有失職或違法情事，得提出糾舉案或彈劾案，如涉及刑事，應移送法院辦理。」且依監察法第 19 條之規定，監察委員對於其認為違法失職之公務人員，應先予以停職其他急速處分時，得以書面進行糾舉，交付被糾舉人員之主管長官或上級長官；又監察委員於分派執行職務之該管監察區內，對薦任以下公務人員得提糾舉案於監察院，必要時，得通知該主管長官或其上級長官予以注意，該如主管長官或其上級長官收受糾舉案後不為處分或決定不處分，而被糾舉人因改被彈劾而受懲戒時，其主管長官或其上級長官應連帶負失職責任。（呂炳寬、項程華、楊智傑，2006：346）

至於彈劾權、糾舉權及糾正權有什麼區別？請見表 10-1。

表 10-1　彈劾、糾舉及糾正案行使比較表

項目	彈劾案	糾舉案	糾正案
行使原因	公務人員有違法或失職行為。	公務人員有違法或失職行為，有先行停職或有其他急速處分之必要時。	行政院及行政院所屬各機關的工作及設施有違法或失職情事。
行使對象	中央或地方公務人員。	中央及地方公務人員。	行政院及行政院所屬各機關。
審查及決定	對中央或地方公務人員的彈劾案，則要經監察委員二人以上的提議，九人以上的審查及決定。	須經監察委員一人以上的提議及三人以上的審查及決定。	須經監察院有關委員會的審查及決定。
移送機關	對中央及地方公務人員的彈劾，向公務員懲戒委員會提出。	向公務員的主管長官或上級長官提出。	向行政院或有關部會提出
目的	懲戒或刑事處分。	依照公務員懲戒法規規定處理，並可先行停職或為其他急速處分。	督促行政機關注意改善。
刑事部分	公務人員違法行為涉及刑事或軍法者，應同時送司法或軍法機關處理。	公務人員違法行為涉及到刑事或軍法者，應同時送司法或軍法機關處理。	無。

資料來源：http://www.cy.gov.tw/ct.asp?xItem=3657&ctNode=898&mp=1

第四項　調查權

憲法第 95 條規定：「監察院為行使監察權，得向行政院及其各部會調閱其所發布之命令及各種有關文件。」究其本質，監察院為行使彈劾、糾正、糾舉權，皆須先經調查程序以進行瞭解實情真相，因此，調查權可謂行使監察權之基礎。憲法第 96 條亦有規定：「監察院得按行政院及各部會之工作，分設若干委員會，調查一切設施，注意其是否違法或失職。」此外監察院除可調查案件冊籍及文件外，尚可封存或攜去，並可詢問關係人，以利調查工作之進行。監察院立案調查的方式，請參照圖 10-5。

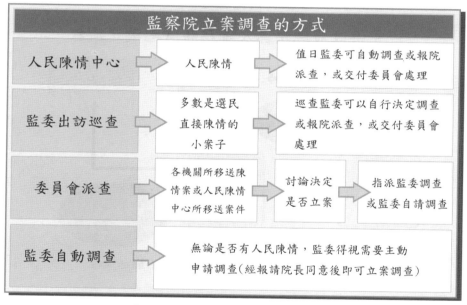

圖 10-5　監察院立案調查的方式

關於監察院行使調查權之法源，除憲法第 95 條、第 96 條外，司法院釋字第 325 號解釋認為：「原屬於監察院職權中之彈劾、糾舉、糾正權及為行使此等職權，依憲法第 95 條、第 96 條具有之調查權，憲法增修條文亦未修改，此項調查權仍應專由監察院行使。」

第五項　審計權

憲法第 104 條規定：「監察院設審計部，由總統提名，經立院同意任命。」審計部職掌監督政府所屬機關預算執行、掌理政府所屬全國各機關財政收支之監察及決算之審核、考核政府所屬全國各機關財務效能等職權（監察院組織法第 4 條）。而審計權行使之程序，憲法第 60 條規定：「行政院應於會計年度結束後 4 個月內，提出決算案於監察院。」憲法第 105 條規定：「審計長應於行政院提出決算後 3 個月內，依法完成其審核，並提出審核報告於立法院。」（如圖 10-6 所示）。此外，審計法第 10 條規定，審計人員依法獨立行使其審計職權，不受干涉，即審計權之行使為超然獨立，不受任何機關的干涉。

中央政府總決算及審核報告之編送流程

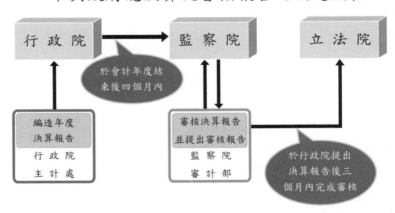

圖 10-6　中央政府總決算及審核報告編送流程

第六項　監試權

考試院或考選機關，舉行考試時，除檢覈外，應請監察院派監察委員監試，如發現有潛通關節、改換試卷或其他舞弊情事者，應由監試人員報請監察院依法處理（監試法第 4 條）。監試權設立目的，旨在維持考試的公平、避免舞弊，確保國家能確實掄拔人才。

第七項　受理公職人員財產申報

　　監察院另有受理公職人員財產申報之職權，此一制度主要在透過財產之申報、公開，達到使公職人員財產透明化的效果，避免貪瀆以澄清吏治。依公職人員財產申報法第 4 條之規定，總統、副總統、五院正副院長、政務官、有給職之總統府資政、國策及戰略顧問、民選鄉鎮市級以上政府首長、縣級以上各級民意代表之財產，皆應向監察院申報財產；而公職人員之配偶與未成年子女之財產，依規定亦應一併申報；監察院則有權向相關機關查詢申報財產人之財產狀況，對於不實申報財產者，得科予罰緩。

第八項　受理人民書狀之權

　　監察法第 4 條規定：「監察院及監察委員得收受人民書狀。」因此，人民如認為政府公務人員有違法失職之行為，得以書面敘明事實理由，向監察院或監察委員舉發，由監察院按其列舉事由進行調查、或委託相關機關代為調查或交付相關委員會審議。

MEMO

地方制度

第一節　中央與地方權限

　　中央與地方權限的劃分，是民主國家憲政運作最重要的基礎，亦為各級政府權限之重要規範，孫中山先生關於地方自治議題亦相當地重視（圖 11-1）；地方自治，可實行於地方分權之下，也可以實行於中央集權之下，前者可以英國為例，後者可以法國為例，換言之，集權不一定沒有地方自治，分權又未必均是地方自治（薩孟武，1988a：502），兩者的區別有三種標準：(1)關於權限的分配；(2)關於地方機關的組織；(3)關於中央的監督（薩孟武、劉慶瑞，1985：79-80）。我國憲法除規範中央憲政機關（總統及五院）的權責及其彼此之分權制衡的水平關係外，另一方面，於地方政府的組織層級，其權責如何劃分、中央與地方的垂直關係如何、發生爭執衝突時如何解決爭議，乃憲法第 10、11 章（地方制度：第 107-128 條）與增修條文第 9 條所要規範的課題。

地方自治者，
國之礎石也，
礎不堅，
則國不固。
——「建國大綱」

孫中山 1866-1925

圖 11-1　地方自治基本精神

第一項 中央與地方政府權限劃分之類型

中央與地方政府權限劃分之類型，請參照圖 11-2。

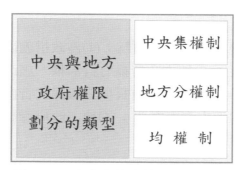

圖 11-2 中央與地方權限劃分類型

一、中央集權制

若全國一切政策的決定權歸屬中央政府，地方政府為中央政府施政的派出機關，對地方政務並無自主權，僅有政策的執行權，稱為中央集權制。

中央集權制之優點主要在於：(1)全國施政劃一、事權集中；(2)較能迅速貫徹中央政令，順利進行國家政策；(3)政令由中央發行，不致混淆，減少行政糾紛；(4)中央統籌地方事權，中央與地方職責不會重覆；(5)中央統籌國防與外交，對內對外形象一致，易於管理。（黃炎東，1992：87）

中央集權制之缺點主要在於：(1)漠視人民參政權，阻礙地方自治；(2)高階統治缺乏彈性，令中央政府有獨裁的趨勢，地方政府伸展範圍不大；(3)同一法規難以適應各地不同的需要，缺乏因地制宜的伸縮性；(4)地方官員由中央指派，缺乏民意基礎，且唯中央命令是從，易形成官僚政治；(5)中央集權下的國會，除全國性立法需要處理外，尚須處理地方事務，責任過鉅，事務過於繁重；(6)中央需處理全國事務，時間上不免有所耽誤，而地方政府事事需待中央授權，缺乏機動性。(Ibid:87-88)

二、地方分權制

地方政府於法律授權範圍內，其政策除遵循憲法及中央法律基本原則外，擁有較高的自主權，不受中央政府的直接指揮或干涉，為地方分權制。

地方分權制之優點主要可歸納為：(1)施政措施因地制宜，較能符合地區人民的實際需要；(2)地方政府擁有自治權，施政較具彈性與效率，無須事事請示中央；(3)地方政府首長與公職民代皆由選舉產生，具民意基礎，政策較能考慮地方實際需要；(4)地方政府受議會與人民的監督，施政直接向人民負責。

地方分權制之缺點主要可歸納為：(1)各地區強調自治，容易造成法令規章混亂，形成各自為政的局面，且不利中央全國性政令的推展；(2)過度分權結果，可能使得地方人才缺乏交流，地方事務易為少數地方勢力、派系、利益團體所操縱把持；(3)中央與地方在事務權責之劃分，可能產生重疊或矛盾衝突；(4)中央與地方事務權責之劃分，亦可能有某些事務規範不明確，出現無人負責的三不管地帶；(5)自治財政的健全，是分權制度實施成功的重要條件，某些地方縣市限於先天人口、交通、地理環境、產業型態等因素影響，財政及稅賦可能難以調節收支損益，形成地方發展失衡現象。

三、均權制

均權制度是介於中央集權與地方分權兩者間之折衷制度，我國地方制度即採此種設計，孫中山先生於建國大綱即認為：「中央與省之權限，採均權制度，凡事務有全國一致之性質者，劃歸中央；有因地制宜之性質者，劃歸地方，不偏於中央集權或地方分權。」遵此原則，有全國一致性質之事務如軍事、國防、外交、司法制度、貨幣、關稅等，由中央政府統籌辦理，以收全國統一、行政組織簡化、效率提升之效；而因地制宜之事務如教育、衛生、文化創意產業等，可由地方政府視各地特殊環境條件與實際需要來規劃實施，則地方政府既可保有自治權，與

全國各地方都有共同關係之事務，又能由中央政府統一規劃辦理，兼收中央集權與地方分權兩制之優點。

第二項　均權制度之類型

關於中央與地方政府的權限，均權制度依憲法或事權性質劃分以決定政府權限的歸屬，其權限劃分可歸納為三種類型（圖 11-3）：

均權制度之類型	
1.中央權限列舉、地方權限概括	憲法中明文將中央政府事權逐項列舉，凡是憲法所未列舉事項，屬於地方政府，即原則上歸屬地方政府，除有明文列舉，方屬中央政府權。
2.地方權限列舉、中央權限概括	憲法中明文將地方政府事權逐項列舉，凡是憲法未列舉事項，屬於中央政府。即原則上歸屬中央政府，除有明文列舉，方屬地方政府權限。
3.中央、地方均採列舉，未列舉事項依事權性質定歸屬	憲法中分別列舉規定中央與地方政府事權，未列舉事項，按其事權的性質而定，若有全國一致性者，屬於中央政府，若有地方特性者，屬於地方政府，我國即採此種方式。

圖 11-3　均權制度之類型

第二節　我國地方制度之基本原則

我國憲法於第 11 章中分別列舉規定中央政府、省政府與縣政府事權，未列舉事項為剩餘權，按其事權的性質由立法院決定。依憲法第 111 條之規定，其權限劃分可區分為五種：

第一項　中央專屬權

憲法第 107 條規定，關於中央專屬權，為下列事項，由中央立法並執行之：(1)外交；(2)國防與國防軍事；(3)國籍法及刑事、民事、商事之法律；(4)司法制度；(5)航空、國道、國有鐵路、航政、郵政及電政；(6)中央財政與國稅；(7)國稅與省稅、縣稅之劃分；(8)國營經濟事業；(9)幣制及國家銀行；(10)度量衡；(11)國際貿易制度；(12)涉外之財政之經濟事項；(13)其他依本憲法所定關於中央之事項。

歸納以上事項之性質，凡有關國家主權、全國一致性事項以及屬中央事權概括規定者，均屬中央專屬權性質。

第二項　中央立法執行與委託地方執行之權

憲法第 108 條規定，下列事項由中央立法並執行之，或交由省、縣執行之：(1)省縣自治通則；(2)行政區劃；(3)森林工礦及商業；(4)教育制度；(5)銀行及交易所制度；(6)航業及海洋漁業；(7)公用事業；(8)合作事業；(9)二省以上之水陸交通運輸；(10)二省以上之水利、河道及農牧事業；(11)中央及地方官吏之銓敘、任用、糾察及保障；(12)土地法；(13)勞動法及其他社會立法；(14)公用徵收；(15)全國戶口調查及統計；(16)移民及墾殖；(17)警察制度；(18)公共衛生；(19)賑濟、撫恤及失業救濟；(20)有關文化之古籍、古物及古蹟之保存。

此外，省得制定單行法規，但不得牴觸中央法律。縣亦得制定單行規章，但亦不得牴觸省法規內。至於執行權，可由中央政府執行，或中央視地方之特性或自治能力，授權省或縣執行。

第三項　省立法執行與委託縣執行之權

憲法第 109 條規定：下列事項，由省立法並執行之，或交由縣執行之：(1)省教育、衛生、實業及交通；(2)省財產之經營及處分；(3)省市

政；(4)省公營事業；(5)省合作事業；(6)省農林、水利、漁牧及工程；(7)省財政及省稅；(8)省債；(9)省銀行；(10)省警衛之實施；(11)省慈善及公益事項；(12)其他依國家法律賦予之事項。

前項各款，有涉及二省以上者，除法律別有規定外，得由有關各省共同辦理。各省辦理第一項各款事務，其經費不足時，經立法院議決，由國庫補助。因此，關於上述權限，省有立法及執行權，縣無立法權，省可視情況授予或取消縣之執行權。

第四項　縣專屬權

憲法第 110 條規定：下列事項，由縣立法並執行之：(1)縣教育、衛生、實業及交通；(2)縣財產之經營及處分；(3)縣公營事業；(4)縣合作事業；(5)縣農林、水利、漁牧及工程；(6)縣財政及縣稅；(7)縣債；(8)縣銀行；(9)縣警衛之實施；(10)縣慈善及公益事項；(11)其他依國家法律及省自治法賦予之事項。

前項各款，有涉及二縣以上者，除法律別有規定外，得由有關各縣共同辦理。

第五項　剩餘權歸屬

除憲法第 107 條至 110 條分別列舉中央與地方事權外，憲法第 111 條規定：「如有未列舉事項發生時，其事務有全國一致之性質者屬於中央，有全省一致之性質者屬於省，有一縣之性質者屬於縣。遇有爭議時，由立法院解決。即前述四項憲法所規定的原則外，事權遇有未列舉、未明列或有爭議時，由立法院享有該剩餘權以解決相關問題。（另參照司法院釋字第 527 號、第 550 號、第 553 號解釋）

第三節　地方自治

地方自治為民主憲政的基礎，亦為立國建國的基礎，孫中山先生認為：「地方自治者，國之礎石也，礎不堅，則國不固」。關於地方自治，英國學者即言：「民主政治最好的學習與民主政治成功的最佳保障，乃是實施地方自治。」(The best School of democracy, and the best guarantee for its Success, is the pratice of local self-government)（黃炎東，1992：19）

地方自治者，一地區的人民，依據國家授權，在國家監督下，有權自訂規章，自組機關，管理地方公共事務之謂。我國現行法令所稱各級政府，指中央、省及縣三級政府，而相當於省之直轄市政府與相當於縣之市政府，亦屬三級政府之範圍，至於鄉鎮市或區里等組織，憲法並未明定，仍不能視為是政府，而屬地方層級行政組織；依憲法規定，省縣自治通則應由中央立法，為全國各省縣（市）自治所應共同遵守的基本原則，由於地方自治權限來自國家的委託，國家為求地方政府能有效施政，乃將部份權力委託地方自治團體行使，並受中央之監督，目前，依增修條文第 9 條規定：省承行政院之命，監督縣自治事項。

地方自治的意義，包括法律意義的「團體自治」以及政治意義的「住民自治」，就前者而言，團體自治並非僅在消極意義上主張地方事務中央不得干涉，更應強調地方自治所具有之「媒介的機能」與「參加的機能」，而讓地方對於國政之形成亦有一定程度之參與空間，即保障地方之「國政參加」，並可藉此徹底實現「抑制的機能」，實現地方自治。（蔡茂寅，2000：67）

關於地方自治，依司法院釋字第 498 號解釋意旨，大法官認為地方自治為憲法所保障之制度，中央政府或其他上級政府對地方自治團體辦理自治事項、委辦事項，依法僅得按事項之性質，為適法或適當與否之監督，地方自治團體在憲法及法律所保障範圍內，享有自主及獨立之地位，國家機關自應予以尊重。

　　依地制法之規定，所謂「地方自治團體」，是指依地制法實施地方自治，具公法人地位之團體。省政府為行政院派出機關，省為非地方自治團體。而所謂「自治事項」，是指地方自治團體依憲法或本法規定，得自為立法並執行，或法律規定應由該團體辦理之事務，而負其政策規劃及行政執行責任之事項。

　　就法律上而言，地方自治行政之存在即奠基於政治上的分權，而非只是行政上的分治。地方自治團體必須擁有自己選出之民意機關，自行制定地方法規，地方自治團體以自己（而非國家）名義獨立形成自己之意思，負責處理地方性事務，係具有權利義務之主體，為公法人，而與同是公法人之國家相對應（法治斌、董保城，2004：423-424）。考察我國地方自治的議題，未來仍應繼續努力的重要方向主要有：1.更明確地劃分中央與地方之權限；2.財政收支劃分之合理設計與統籌款、補助金之合理分配；3.檢討地方政府組織，放寬地方組織權與人事任免權；4.使地方自治團體參與國政的制度化，以保障地方的聲音不致湮沒，下情能夠上達。

第一項　地方自治法規

一、地方自治法規沿革

　　憲法規定的地方自治團體層級分為省、縣二級。省得召集省民代表大會，依據省縣自治通則，制定省自治法（憲法第 112 條）。省自治法應包括：省政府，省長由省民選舉；省議會，省議會員由省民選舉；以及省與縣的關係（憲法第 113 條）。

　　在有關地方自治的各項法規，歸納歷年來較重要者如下：(1)「台灣省各縣市實施地方自治綱要」及有關選舉等法規，為台灣省各縣市實施地方自治的主要依據（民國 39 年 4 月）；(2)「台灣省議會組織規程」，乃省議會組織之法源，為使省級自治之重要規章（民國 48 年）；(3)「台北市議會組織規程」、「高雄市議會組織規程」、「台北市政府組織規程」及「高雄市政府組織規程」（為台北市、高雄市組織與運作之法源，其

先後於民國 56 年、68 年升格為直轄市）；(4)「福建省金門縣、連江縣實施地方自治綱要」，為金馬地區於終止戰地政務後實施地方自治之依據（民國 81 年 11 月）；(5)「省縣自治法」、「直轄市自治法」（民國 83 年 7 月立法院三讀通過）；(6)「地方制度法」（民國 88 年 1 月立法院三讀通過，最近一次修訂為民國 105 年 6 月，圖 11-4）。

《地方制度法》修法重點	
項　　目	修　法　內　容
副市長	人口達250萬以上可增設1名副市長(即台北、新北、台中、高雄市可設3名副市長，台南市可設2名)
區　長	現任鄉鎮市長除涉內亂、外患、貪汙、賄選等案遭起訴者，及已連兩任或代理者外，均得轉任區長，保障任期4年
區政諮詢委員	所有鄉鎮市民代均可轉任無給職區政諮委員，可領取出席費與交通費
六都市議員	台北市62席、新北市66席、台中市63席、台南市57席、高雄市66席、桃園市60席
其他縣市（六都以外）	人口逾160萬人縣市，議員席次不得逾60席；人口逾15萬人之鄉鎮市，代表席次不得逾31席

圖 11-4　地方制度法三讀修正後重點

資料來源：聯合新聞網 http://udn.com/NEWs/main.html

二、第四次憲法增修凍結省級政府功能

　　根據省縣自治法規定，自治團體層級分為省、縣、鄉三級，加上中央政府即為四個層級，不但疊床架屋且有礙行政效率，因而第 4 次憲法增修後，就地方自治體制重新設計、凍結省自治，簡化政府體制的層級，形成中央與地方政府二個層級，以提昇行政效率，以增進國際競爭力；第 4 次憲法增修爰規定：「第十屆台灣省議會議員及第一屆台灣省省長之任期至中華民國 87 年 12 月 20 日止，台灣省議會議員及台灣省省長之選舉，自第十屆台灣省議會議員及第一屆台灣省省長任期之屆滿日起停止辦理。台灣省議會議員及台灣省省長之選舉停止辦理後，台灣省政府之功能、業務與組織之調整，得以法律為特別之規定。」

　　而立法院則於 88 年 1 月三讀通過「地方制度法」（以下簡稱地制法），明定省政府為行政院派出機關，省非地方自治團體。所稱地方自治團體為直轄市、縣、鄉，具有公法人地位。目前，政府行政組織層級，請參照圖 11-5。

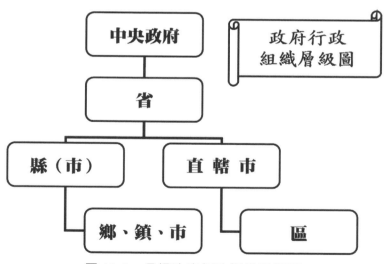

圖 11-5　各級政府行政組織層級圖

三、省為自治體

依地方制度法精神，地方自治團體為依地制法實施地方自治，具公法人地位之團體。省政府為行政院派出機關，省非地方自治團體；在自治事項方面，地方自治團體依憲法或地制法規定，得自為立法並執行，或法律規定應由該團體辦理之事務，而負其政策規劃及行政執行責任之事項。在委辦事項方面，地方自治團體依法律、上級法規或規章規定，在上級政府指揮監督下，執行上級政府交付辦理之非屬該團體事務，而負其行政執行責任之事項。

四、地方自治法規種類與位階

關於地方自治法規，地制法第 25、26、27 條規定，直轄市、縣（市）、鄉（鎮、市）得就其自治事項或依法律及上級法規之授權，制定自治法規。

自治法規經地方立法機關通過，並由各該行政機關公布者，稱自治條例；自治法規由地方行政機關訂定，並發布或下達者，稱自治規則；自治條例應分別冠以各該地方自治團體之名稱，在直轄市稱直轄市法規，在縣（市）稱縣（市）規章，在鄉（鎮、市）稱鄉（鎮、市）規約。

另依地制法第 30 條之規定，直轄市、縣（市）、區（鄉鎮市）所定之自治法規，自治條例與憲法、法律或基於法律授權之法規或上級自治團體自治條例牴觸者，無效。自治規則與憲法、法律、基於法律授權之法規、上級自治團體自治條例或該自治團體自治條例牴觸者，無效。委辦規則與憲法、法律、中央法令牴觸者，無效。

五、縣市合併升格

行政院於民國 98 年 6 月核准通過將台北縣（單獨升格）、台中（縣市合併）、台南（縣市合併）、高雄（縣市合併）升格為直轄市，連同台北市並稱五都（約佔全國人口 61%），而第一次大規模縣市合併後之五都選舉，已於民國 99 年 11 月 27 日完成選舉，而桃園縣則於民國 103 年 12 月升格為直轄市。

第二項　省自治

一、省為自治體

憲法第 113 條原規定省設省政府，置省長一人，省長由省民選舉；省設省議會，省議會議員由省民選舉之；屬於省之立法權，由省議會行之（憲法增修條文及地制法改為省諮議會）。

依增修條文第 9 條第 1 款、第 2 款及地制法第 11 條之規定，省政府主席、省政府委員合置 9 人，組成省政府委員會議，行使職權，其中一人為主席，由其他特任人員兼任，綜理省政業務，其餘委員為無給職，均由行政院院長提請總統任命之。

省諮議會置諮議員，任期 3 年，為無給職，其人數由行政院參酌轄區幅員大小、人口多寡及省政業務需要定之，至少 5 人，至多 29 人，並指定其中一人為諮議長，綜理會務，均由行政院院長提請總統任命之。

省主席與省諮議會議員，均非由民選，故省已非屬地方自治單位。在省議會方面，依憲法第 116 條之規定，省法規不得與憲法或國家法律牴觸，牴觸者無效；若省法規與國家法律有無牴觸發生疑義時，依憲法第 117 條之規定，由司法院解釋之。

因此，從憲法本文規定之原意觀之，省為具有法人資格的自治團體，且依民國 83 年 7 月所通過之省縣自治法，臺灣省首度實施省長民選，然依民國 85 年國發會之共識，第 4 次修憲後凍結省議會與省長民選，即第十屆台灣省議會議員及第一屆台灣省省長之任期至華民國 87 年 12 月止，台灣省議會議員及台灣省省長之選舉，自第十屆台灣省議會議員及第一屆台灣省省長任期之屆滿日起停止辦理。

依憲法本文之精神，省原為最高層級之地方自治團體，憲法增修後，僅為中央政府之派出機關；依司法院釋字第 467 號解釋意旨，屬於省之權限且得為權利義務之主體者，於此限度內，省自得具有公法人資格。（關於憲法增修後，省之地位，另參照釋字第 481 號解釋）

二、省為行政體

省關於中央立法事項，有的交由省縣執行之；其由省立法事項，有的交由縣執行之，所以省一方面辦理自治事宜，一方面又執行中央委辦事項，並指導監督其他縣市辦理自治事項（憲法第 108 及 109 條）。增修條文亦有規定，省承行政院之命，監督縣自治，故縣自治之監督機關為省政府（增修條文第 9 條第 7 款）。

依地制法第 3 條規定：「地方」劃分為省、直轄市。「省」劃分為縣、市（以下稱縣（市））；「縣」劃分為鄉、鎮、縣轄市（以下稱鄉（鎮、市））。直轄市及市均劃分為區。鄉以內之編組為村；鎮、縣轄市及區以內之編組為里；村、里（以下稱村（里））以內之編組為鄰。

三、省自治障礙之解決

可分為法制之障礙與實務之障礙兩部份：在法制部份，憲法第 114 條規定：「省自治法制定後，須即送司法院。司法院如認為有違憲之處，應將違憲條文宣布無效」；在實務部份，憲法第 115 條則規定：「省自治法施行中，如因其中某條發生重大障礙時，經司法院召集有關方面陳述意見後，由行政院院長、立法院院長、司法院院長、考試院院長與監察院院長組織委員會，以司法院院長為主席，提出方案解決之。」因此，省自治障礙之解決，由司法院主導解決之。

憲法第 117 條規定：「省法規與國家法律有無牴觸發生疑義時，由司法院解釋之。」省自治法、縣自治法，實施前先由司法院審查，此種「事前審查制」是我國司法違憲審查的唯一例外，其餘皆採「事後審查制」。（呂炳寬、項程華、楊智傑，2006：366）

四、直轄市自治

直轄市自治的法源係依地制法之規定。所謂直轄市，乃直接隸屬於行政院管轄之市，關於直轄市的自治，根據憲法第 118 條規定：直轄市之自治，以法律定之。依地制法規定，人口聚居達一百二十五萬人以

上，且在政治、經濟、文化及都會區域發展上，有特殊需要之地區得設直轄市。

直轄市自治行政組織，類似省行政組織，設直轄市議會、直轄市政府，下設區、里；直轄市、市之區設區公所，區長依法任用，承市長之命綜理各區行政事務；里置里長一人，由里民依法選舉之任期 4 年。直轄市市政府置市長一人，綜理市政，由市民依法選舉之，任期 4 年，連選得連任一次。置副市長二人，襄助市長處理市政，由市長任命，報請行政院備查。直轄市市議會由市民依法選舉市議員組織之。市議員任期 4 年，連選得連任。市議員總額，市人口在 150 萬人以下者，不得超過 44 人：最多不得超過 52 人。其名額並應參酌各市財政、區域狀況，於市議會組織規程規定。

第三項　縣自治

一、縣之地位

關於縣之自治事務，孫中山先生為建立全民政治，一向主張實行縣自治，因而在我國，縣為自治體且兼為行政體。憲法第 123 條規定：「縣民關於縣自治事項，依法律行使創制複決之權，對於縣長及其他縣自治人員，依法律行使選舉罷免之權。」；「縣」為憲法地方自治事務中最基層之地方自治團體，為第二級之地方行政機關。

依地制法規定，縣人口聚居達 200 萬人以上，未改制為直轄市前，於第 34 條、第 54 條、第 55 條、第 62 條、第 66 條、第 67 條及其他法律關於直轄市之規定，準用之。人口聚居達 50 萬人以上未滿 125 萬人，且在政治、經濟及文化上地位重要之地區，得設市。人口聚居達 15 萬人以上未滿 50 萬人，且工商發達、自治財源充裕、交通便利及公共設施完全之地區，得設縣轄市。我國最近一次地方選舉結果，請參照圖 11-6。

2014年縣市長與地方選舉結果統計

縣市長				
	本屆		上屆	
	席次	得票率(%)	席次	得票率(%)
國民黨	6	40.70	12	47.88
民進黨	13	47.55	4	45.32
其 他	3	11.74	1	6.80

縣市議員				
	本屆		上屆	
	席次	得票率(%)	席次	得票率(%)
國民黨	386	36.86	289	43.94
民進黨	291	37.08	128	24.42
其 他	230	27.06	175	31.64

鄉鎮市長				
	本屆		上屆	
	席次	得票率(%)	席次	得票率(%)
國民黨	80	39.22	121	48.82
民進黨	54	26.47	34	20.04
其 他	70	34.31	56	31.14

圖 11-6　2014 年縣市長與地方選舉結果統計

資料來源：中央選舉委員會

二、縣民代表大會

　　地制法規定，鄉（鎮、市）設鄉（鎮、市）民代表會、鄉（鎮、市）公所，分別為直轄市、縣（市）、鄉（鎮、市）之立法機關及行政機關。村（里）設村（里）辦公處。憲法第 122 條規定：「縣得召集縣民代表大會，依據省縣自治通則，制定縣自治法，但不得與憲法及省自治法牴觸。」

三、縣議會

縣（市）設縣（市）議會，依憲法第 124 條之規定，縣設縣議會，縣議會議員由縣民選舉之，議員任期 4 年，連選得連任，屬於縣之立法權，由縣議會行之；憲法第 125 條則另又規定，縣單行規章與國家法律或省法規牴觸者無效。

四、縣政府

縣（市）設縣（市）政府，憲法第 126 條規定，縣設縣政府，置縣長一人，縣長由縣民選舉之，縣長綜理縣務，由縣民選舉，任期 4 年，連選得任一次。縣長之職權包括：辦理縣自治事項、執行省委辦事項指導監督鄉鎮自治事項（地制法第 56 條）。憲法第 127 條規定，縣長辦理縣自治，並執行中央及省委辦事項，故縣為具有法人資格的自治團體。

五、市之自治

憲法第 128 條規定：「市準用縣之規定。」此處指稱之市，其地位等同於縣，其自治應適用省縣自治通則，遵此，市之自治應比照縣自治設立市議會及市政府，以行使實現地方自治之相關職權。

第四節　縣市合併與改制升格

第一項　首次五都選舉與桃園改制升格

行政院於民國 98 年 6 月核准通過將臺北縣（單獨升格）、臺中（縣市合併）、臺南（縣市合併）、高雄（縣市合併）升格為直轄市，連同臺北市並稱五都（依內政部統計，人口數合計約為 1381 萬人，占全國總人口數的 59.63%），桃園縣則於民國 100 年元月升格為「準直轄市」；而第一次大規模縣市合併後之五都選舉，已於民國 99 年 11 月 27 日完成選舉，於 99 年 12 月 25 日共同升格為直轄市，我國正式走入「五個直轄

市、十七縣市」的行政劃分年代，至 103 年 12 月 25 日，桃園亦符合升格條件改制為直轄市（圖 11-7）。

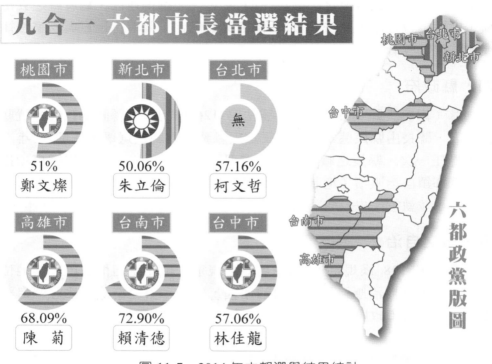

圖 11-7　2014 年六都選舉結果統計

六都改制升格後，在政府國土規劃的藍圖下，未來地方自治之成效，預估可達成以下優點：(1)升格後，將建構出更具國際競爭力的都會格局；(2)減少行政層級，事權統一，提升行政效率並減少支出，其中最明顯的例子，就是裁撤鄉鎮市民代；(3)地方歲入增加，可做更多的自主建設、提升市民生活品質；(4)土地資源有更高效率的配置，提升區域整合競爭力，跨區的土地綜合開發外，也可提供更具效率的跨區交通服務。

第二項　六都行政區劃與區長官派

依地制法第 3 條之規定，地方劃分為省、直轄市，省劃分為縣、市（以下稱縣（市））；縣劃分為鄉、鎮、縣轄市（以下稱鄉（鎮、市））；直轄市及市均劃分為區。鄉以內之編組為村；鎮、縣轄市及區以內之編組為里。村、里（以下稱村（里）以內之編組為鄰。

在行政區面積部分，臺北市、新北市沒有太大變動；臺中市、臺南市與高雄市行政區面積則皆增加約 20 萬公頃。舊有的鄉鎮市，升格後將全部改制為「區」，鄉鎮市公所也將改制為區公所，原本地制法修改前民選之鄉鎮市長，將改採由直轄市長任命（部分鄉鎮市長得予有條件轉任區長）。

以直轄市的行政區整併為例，臺北市與現行高雄市的各區人口數大致差不多，資源較能平衡分配，但五都成立後的各區卻是「大區」與「小區」並存，「富區」與「窮區」同在；以新北市改制後為例，各區雖然行政位階平等，但彼此重要性差很大，大如新北市板橋區有 55 萬多人，平溪鄉僅 5368 人；再以更小如高雄市茂林區為例，只有 1874 人，人口差距懸殊近 300 倍，未來區的整併問題勢將複雜困難，因為人口多的「大區」大多不願被切割，「小區」則不願被併吞，勢必造成嚴重的區域不平衡。除臺北市外，各都轄內的區人口多寡均存在懸殊差異的狀況。

縣市合併初期，六都對於行政區之劃分，均採取「維持現狀」方式，但將來考量到行政資源的分配與行政效率，究竟是以土地大小抑或是人口多寡做為分配基礎，則深切影響各行政區的權益和發展；若單純以人口作為行政區劃標準，許多地方人士均認為不宜，因此舉牽涉到市民對地方的鄉土情感及歷史記憶，未來發展的趨勢，建議將特性相同、鄰近的鄉鎮市先行整併，輔以地方特色、經濟發展等背景條件為參考，始得尋繹出行政區劃之合理性。

第三項　六都自治財政

在地方財政方面，雖然「財政收支劃分法」尚未完成修法，行政院已將直轄市的統籌分配款由現行 43%調高到 61%，並透過一般與專案補助，讓各縣市分配財源「只增不減」；但縣市無論升格與否，長期以來，均存在自籌財源偏低、人事費偏高，債務瀕臨警戒值的共同問題。欲解決縣市窘迫的財政僵局，先要地方能夠自行設法掙脫這三大困境。否則，整體財政資源不足的警報不解除，資源分配不公引發被邊陲化的恐慌，絕不會因為縣市升格而稍減；僅依賴向中央政府爭取，財政來源既不穩固且不長遠，也無法有效紓解地方財政危機。

舉例而言，行政區合併後，債務也合併，例如臺中市，在與臺中縣升格合併之後，負債從 72 億元暴增為 537 億元，五都加起來的債務逾 8,000 億元，其他四都，自治財政均面臨類似的窘境；未來，在面對中央補助大餅分配有限的狀況下，五都如何在轄區內開源節流，將是首長上任後必須面臨的課題，另外，城鄉差距與資源分配問題的，更成為地方自治財政的一大挑戰（圖 11-8）。

六都升格新局勢				
都市	負債（億元）	人口（萬人）	面積（平方公里）	行政區數
台北市	1,303	270	271	12
新北市	1,228	397	2,052	29
台中市	740	275	2,214	29
台南市	731	189	2,191	37
高雄市	2,546	278	2,946	38
桃園市	216	211	1,221	13

圖 11-8　六都升格新局勢

資料來源：聯合新聞網 http://udn.com/NEWS/main.html

第四項 原住民自治問題

六都轄內共六個原住民鄉（原臺北縣烏來鄉、原桃園縣復興鄉、原臺中縣和平鄉、原高雄縣桃源、茂林、那瑪夏三鄉）將因地制法改鄉為「區」，民選鄉長被官派區長取代、鄉代會隨之消失，面臨前所未有之重大變革。臺灣原住民族行動聯盟（下稱原民聯盟）形容這是違憲、殘害原住民族自治的「大限之日」，發出反併吞的強烈吶喊，呼籲政府勿漠視原住民權益。原民聯盟認為縣市合併後，原住民鄉也隨同喪失「公法人」資格，既不能參與鄉政，也沒有資格接管土地，完全成為「失格」的場域，與政府夸言尊重原住民自治的精神，完全背道而馳。

為搶救原住民鄉，原民聯盟要求緊急修正地制法，包括增訂第 1 條第 3 項：「原住民族地區地方制度應依原住民族基本法辦理，不受本法規定之限制」，以及第 84 條之 4：「山地鄉不列入直轄市由鄉（鎮、市）改制之區，應為特別之原住民族區，實施區自治，依原住民族基本法，另定自治法規」。（聯合報：2010.12.19）

本書建議，原住民自治與行政區定位問題，宜應從憲法第 13 章基本國策第 168 條（國家對於邊疆地區各民族之地位，應予以合法之保障，並於其地方自治事業，特別予以扶植。）與增修條文第 10 條第 12 項（國家應依民族意願，保障原住民族之地位與政治參與，教育文化、交通水利、衛生醫療、經濟土地及社會福利事業予以保障扶助並促其發展）之角度仔細審思（另參照本書第十二章第四節第二項），綜合其特殊情狀，一併作周全的政策考量。

MEMO

基本國策

第一節　基本國策之意義

現代國家實施民主憲政，當以保障人民權利為制度設計目的，以節制政府權力為方法，而為實現保障民權、增進人民福祉的目標，當有必要在憲法條文中對立國精神、政策發展方針作若干宣示性的規範，以作為政府施政依循之準據；另一方面，制憲者或修憲者（我國現已歷經七次憲法的增修）則當考察其他現代化國家發展的成功經驗，並審酌當代憲政的主流思想和趨勢，採擇作為國家存續發展的基本政策。

自 20 世紀以後，國家之功能與型態產生轉變，社會權思想的發展逐漸成為主流，其內容側重於揭示人民應有的生存權，強調政府對國民的基本生活負有照顧、保障之義務（劉獻文，2001：139）。以 1919 年德國威瑪憲法為例，是 20 世紀最具代表性及領導性的憲法，現今各國憲政制度與社會政策，多深受其影響，究其原因：古典傳統的民主自由思想，多側重於強調個人主義，制度設計多關注於個人自由不受侵犯或財產權利的保障，爰於憲法中明定國民之各項政治權利。

基本國策之內涵，其規定事項如為方針性、目標性之規定，應屬立法與施政之指針，而無強制之效力；如為強制性、禁止性之規定，則應有強制效力，立法施政或憲法解釋與其牴觸者均屬無效。（晏揚清，2006：350）

但現代社會的動態變遷，已逐漸修正、調整社會對權利既有的普遍觀念，特別是個人與社會的關係日益密切，人際間產生更為緊密的連帶關係，公共福利之重要性與日俱增，傳統極端尊重個人而忽視社會之個人主義思想，已不符時代的需要，隨著社會法觀之發達、福利國家觀念之伸張，傳統財產權之絕對保障思想逐漸式微，「所有權負有義務」、國家限制個人財產、統轄國民經濟活動，漸成世界各國憲法之主流思想（李鴻禧，1991：387），故威瑪憲法率先擴充國家對人民權利的保障與增進，認為政府對人民生活的照顧乃現代國家之重要任務，舉凡社會安全、社會福利、經濟生活、教育文化等層面，均由憲法將人民這些社會

權利正式明定入憲。對此，學界稱為「社會福利國原則」，且亦多肯定其憲法位階。（黃舒芃，2006：9-10）（另參照司法院釋字第 485 號意旨及第 472 號協同意見書）

　　我國憲法起草人張君勱先生，早年留德期間，目睹體驗威瑪憲政精神，爰於我國基本國策中普遍效法這種精神，並參照各先進國家制度之共通原則，就國防、外交、國民經濟、社會安全、教育文化及邊疆地區等六個部份，制定相關基本國策，以作為政府施政遵循方針（圖 12-1）；而有關社會權思想的部份，則為憲法基本國策專章所吸納，並將其實定法化；憲法開始進行歷次增修時，更針就社會動態之現實需要，予以增訂或強化（參照增修條文第 10 條各款項），以落實基本國策作為國家施政的指導綱領。

中華民國憲法起草人
張君勱 1887-1969

圖 12-1　張君勱像

資料來源：維基百科 http://zh.wikipedia.org/zh-tw/%E5%BC%A0%E5%90%9B%E5%8A%A2

第二節　國防與外交

第一項　國　防

依憲法之規定，我國國防及外交的基本國策主要歸納如下（圖 12-2）：

國防與外交			
國防	兩大目的	中華民國國防，以保衛國家安全，維護世界和平為目的	憲法第137條
	軍隊國家化	1.全國陸海空軍，須超出個人、地域及黨派關係之外，效忠國家，愛護人民 2.任何黨派及個人，不得以武裝力量為政爭工具	憲法第143條
	文武分治	現役軍人不得兼任文官	憲法第140條 釋字第250號解釋
外交	二大外交精神 二大外交原則 二大外交方針 四大外交目標	中華民國外交，應本獨立自主之精神、平等互惠之原則、敦睦邦交，尊重條約及聯合國憲章、以保護僑民權益，促進國際合作，提倡國際正義，確保世界和平	憲法第141條

圖 12-2　國防與外交

一、兩大目的

「中華民國國防，以保衛國家安全，維護世界和平為目的」（憲法第 137 條）。我國國防目的，對內方面在於保護國民、防衛領土，保障國家安全；對外方面在於防止國際侵略戰爭，維護世界和平為目的。

二、軍隊國家化

民國初年，我國曾因軍閥割據造成國家混亂分裂，有鑒於過往史實，憲法第 138 條明文規定：「全國陸海空軍，須超出個人、地域及黨派關係之外，效忠國家，愛護人民」；此外，憲法第 139 條更進一步規定：「任何黨派及個人，不得以武裝力量為政爭工具」。遵此，軍隊屬國家所有，不應效忠任何個人或個別政黨，亦不容許以軍隊作為割據的工具，亦不得介入黨派之間的競合。為達致軍隊國家化，軍隊應超出個人、地域及黨派關係，依法保持中立。同時，依國防法之規定，現役軍人，不得為擔任政黨、政治團體或公職候選人提供之職務，亦不得迫使現役軍人加入政黨、政治團體或參與、協助政黨、政治團體或公職候選人舉辦之活動；此外，任何政黨或個人，不得於軍事機關內部建立組織以推展黨務、宣傳政見或其他政治性活動，以期軍隊國家化、中立化。

三、文武分治

憲法第 140 條規定：「現役軍人不得兼任文官」。文武分治原則目的，在避免軍人以武裝力量干預政府施政，破壞民主政治發展；關於文武分治的意涵，依司法院釋字第 250 號解釋意旨：現役軍人不得兼任文官，係指正在服役的現役軍人不得同時兼任文官職務，以防止軍人干政，以維護民主憲政之正常運作。

文武分治不僅禁止武官兼任文官，文官亦不得兼任武官，有關現役軍人於軍事無妨礙且專長而有盈餘時，得申請停役轉任軍職以外之公職，即所謂「外職停役」或「軍職外調」是否有違文武分治原則？釋字第 250 號解釋意旨認為：現役軍人因故停役者，轉服預備役，列入後備管理，為後備軍人。如具有文官法定資格之現役軍人，因文職機關之需要，在未屆退役年齡前辦理外職停役，轉任與其專長相當之文官，既與現役軍人兼任文官之情形有別，尚難謂與憲法牴觸。（法治斌、董保城，2004：476）

第二項　外　交

「中華民國外交，應本獨立自主之精神、平等互惠之原則、敦睦邦交，尊重條約及聯合國憲章、以保護僑民權益，促進國際合作，提倡國際正義，確保世界和平」（憲法第 141 條）。國際和平主義，特為二次大戰後國際發展趨勢，目的在於避免以戰爭手段解決國際爭端。我國基於國際和平主義所定外交政策之意涵有：(1)二大外交精神：強調獨立與自主；(2)二大外交原則：以平等與互惠原則與他國互往；(3)二大外交方針：敦睦邦交及尊重條約及聯合國憲章之精神；(4)四大外交目標：保護僑民權益、進國際合作、提倡國際正義、確保世界和平。

第三節　國民經濟與社會安全

依憲法及增修條文之規定，我國國民經濟及社會安全的基本國策主要歸納如下（如圖 12-3 所示）。

第一項　國民經濟

一、國民經濟基本原則

「國民經濟應以民生主義為原則，實施平均地權，節制資本，以謀國計民生之均足」（憲法第 142 條）。因此，我國國民經濟的基本原則為孫中山所提倡之民生主義；實施的方法為平均地權與節制資本，目的在於達成國計民生之富足。

國民經濟與社會安全			
國民經濟	國民經濟 基本原則	國民經濟應以民生主義為原則，實施平均地權，節制資本，以謀國計民生之均足	憲法第142條
	土地政策	1.土地國有 2.照價收買 3.漲價歸公 4.耕者有其田	憲法第143條
	資本政策	1.節制私人資本政策 2.發展國家資本政策	憲法第144條、憲法第145條
	農業政策	憲法第146條、增修條文第10條第1項	
	經濟金融 與環保政策	1.環境及生態保護政策 2.城鄉經濟平衡發展 3.金融機構之監督管理 4.中小企業發展之扶助與保護 5.扶助保護僑民機構事業	增修條文第10條第1項、憲法第147條、憲法第149條憲法第150條、增修條文第10條第3項、增修條文第10條第2項、憲法第151條
社會安全	勞動就業政策	人民具有工作能力者，國家應予以適當工作機會	憲法第152條
	弱勢國民 保障政策	1.國家為改良勞工及農民之生活，增進其生產技能，應制定保護勞工與農民之法律，實施保護勞工及農民之政策。婦女兒童從事勞動者，應按其年齡及身體狀態，予以特別之保護 2.勞資雙方應本協調合作原則，發展生產事業，勞資糾紛之調解與仲裁，以法律定之	憲法第153條、憲法第154條
	社會福利政策	1.社會保險與社會救濟政策 2.社會醫療保險政策 3.婦孺福利與兩性平等政策 4.身心障礙者之保障與扶助 5.退役軍人權益保障	憲法第156條、增修條文第10條第5項、增修條文第10條第6項、增修條文第10條第8項、憲法第157條、憲法第155條、增修條文第10條第7項、增修條文第10條第4項

圖 12-3　國民經濟與社會安全

二、土地政策

我國土地政策依民生主義平均地權的主張，其步驟包括：(1)土地國有：「中華民國領土內土地屬於國民全體，人民依法取得之土地所有權，應受法律保障與限制；」「附著於土地之礦及經濟上可供民眾利用之天然力，屬於國家所有，不因人民取得土地所有權而受影響」；(2)照價收買：「私有土地應照價納稅，政府並得照價收買」。此地價稅的規定，政府照價徵稅，以免地主對地價以少報多；照價收買，以免地主對地價以多報少（參照司法院釋字第 425 號解釋）；(3)漲價歸公：「土地價值非因施以勞力資本而增加者，應由國家徵收土地增值稅，規人民共享之」；(4)耕者有其田：憲法第 143 條規定：「國家對於土地之分配與整理，應以扶植自耕農及自行使用土地人為原則，並規定其適當經營之面積」。實施耕者有其田條例係根據本條文規定，透過徵收人民私有耕地而轉放現耕農承領，實現耕者皆有其田。

三、資本政策

1. **節制私人資本政策**：「國家對於私人財富及私營事業，認為有妨害國計民生之平衡發展者，應以法律限制。合作事業應受國家之獎勵與扶助。國民生產事業及對外貿易，應受國家之獎勵、指導及保護」（憲法第 145 條）。

2. **發展國家資本政策**：「公用事業及其他有獨占性之企業，以公營為原則，其經法律許可者，得由國民經營之」（憲法第 144 條）。即公用事業及具有壟斷性質產業應由政府經營，以防止私人資本集中，避免私人的壟斷。

四、農業政策

政策重點在於農漁業之現代化：「國家應運用科學技術，以興修水利，增進地方，改善農業環境，規劃土地利用，開發農業資源，促成農業之工業化」（憲法第 146 條）。「國家應獎勵科學技術發展及投資，促

進產業升級，推動農漁現代化，重視水資源之開發利用、加強國際經濟合作」（增修條文第 10 條第 1 項）。

五、經濟金融與環保政策

1. 環境及生態保護政策：「經濟及科學技術發展，應與環境及生態保護兼籌並顧」（增修條文第 10 條第 1 項）。

2. 城鄉經濟平衡發展：「中央為謀省與省間之經濟平衡發展，對於貧瘠之縣，應酌予補助」（憲法第 147 條）。

3. 金融機構之監督管理：「金融機構，應依法受國家之管理」（憲法第 149 條）。「國家應普設平民金融機構以救濟失業」（憲法第 150 條）；「國家對於公營金融機構之管理，應本企業化經營之原則；其管理、人事、預算、決算及審計，得以法律為特別之規定」（增修條文第 10 條第 3 項）。

4. 中小企業發展之扶助與保護：「國家對於人民興辦之中小型經濟事業，應扶助並保護其生存及發展」（增修條文第 10 條第 2 項）。

5. 扶助保護僑民機構事業：「國家對於僑居國外之國民，應扶助並保護其經濟事業之發展」（憲法第 151 條）。

第二項　社會安全

　　學者認為，社會權在我國憲法上的保障可區分為「主觀權利」與「憲法委託」等不同的效力類型，則在我國憲法區分「基本權利」與「基本國策」的規範體例不變的條件下，將社會權之保障在憲法上區隔為「基本權利」與「基本國策」兩個部份（黃舒芃，2006：22）。而我國社會安全政策之目的，主要在保障社會弱勢族群，以實現社會正義。其政策包括：

一、勞動就業政策

「人民具有工作能力者，國家應予以適當工作機會」（憲法第 152 條）。

二、弱勢國民保障政策

「國家為改良勞工及農民之生活，增進其生產技能，應制定保護勞工與農民之法律，實施保護勞工及農民之政策。婦女兒童從事勞動者，應按其年齡及身體狀態，予以特別之保護」（憲法第 153 條）。另外，「勞資雙方應本協調合作原則，發展生產事業，勞資糾紛之調解與仲裁，以法律定之」（憲法第 154 條）。

三、社會福利政策

1. 社會保險與社會救濟政策：「國家為謀社會福利，應實施社會保險制度，人民之老弱殘廢，無力生活，及受非常災害者，國家應予以適當之扶助與救濟」（憲法第 155 條）。國家應重視社會救助、福利服務、國民就業、社會保險及醫療保健等社會工作，對於社會救助和國民就業等救濟性支出應優先編列（增修條文第 10 條第 7 項）。

2. 社會醫療保險政策：「國家為增進民族健康，應普遍推行衛生保健事業及公醫制度」（憲法第 157 條）。「國家應推行全民健康保險，並促進現代和傳統醫藥之研究發展」（增修條文第 10 條第 4 項）。

3. 婦孺福利與兩性平等政策：「國家為奠定民族生存發展之基礎，應保護母性，並實施婦女、兒童福利政策」（憲法第 156 條）。「國家應維護婦女之人格尊嚴，保障婦女之人身安全，消除性別歧視，促進兩性地位之實質平等」（增修條文第 10 條第 5 項）。

4. 身心障礙者之保障與扶助：「國家對於身心障礙者之保險與就醫、無障礙環境之建構、教育訓練與就業輔導及生活維護與救助，應予保障，並扶助其自立與發展」（增修條文第 10 條第 6 項）；本條文性質

屬於憲法上的經濟受益權，乃是指經濟上的弱勢者，有向國家要求特別保護、扶助或救濟之權利，明文規定國家應積極地開辦各項政策措施，提升弱勢者的生活福祉（劉獻文等，2000：208-209）。

5. 退役軍人權益保障：國家應尊重軍人對社會之貢獻，並對其退役後之就學、就業、就醫、就養予以保障（增修條文第 10 條第 8 項）。

第四節　教育文化與邊疆地區

依憲法及增修條文之規定，我國教育文化及邊疆地區的基本國策主要歸納如下（圖 12-4）：

第一項　教育文化

國家透過各種教育文化政策之推動，普遍提昇文化水準，增強整體國力。教育文化政策包括：確立教育宗旨、均等受教權、教育制度、教育監督、教育發展、文教經費比例與教育獎勵等。

一、教育宗旨

憲法第 158 條規定：「教育文化，應發展國民之民族精神、自治精神、國民道德、健全體格與科學及生活智能」。

二、均等受教權

憲法第 159 條規定：「國民受教育之機會，一律平等」。國民受教育不受差別待遇，學校教育政策之實施，應禁止因種族、信仰、性別、階級、經濟地位與身體障礙等或其他個別差異而有不同，使國民喪失受教育的機會或遭遇不平等待遇；憲法為落實國民受教育之權利，除為使個人得以充分發展自我、實現自我外，亦為防止社會弱勢的產生或擴大，打破先天經濟的不平等，因此，憲法為落實人民受教育之權利，認為國

教育文化與邊疆地區			
教育文化	教育宗旨	教育文化、應發展民之民族精神，自治精神，國民道德，健全體格與科學及生活智能	憲法第158條
	均等受教權	國民受教育之機會，一律平等	憲法第159條
	教育制度	1.6歲至12歲之學齡兒童，一律受基本教育，免納學費，其貧苦者，由政府供給書籍。已逾學齡未受基本教育之國民，一律受補習教育，免納學費，其書籍亦由政府供給 2.各級政府應廣設獎學金名額，以扶助學行俱優無力升學之學生	憲法第160條 憲法第161條
	教育監督	全國公私立之教育文化機關，依法律受國家之監督	憲法第162條
	教育均衡發展	國家應注意各地區教育之均衡發展，並推行社會教育，以提高一般國民之文化水準。偏遠及貧瘠地區之教育文化經費，由國庫補助之，其重要之教育文化事業，得由中央辦理或補助之	憲法第163條
	教育文化經費	教育、科學、文化之經費，尤其國民教育之經費應優先編列，不受憲法第164條規定之限制	增修條文第10條第8項 司法院釋字第258號解釋意旨
	教育文化獎勵	1.國家應保障教育、科學、藝術工作者之生活，並依國民經濟之進展，隨時提高其待遇，以保障教育文化工作者 2.國家獎勵科學之發明與創造，並保護有關歷史、文化、藝術之古蹟、古物 3.國家對於國內私人經營之教育事業成績優良者、僑居國外國民之教育事業成績優良者、學術或技術有發明者、從事教育久於其職成績優良者，應以獎勵或補助	憲法第165條 憲法第166條 憲法第167條
邊疆地區	保障邊區民族扶植自治事業	1.國家對於邊疆地區各民族之地位，應予以合法之保障，並於其地方自治事業，特別予以扶植 2.國家肯定多元文化，並積極維護發展原住民族語言及文化 3.國家應依民族意願，保障原住民族之地位與政治參與，並對其教育文化、交通水利、衛生醫療、經濟土地及社會福利事業予 以保障福住並保障其發展，其辦法另以法律定之。對於澎湖金門、馬祖地區人民亦同	憲法第168條 增修條文第10條第11項 增修條文第10條第12項
	發展邊疆地區事業	國家對於邊疆地區各民族之教育、文化、交通、水利、衛生及其他經濟、社會事業，應積極舉辦，並無扶助其發展。對於土地使用，應依其氣候、土壤性質，及人民生活習慣之所宜，予以保障及發展	憲法第169條

圖 12-4　教育文化與邊疆地區

家有義務為國民提供完善的教育設施、環境，平等地保障所有國民接受教育的權利，並特別保障經濟的弱勢或身心障礙國民能夠接受教育，不致喪失受教育的機會，促進實質機會的平等（劉獻文等，2000：194-195）。另有關學生受教權及其他基本權益（參照司法院釋字第 382 號、第 684 號解釋）。

三、教育制度

憲法第 160 條規定：「6 歲至 12 歲之學齡兒童，一律受基本教育，免納學費，其貧苦者，由政府供給書籍。已逾學齡未受基本教育之國民，一律受補習教育，免納學費，其書籍亦由政府供給」。基本教育為強制教育，補習教育目的在掃除文盲。至於無力升學的學生，憲法第 161 條規定：「各級政府應廣設獎學金名額，以扶助學行俱優無力升學之學生」。其目的在使國民接受教育之機會均等，縮小國民因經濟能力而無法親近教育資源的差距。（劉獻文等，2000：195）

四、教育監督

憲法第 162 條規定：「全國公私立之教育文化機關，依法律受國家之監督」。國家依法有權監督教育文化機關組織、財務結構、師資設備、課程內容等，以確保教育的品質。

五、教育均衡發展

憲法第 163 條規定：「國家應注意各地區教育之均衡發展，並推行社會教育，以提高一般國民之文化水準。偏遠及貧瘠地區之教育文化經費，由國庫補助之，其重要之教育文化事業，得由中央辦理或補助之」。

六、教育科學文化經費

憲法第 164 條規定：「教育、科學、文化之經費，在中央不得少於其預算總額百分之 15，在省不得少於其預算總額百分之 25，在市、縣不得少於其預算總額百分之 35，其依法設置之教育文化基金及產業，應

予以保障」。另依司法院釋字第 258 號解釋意旨，直轄市在憲法的地位
與省相同，其教科文經費所占預算總額之比例，應比照省不得少於其預
算總額百分之 25。

在憲法增修後，增修條文第 10 條第 10 項則取消教育經費下限：即
「教育、科學、文化之經費，尤其國民教育之經費應優先編列，不受憲
法第 164 條規定之限制。」因此，增修條文取消各級政府在教育、科
學、文化經費於預算中之下限，但規定對國民教育之經費應優先編列。
（劉獻文，2002：207）

另外，司法院釋字第 463 號解釋意旨認為：國民教育應優先編列預
算之數額、所占比例、編列方式，歸屬範圍等問題，自應由立法者本其
政治責任而為決定。（法治斌、董保城，2004：481）

七、教育科學文化獎勵

憲法第 165 條規定：「國家應保障教育、科學、藝術工作者之生活，
並依國民經濟之進展，隨時提高其待遇，以保障教育文化工作者」；憲法
第 166 條規定：「國家獎勵科學之發明與創造，並保護有關歷史、文化、
藝術之古蹟、古物」。憲法第 167 條規定：「國家對於國內私人經營之教育
事業成績優良者、僑居國外國民之教育事業成績優良者、學術或技術有發
明者、從事教育久於其職成績優良者，應以獎勵或補助」。

第二項　邊疆地區

有學者認為，放眼世界，許多民族國家正面臨關於少數民族的難
題，原因在於無法創造或保持跨越各民族界線的團結意識（威爾・金里
卡，2004：176）；而民族學者的觀察，正突顯多民族國家發展中遭遇的
困難和瓶頸。就臺灣而言，部分原住民族群限於先天人口、交通地理環
境、產業型態、親近國家資源不易等因素影響，已出現發展落後、失衡
的現象，故少數民族權益之如何確保、提升、增進，已成為當前一項重
大的憲政議題。

　　憲法所規定之邊疆地區政策，目的在於保障少數民族能與一般民眾有相同的發展基礎；過去，因大陸幅員遼闊，各地區文化、生活習慣均有所不同、經濟發展水準不一，故邊疆地區政策之目的，在於保障並尊重邊疆少數民族之特殊性，使其能得到全面性地發展；目前，臺灣原住民權益之保障與扶助，應作為政府實施所謂「邊疆民族」政策之重心。

　　近年，有許多原住民族群、學者、社會團體開始為其權益大聲爭取呼籲（如原住民自治、原住民正名運動、還我姓氏運動、還我土地運動等等），原住民事務的議題，亦逐漸為大家所重視；本書建議，政府應全面省思、檢討我國原住民政策，開始評估是否在憲法中增訂「原住民專章」，透過全盤性國家政策以兼顧其特殊性，進一步謀求擴大、落實原住民族群之生存權益。

一、保障邊區民族，扶植自治事業

　　憲法第 168 條規定：「國家對於邊疆地區各民族之地位，應予以合法之保障，並於其地方自治事業，特別予以扶植」。此外，為重視臺灣地區原住民之權益：增修條文第 10 條第 11 項規定：「國家肯定多元文化，並積極維護發展原住民族語言及文化」；增修條文第 10 條第 12 項規定：「國家應依民族意願，保障原住民族之地位與政治參與，並對其教育文化、交通水利、衛生醫療、經濟土地及社會福利事業予以保障福住並保障其發展，其辦法另以法律定之。對於澎湖金門、馬祖地區人民亦同」。

二、發展邊疆地區事業

　　憲法第 169 條規定：「國家對於邊疆地區各民族之教育、文化、交通、水利、衛生及其他經濟、社會事業，應積極舉辦，並無扶助其發展。對於土地使用，應依其氣候、土壤性質，及人民生活習慣之所宜，予以保障及發展」。

MEMO

附　錄

附錄一　中華民國憲法

中華民國三十五年十二月二十五日國民大會通過

中華民國三十六年一月一日國民政府公布

中華民國三十六年十二月二十五日施行

（說明：因憲法歷經七次增修，以下以灰影區域所標示之條文，現已凍結並停止適用，讀者查閱時請參照其後所附記之增修條文。）

　　中華民國國民大會受全體國民之付託，依據孫中山先生創立中華民國之遺教，為鞏固國權，保障民權，奠定社會安寧，增進人民福利，制定本憲法，頒行全國，永矢咸遵。

第一章　總　綱

第一條　　中華民國基於三民主義，為民有民治民享之民主共和國。

第二條　　中華民國之主權屬於國民全體。

第三條　　具有中華民國國籍者為中華民國國民。

第四條　　中華民國領土，依其固有之疆域，非經國民大會之決議，不得變更之。《增修條文第 1 條第 1 項、第 4 條第 5 項》

第五條　　中華民國各民族一律平等。

第六條　　中華民國國旗定為紅地，左上角青天白日。

第二章　人民之權利義務

第七條　　中華民國人民，無分男女、宗教、種族、階級、黨派，在法律上一律平等。

第八條　　I 人民身體之自由應予保障。除現行犯之逮捕由法律另定外，非經司法或警察機關依法定程序，不得逮捕拘禁。非由法院依法定程序，不得審問處罰。非依法定程序之逮捕、拘禁、審問、處罰，得拒絕之。

Ⅱ 人民因犯罪嫌疑被逮捕拘禁時，其逮捕拘禁機關應將逮捕拘禁原因，以書面告知本人及其本人指定之親友，並至遲於二十四小時內移送該管法院審問。本人或他人亦得聲請該管法院，於二十四小時內向逮捕之機關提審。

Ⅲ 法院對於前項聲請，不得拒絕，並不得先令逮捕拘禁之機關查覆。逮捕拘禁之機關，對於法院之提審，不得拒絕或遲延。

Ⅳ 人民遭受任何機關非法逮捕拘禁時，其本人或他人得向法院聲請追究，法院不得拒絕，並應於二十四小時內向逮捕拘禁之機關追究，依法處理。

第九條　　人民除現役軍人外，不受軍事審判。

第十條　　人民有居住及遷徙之自由。

第十一條　人民有言論、講學、著作及出版之自由。

第十二條　人民有秘密通訊之自由。

第十三條　人民有信仰宗教之自由。

第十四條　人民有集會及結社之自由。

第十五條　人民之生存權、工作權及財產權，應予保障。

第十六條　人民有請願、訴願及訴訟之權。

第十七條　人民有選舉、罷免、創制及複決之權。

第十八條　人民有應考試服公職之權。

第十九條　人民有依法律納稅之義務。

第二十條　人民有依法律服兵役之義務。

第二十一條　人民有受國民教育之權利與義務。

第二十二條　凡人民之其他自由及權利，不妨害社會秩序公共利益者，均受憲法之保障。

第二十三條 以上各條列舉之自由權利，除為防止妨礙他人自由，避免緊急危難，維持社會秩序，或增進公共利益所必要者外，不得以法律限制之。

第二十四條 凡公務員違法侵害人民之自由或權利者，除依法律受懲戒外，應負刑事及民事責任。被害人民就其所受損害，並得依法律向國家請求賠償。

第三章　國民大會（2005 年 6 月憲法第七次增修後停止適用）

第二十五條 國民大會依本憲法之規定，代表全國國民行使政權。《增修條文第 1 條第 2 項》

第二十六條 國民大會以左列代表組織之：《增修條文第 1 條第 2 項》

一、每縣市及其同等區域各選出代表一人，但其人口逾五十萬人者，每增加五十萬人，增選代表一人。縣市同等區域以法律定之。

二、蒙古選出代表，每盟四人，每特別旗一人。

三、西藏選出代表，其名額以法律定之。

四、各民族在邊疆地區選出代表，其名額以法律定之。

五、僑居國外之國民選出代表，其名額以法律定之。

六、職業團體選出代表，其名額以法律定之。

七、婦女團體選出代表，其名額以法律定之。

第二十七條 Ⅰ 國民大會之職權如左：

一、選舉總統、副總統。《增修條文第 2 條第 1 項》

二、罷免總統、副總統。《增修條文第 2 條第 9 項》

三、修改憲法。《增修條文第 1 條第 1 項、第 12 條》

四、複決立法院所提之憲法修正案。《增修條文第 1 條第 1 項、第 12 條》

II 關於創制複決兩權，除前項第三、第四兩款規定外，俟全國有半數之縣市曾經行使創制複決兩項政權時，由國民大會制定辦法並行使之。

第二十八條 　I 國民大會代表每六年改選一次。《增修條文第 1 條第 2 項》

II 每屆國民大會代表之任期，至次屆國民大會開會之日為止。

III 現任官吏不得於其任所所在地之選舉區當選為國民大會代表。

第二十九條 　國民大會於每屆總統任滿前九十日集會，由總統召集之。《增修條文第 1 條第 2 項》

第三十條 　I 國民大會遇有左列情形之一時，召集臨時會：《增修條文第 1 條第 2 項》

一、依本憲法第四十九條之規定，應補選總統、副總統時。

二、依監察院之決議，對於總統、副總統提出彈劾案時。

三、依立法院之決議，提出憲法修正案時。

四、國民大會代表五分之二以上請求召集時。

II 國民大會臨時會，如依前項第一款或第二款應召集時，由立法院院長通告集會。依第三款或第四款應召集時，由總統召集之。

第三十一條 　國民大會之開會地點在中央政府所在地。《增修條文第 1 條第 2 項》

第三十二條 　國民大會代表在會議時所為之言論及表決，對會外不負責任。《增修條文第 1 條第 2 項》

第三十三條 　國民大會代表，除現行犯外，在會期中，非經國民大會許可，不得逮捕或拘禁。《增修條文第 1 條第 2 項》

第三十四條 　國民大會之組織，國民大會代表之選舉罷免，及國民大會行使職權之程序，以法律定之。《增修條文第 1 條第 2 項》

第四章　總　統

第三十五條　總統為國家元首，對外代表中華民國。

第三十六條　總統統率全國陸海空軍。

第三十七條　總統依法公布法律，發布命令，須經行政院院長之副署，或行政院院長及有關部會首長之副署。《增修條文第 2 條第 2 項》

第三十八條　總統依本憲法之規定，行使締結條約及宣戰媾和之權。

第三十九條　總統依法宣布戒嚴，但須經立法院之通過或追認。立法院認為必要時，得決議移請總統解嚴。

第四十條　　總統依法行使大赦、特赦、減刑及復權之權。

第四十一條　總統依法任免文武官員。

第四十二條　總統依法授與榮典。

第四十三條　國家遇有天然災害、癘疫或國家財政經濟上有重大變故，須為急速處分時，總統於立法院休會期間，得經行政院會議之決議，依緊急命令法，發布緊急命令，為必要之處置。但須於發布命令後一個月內提交立法院追認。如立法院不同意時，該緊急命令立即失效。《增修條文第 2 條第 3 項、第 4 條第 6 項》

第四十四條　總統對於院與院間之爭執，除本憲法有規定者外，得召集有關各院院長會商解決之。

第四十五條　中華民國國民年滿四十歲者得被選為總統、副總統。

第四十六條　總統、副總統之選舉，以法律定之。

第四十七條　總統、副總統之任期為六年，連選得連任一次。《增修條文第 2 條第 6 項》

第四十八條　總統應於就職時宣誓，誓詞如左：「余謹以至誠，向全國人民宣誓。余必遵守憲法，盡忠職務，增進人民福利，保衛國家，無負國民付託。如違誓言，願受國家嚴屬之制裁。謹誓。」

第四十九條	總統缺位時，由副總統繼任，至總統任期屆滿為止。總統、副總統均缺位時，由行政院院長代行其職權，並依本憲法第三十條之規定，召集國民大會臨時會，補選總統、副總統，其任期以補足原任總統未滿之任期為止。總統因故不能視事時，由副總統代行其職權。總統、副總統均不能視事時，由行政院院長代行其職權。《增修條文第 2 條第 7 項、第 8 項》
第五十條	總統於任滿之日解職，如屆期次任總統尚未選出，或選出後總統、副總統均未就職時，由行政院院長代行總統職權。
第五十一條	行政院院長代行總統職權時，其期限不得逾三個月。
第五十二條	總統除犯內亂或外患罪外，非經罷免或解職，不受刑事上之訴究。

第五章　行　政

第五十三條	行政院為國家最高行政機關。
第五十四條	行政院設院長、副院長各一人，各部會首長若干人，及不管部會之政務委員若干人。
第五十五條	I 行政院院長由總統提名，經立法院同意任命之。《增修條文第 3 條第 1 項》
	II 立法院休會期間，行政院院長辭職或出缺時，由行政院副院長代理其職務，但總統須於四十日內咨請立法院召集會議，提出行政院院長人選徵求同意。行政院院長職務，在總統所提行政院院長人選未經立法院同意前，由行政院副院長暫行代理。《增修條文第 3 條第 1 項》
第五十六條	行政院副院長、各部會首長及不管部會之政務委員，由行政院院長提請總統任命之。
第五十七條	行政院依左列規定，對立法院負責：《增修條文第 3 條第 2 項》

一、行政院有向立法院提出施政方針及施政報告之責。立法委員在開會時，有向行政院院長及行政院各部會首長質詢之權。

二、立法院對於行政院之重要政策不贊同時，得以決議移請行政院變更之。行政院對於立法院之決議，得經總統之核可，移請立法院覆議。覆議時，如經出席立法委員三分之二維持原決議，行政院院長應即接受該決議或辭職。

三、行政院對於立法院決議之法律案、預算案、條約案，如認為有窒礙難行時，得經總統之核可，於該決議案送達行政院十日內，移請立法院覆議。覆議時，如經出席立法委員三分之二維持原案，行政院院長應即接受該決議或辭職。

第五十八條　Ⅰ 行政院設行政院會議，由行政院院長、副院長、各部會首長及不管部會之政務委員組織之，以院長為主席。

Ⅱ 行政院院長、各部會首長，須將應行提出於立法院之法律案、預算案、戒嚴案、大赦案、宣戰案、媾和案、條約案及其他重要事項，或涉及各部會共同關係之事項，提出於行政院會議議決之。

第五十九條　行政院於會計年度開始三個月前，應將下年度預算案提出於立法院。

第六十條　　行政院於會計年度結束後四個月內，應提出決算於監察院。

第六十一條　行政院之組織，以法律定之。

第六章　立　　法

第六十二條　立法院為國家最高立法機關，由人民選舉之立法委員組織之，代表人民行使立法權。

第六十三條　立法院有議決法律案、預算案、戒嚴案、大赦案、宣戰案、媾和案、條約案及國家其他重要事項之權。

第六十四條　Ⅰ　立法院立法委員依左列規定選出之：《增修條文第 4 條第 1 項、第 2 項》

一、各省、各直轄市選出者，其人口在三百萬以下者五人，其人口超過三百萬者，每滿一百萬人增選一人。

二、蒙古各盟旗選出者。

三、西藏選出者。

四、各民族在邊疆地區選出者。

五、僑居國外之國民選出者。

六、職業團體選出者。

Ⅱ　立法委員之選舉及前項第二款至第六款立法委員名額之分配，以法律定之。婦女在第一項各款之名額，以法律定之。

第六十五條　立法委員之任期為三年，連選得連任，其選舉於每屆任滿前三個月內完成之。《增修條文第 4 條第 1 項》

第六十六條　立法院設院長、副院長各一人，由立法委員互選之。

第六十七條　Ⅰ　立法院得設各種委員會。

Ⅱ　各種委員會得邀請政府人員及社會上有關係人員到會備詢。

第六十八條　立法院會期，每年兩次，自行集會，第一次自二月至五月底，第二次自九月至十二月底，必要時得延長之。

第六十九條　立法院遇有左列情事之一時，得開臨時會：

一、總統之咨請。

二、立法委員四分之一以上之請求。

第七十條　立法院對於行政院所提預算案，不得為增加支出之提議。

第七十一條　立法院開會時，關係院院長及各部會首長得列席陳述意見。

第七十二條　立法院法律案通過後，移送總統及行政院，總統應於收到後十日內公布之，但總統得依照本憲法第五十七條之規定辦理。

第七十三條　立法委員在院內所為之言論及表決，對院外不負責任。

第七十四條　立法委員，除現行犯外，非經立法院許可，不得逮捕或拘禁。《增修條文第 4 條第 8 項》

第七十五條　立法委員不得兼任官吏。

第七十六條　立法院之組織，以法律定之。

第七章　司　法

第七十七條　司法院為國家最高司法機關，掌理民事、刑事、行政訴訟之審判，及公務員之懲戒。

第七十八條　司法院解釋憲法，並有統一解釋法律及命令之權。

第七十九條　Ⅰ 司法院設院長、副院長各一人，由總統提名，經監察院同意任命之。《增修條文第 5 條第 1 項》

　　　　　　Ⅱ 司法院設大法官若干人，掌理本憲法第七十八條規定事項，由總統提名，經監察院同意任命之。《增修條文第 5 條第 1 項》

第八十條　　法官須超出黨派以外，依據法律獨立審判，不受任何干涉。

第八十一條　法官為終身職，非受刑事或懲戒處分，或禁治產之宣告，不得免職。非依法律，不得停職、轉任或減俸。

第八十二條　司法院及各級法院之組織，以法律定之。

第八章　考　試

第八十三條　考試院為國家最高考試機關，掌理考試、任用、銓敘、考績、級俸、陞遷、保障、褒獎、撫卹、退休、養老等事項。《增修條文第 6 條第 1 項》

第八十四條　考試院設院長、副院長各一人，考試委員若干人，由總統提名，經監察院同意任命之。《增修條文第 6 條第 2 項》

第八十五條　公務人員之選拔，應實行公開競爭之考試制度，並應按省區分別規定名額，分區舉行考試。非經考試及格者，不得任用。《增修條文第 6 條第 3 項》

第八十六條　左列資格，應經考試院依法考選銓定之：

一、公務人員任用資格。

二、專門職業及技術人員執業資格。

第八十七條　考試院關於所掌事項，得向立法院提出法律案。

第八十八條　考試委員須超出黨派以外，依據法律獨立行使職權。

第八十九條　考試院之組織，以法律定之。

第九章　監　察

第九十條　監察院為國家最高監察機關，行使同意、彈劾、糾舉及審計權。《增修條文第 4 條第 7 項、第 7 條第 1 項》

第九十一條　監察院設監察委員，由各省市議會、蒙古西藏地方議會，及華僑團體選舉之。其名額分配依左列之規定：《增修條文第 7 條第 2 項》

一、每省五人。

二、每直轄市二人。

三、蒙古各盟旗共八人。

四、西藏八人。

五、僑居國外之國民八人。

第九十二條　監察院設院長、副院長各一人，由監察委員互選之。

第九十三條　監察委員之任期為六年，連選得連任。

第九十四條　監察院依本憲法行使同意權時，由出席委員過半數之議決行之。《增修條文第 7 條第 1 項》

第九十五條　監察院為行使監察權，得向行政院及其各部會調閱其所發布之命令及各種有關文件。

第九十六條　監察院得按行政院及其各部會之工作，分設若干委員會，調查一切設施，注意其是否違法或失職。

第九十七條　Ⅰ 監察院經各該委員會之審查及決議，得提出糾正案，移送行政院及其有關部會，促其注意改善。

　　　　　　Ⅱ 監察院對於中央及地方公務人員，認為有失職或違法情事，得提出糾舉案或彈劾案，如涉及刑事，應移送法院辦理。

第九十八條　監察院對於中央及地方公務人員之彈劾案，須經監察委員一人以上之提議，九人以上之審查及決定，始得提出。《增修條文第 7 條第 3 項》

第九十九條　監察院對於司法院或考試院人員失職或違法之彈劾，適用本憲法第九十五條、第九十七條及第九十八條之規定。

第一百條　　監察院對於總統、副總統之彈劾案，須有全體監察委員四分之一以上之提議，全體監察委員過半數之審查及決議，向國民大會提出之。《增修條文第 4 條第 7 項、第 5 條第 4 項》

第一百零一條　監察委員在院內所為之言論及表決，對院外不負責任。《增修條文第 7 條第 6 項》

第一百零二條　監察委員除現行犯外，非經監察院許可，不得逮捕或拘禁。《增修條文第 7 條第 6 項》

第一百零三條　監察委員不得兼任其他公職或執行業務。

第一百零四條　監察院設審計長，由總統提名，經立法院同意任命之。

第一百零五條　審計長應於行政院提出決算後三個月內，依法完成其審核，並提出審核報告於立法院。

第一百零六條　監察院之組織，以法律定之。

第十章 中央與地方之權限

第一百零七條　　左列事項，由中央立法並執行之：

　　一、外交。

　　二、國防與國防軍事。

　　三、國籍法及刑事、民事、商事之法律。

　　四、司法制度。

　　五、航空、國道、國有鐵路、航政、郵政及電政。

　　六、中央財政與國稅。

　　七、國稅與省稅、縣稅之劃分。

　　八、國營經濟事業。

　　九、幣制及國家銀行。

　　十、度量衡。

　　十一、國際貿易政策。

　　十二、涉外之財政經濟事項。

　　十三、其他依本憲法所定關於中央之事項。

第一百零八條　　Ⅰ 左列事項，由中央立法並執行之，或交由省縣執行之：

　　一、省縣自治通則。《增修條文第 9 條第 1 項》

　　二、行政區劃。

　　三、森林、工礦及商業。

　　四、教育制度。

　　五、銀行及交易所制度。

　　六、航業及海洋漁業。

　　七、公用事業。

　　八、合作事業。

　　九、二省以上之水陸交通運輸。

　　十、二省以上之水利、河道及農牧事業。

　　十一、中央及地方官吏之銓敘、任用、糾察及保障。

　　　　　　十二、土地法。

　　　　　　十三、勞動法及其他社會立法。

　　　　　　十四、公用徵收。

　　　　　　十五、全國戶口調查及統計。

　　　　　　十六、移民及墾殖。

　　　　　　十七、警察制度。

　　　　　　十八、公共衛生。

　　　　　　十九、賑濟、撫卹及失業救濟。

　　　　　　二十、有關文化之古籍、古物及古蹟之保存。

　　　　II 前項各款，省於不牴觸國家法律內，得制定單行法規。

第一百零九條　　I 左列事項，由省立法並執行之，或交由縣執行之：《增修條文第 9 條第 1 項》

　　　　　　一、省教育、衛生、實業及交通。

　　　　　　二、省財產之經營及處分。

　　　　　　三、省市政。

　　　　　　四、省公營事業。

　　　　　　五、省合作事業。

　　　　　　六、省農林、水利、漁牧及工程。

　　　　　　七、省財政及省稅。

　　　　　　八、省債。

　　　　　　九、省銀行。

　　　　　　十、省警政之實施。

　　　　　　十一、省慈善及公益事項。

　　　　　　十二、其他依國家法律賦予之事項。

　　　　II 前項各款，有涉及二省以上者，除法律別有規定外，得由有關各省共同辦理。

　　　　III 各省辦理第一項各款事務，其經費不足時，經立法院議決，由國庫補助之。

第一百十條　　　Ⅰ 左列事項，由縣立法並執行之：

一、縣教育、衛生、實業及交通。

二、縣財產之經營及處分。

三、縣公營事業。

四、縣合作事業。

五、縣農林、水利、漁牧及工程。

六、縣財政及縣稅。

七、縣債。

八、縣銀行。

九、縣警衛之實施。

十、縣慈善及公益事項。

十一、其他依國家法律及省自治法賦予之事項。

Ⅱ 前項各款，有涉及二縣以上者，除法律別有規定外，得由有關各縣共同辦理。

第一百十一條　　除第一百零七條、第一百零八條、第一百零九條及第一百十條列舉事項外，如有未列舉事項發生時，其事務有全國一致之性質者屬於中央，有全省一致之性質者屬於省，有一縣之性質者屬於縣。遇有爭議時，由立法院解決之。

第十一章　地方制度

第一節　省《凍結省級政府：增修條文第9條第1項》

第一百十二條　　Ⅰ 省得召集省民代表大會，依據省縣自治通則，制定省自治法，但不得與憲法牴觸。《增修條文第9條第1項》

Ⅱ 省民代表大會之組織及選舉，以法律定之。《增修條文第9條第1項》

第一百十三條　　Ⅰ 省自治法應包含左列各款：《增修條文第9條第1項》

一、省設省議會。省議會議員由省民選舉之。

二、省設省政府，置省長一人。省長由省民選舉之。

三、省與縣之關係。

Ⅱ 屬於省之立法權，由省議會行之。《增修條文第 9 條第 1 項》

第一百十四條　省自治法制定後，須即送司法院。司法院如認為有違憲之處，應將違憲條文宣布無效。《增修條文第 9 條第 1 項》

第一百十五條　省自治法施行中，如因其中某條發生重大障礙，經司法院召集有關方面陳述意見後，由行政院院長、立法院院長、司法院院長、考試院院長與監察院院長組織委員會，以司法院院長為主席，提出方案解決之。《增修條文第 9 條第 1 項》

第一百十六條　省法規與國家法律牴觸者無效。

第一百十七條　省法規與國家法律有無牴觸發生疑義時，由司法院解釋之。

第一百十八條　直轄市之自治，以法律定之。

第一百十九條　蒙古各盟旗地方自治制度，以法律定之。

第一百二十條　西藏自治制度，應予以保障。

第二節　縣

第一百二十一條　縣實行縣自治。

第一百二十二條　縣得召集縣民代表大會，依據省縣自治通則，制定縣自治法。但不得與憲法及省自治法牴觸。《增修條文第 9 條第 1 項》

第一百二十三條　縣民關於縣自治事項，依法律行使創制複決之權，對於縣長及其他縣自治人員，依法律行使選舉罷免之權。

第一百二十四條　Ⅰ 縣設縣議會。縣議會議員由縣民選舉之。

Ⅱ 屬於縣之立法權，由縣議會行之。

第一百二十五條　縣單行規章，與國家法律或省法規牴觸者無效。

第一百二十六條　縣設縣政府，置縣長一人。縣長由縣民選舉之。

第一百二十七條　縣長辦理縣自治，並執行中央及省委辦事項。

第一百二十八條　市準用縣之規定。

第十二章　選舉、罷免、創制、複決

第一百二十九條　本憲法所規定之各種選舉，除本憲法別有規定外，以普通、平等、直接及無記名投票之方法行之。

第一百三十條　中華民國國民年滿二十歲者，有依法選舉之權。除本憲法及法律別有規定者外，年滿二十三歲者，有依法被選舉之權。

第一百三十一條　本憲法所規定各種選舉之候選人，一律公開競選。

第一百三十二條　選舉應嚴禁威脅利誘。選舉訴訟，由法院審判之。

第一百三十三條　被選舉人得由原選舉區依法罷免之。

第一百三十四條　各種選舉，應規定婦女當選名額，其辦法以法律定之。

第一百三十五條　內地生活習慣特殊之國民代表名額及選舉，其辦法以法律定之。《增修條文第1條第2項》

第一百三十六條　創制複決兩權之行使，以法律定之。

第十三章　基本國策

第一節　國　防

第一百三十七條　I 中華民國之國防，以保衛國家安全，維護世界和平為目的。

　　　　　　　　II 國防之組織，以法律定之。

第一百三十八條　全國陸海空軍，須超出個人、地域及黨派關係以外，效忠國家，愛護人民。

第一百三十九條　任何黨派及個人不得以武裝力量為政爭之工具。

第一百四十條　　現役軍人不得兼任文官。

第二節　外　交

第一百四十一條　中華民國之外交，應本獨立自主之精神，平等互惠之原則，敦睦邦交，尊重條約及聯合國憲章，以保護僑民權益，促進國際合作，提倡國際正義，確保世界和平。

第三節　國民經濟

第一百四十二條　國民經濟應以民生主義為基本原則，實施平均地權，節制資本，以謀國計民生之均足。

第一百四十三條　I 中華民國領土內之土地屬於國民全體。人民依法取得之土地所有權，應受法律之保障與限制。私有土地應照價納稅，政府並得照價收買。

　　　　　　　　II 附著於土地之礦及經濟上可供公眾利用之天然力，屬於國家所有，不因人民取得土地所有權而受影響。

　　　　　　　　III 土地價值非因施以勞力資本而增加者，應由國家徵收土地增值稅，歸人民共享之。

　　　　　　　　IV 國家對於土地之分配與整理，應以扶植自耕農及自行使用土地人為原則，並規定其適當經營之面積。

第一百四十四條　公用事業及其他有獨占性之企業，以公營為原則，其經法律許可者，得由國民經營之。

第一百四十五條　I 國家對於私人財富及私營事業，認為有妨害國計民生之平衡發展者，應以法律限制之。

　　　　　　　　II 合作事業應受國家之獎勵與扶助。

　　　　　　　　III 國民生產事業及對外貿易，應受國家之獎勵、指導及保護。

第一百四十六條　國家應運用科學技術，以興修水利，增進地力，改善農業環境，規劃土地利用，開發農業資源，促成農業之工業化。

第一百四十七條　Ⅰ 中央為謀省與省間之經濟平衡發展，對於貧瘠之省，應酌予補助。

　　　　　　　　Ⅱ 省為謀縣與縣間之經濟平衡發展，對於貧瘠之縣，應酌予補助。

第一百四十八條　中華民國領域內，一切貨物應許自由流通。

第一百四十九條　金融機構，應依法受國家之管理。

第一百五十條　　國家應普設平民金融機構，以救濟失業。

第一百五十一條　國家對於僑居國外之國民，應扶助並保護其經濟事業之發展。

第四節　社會安全

第一百五十二條　人民具有工作能力者，國家應予以適當之工作機會。

第一百五十三條　Ⅰ 國家為改良勞工及農民之生活，增進其生產技能，應制定保護勞工及農民之法律，實施保護勞工及農民之政策。

　　　　　　　　Ⅱ 婦女兒童從事勞動者，應按其年齡及身體狀態，予以特別之保護。

第一百五十四條　勞資雙方應本協調合作原則，發展生產事業。勞資糾紛之調解與仲裁，以法律定之。

第一百五十五條　國家為謀社會福利，應實施社會保險制度。人民之老弱殘廢，無力生活，及受非常災害者，國家應予以適當之扶助與救濟。

第一百五十六條　國家為奠定民族生存發展之基礎，應保護母性，並實施婦女兒童福利政策。

第一百五十七條　國家為增進民族健康，應普遍推行衛生保健事業及公醫制度。

第五節　教育文化

第一百五十八條　教育文化，應發展國民之民族精神、自治精神、國民道德、健全體格、科學及生活智能。

第一百五十九條　國民受教育之機會一律平等。

第一百六十條　I 六歲至十二歲之學齡兒童，一律受基本教育，免納學費。其貧苦者，由政府供給書籍。

　　　　　　　II 已逾學齡未受基本教育之國民，一律受補習教育，免納學費，其書籍亦由政府供給。

第一百六十一條　各級政府應廣設獎學金名額，以扶助學行俱優無力升學之學生。

第一百六十二條　全國公私立之教育文化機關，依法律受國家之監督。

第一百六十三條　國家應注重各地區教育之均衡發展，並推行社會教育，以提高一般國民之文化水準。邊遠及貧瘠地區之教育文化經費，由國庫補助之。其重要之教育文化事業，得由中央辦理或補助之。

第一百六十四條　教育、科學、文化之經費，在中央不得少於其預算總額百分之十五，在省不得少於其預算總額百分之二十五，在市縣不得少於其預算總額百分之三十五。其依法設置之教育文化基金及產業，應予以保障。《增修條文第 10 條第 10 項》

第一百六十五條　國家應保障教育、科學、藝術工作者之生活，並依國民經濟之進展，隨時提高其待遇。

第一百六十六條　國家應獎勵科學之發明與創造，並保護有關歷史文化藝術之古蹟古物。

第一百六十七條　國家對於左列事業或個人，予以獎勵或補助：

　　　　　　　　一、國內私人經營之教育事業成績優良者。

　　　　　　　　二、僑居國外國民之教育事業成績優良者。

　　　　　　　　三、於學術或技術有發明者。

　　　　　　　　四、從事教育久於其職而成績優良者。

第六節　邊疆地區

第一百六十八條　國家對於邊疆地區各民族之地位，應予以合法之保障，並於其地方自治事業，特別予以扶植。

第一百六十九條　國家對於邊疆地區各民族之教育、文化、交通、水利、衛生，及其他經濟、社會事業，應積極舉辦，並扶助其發展，對於土地使用，應依其氣候、土壤性質，及人民生活習慣之所宜，予以保障及發展。

第十四章　憲法之施行及修改

第一百七十條　本憲法所稱之法律，謂經立法院通過，總統公布之法律。

第一百七十一條　Ⅰ 法律與憲法牴觸者無效。

　　　　　　　　Ⅱ 法律與憲法有無牴觸發生疑義時，由司法院解釋之。

第一百七十二條　命令與憲法或法律牴觸者無效。

第一百七十三條　憲法之解釋，由司法院為之。

第一百七十四條　憲法之修改，應依左列程序之一為之：《增修條文第 1 條第 1 項、第 12 條》

　　　　　　　　一、由國民大會代表總額五分之一之提議，三分之二之出席，及出席代表四分之三之決議，得修改之。

　　　　　　　　二、由立法院立法委員四分之一之提議，四分之三之出席，及 出席委員四分之三之決議，擬定憲法修正案，提請國民大會複決。此項憲法修正案應於國民大會開會前半年公告之。

第一百七十五條　Ⅰ 本憲法規定事項，有另定實施程序之必要者，以法律定之。

　　　　　　　　Ⅱ 本憲法施行之準備程序，由制定憲法之國民大會議定之。

附錄二　中華民國憲法增修條文

中華民國八十年五月一日總統令公布（第一條至第十條條文）

中華民國八十一年五月二十八日總統令增訂公布（第十一條至第十八條條文）

中華民國八十三年八月一日總統令修正公布

（原增修條文第一條至第十八條修訂為第一條至第十條）

中華民國八十六年七月二十一日總統令修正公布

（第一條至第十條修訂為第一條至第十一條）

中華民國八十八年九月十五日總統令修正公布

（原增修條文第一條、第四條、第九條、第十條）

中華民國八十九年四月二十五日總統令修正公布

（原增修條文第一條、第二條及第四條至第十條）

中華民國九十四年六月十日總統令修正及增訂公布

（原增修條文第一條、第二條、第四條、第五條、第八條及增訂第十二條條文）

　　為因應國家統一前之需要，依照憲法第二十七條第一項第三款及第一百七十四條第一款之規定，增修本憲法條文如下：

第一條　　Ⅰ 中華民國自由地區選舉人於立法院提出憲法修正案、領土變更案，經公告半年，應於三個月內投票複決，不適用憲法第四條、第一百七十四條之規定。

　　　　　Ⅱ 憲法第二十五條至第三十四條及第一百三十五條之規定，停止適用。

第二條　　Ⅰ 總統、副總統由中華民國自由地區全體人民直接選舉之，自中華民國八十五年第九任總統、副總統選舉實施。總統、副總統候選人應聯名登記，在選票上同列一組圈選，以得票最多之一組為當選。在國外之中華民國自由地區人民返國行使選舉權，以法律定之。

Ⅱ 總統發布行政院院長與依憲法經立法院同意任命人員之任免命令及解散立法院之命令，無須行政院院長之副署，不適用憲法第三十七條之規定。

Ⅲ 總統為避免國家或人民遭遇緊急危難或應付財政經濟上重大變故，得經行政院會議之決議發布緊急命令，為必要之處置，不受憲法第四十三條之限制。但須於發布命令後十日內提交立法院追認，如立法院不同意時，該緊急命令立即失效。

Ⅳ 總統為決定國家安全有關大政方針，得設國家安全會議及所屬國家安全局，其組織以法律定之。

Ⅴ 總統於立法院通過對行政院院長之不信任案後十日內，經諮詢立法院院長後，得宣告解散立法院。但總統於戒嚴或緊急命令生效期間，不得解散立法院。立法院解散後，應於六十日內舉行立法委員選舉，並於選舉結果確認後十日內自行集會，其任期重新起算。

Ⅵ 總統、副總統之任期為四年，連選得連任一次，不適用憲法第四十七條之規定。

Ⅶ 副總統缺位時，總統應於三個月內提名候選人，由立法院補選，繼任至原任期屆滿為止。

Ⅷ 總統、副總統均缺位時，由行政院院長代行其職權，並依本條第一項規定補選總統、副總統，繼任至原任期屆滿為止，不適用憲法第四十九條之有關規定。

Ⅸ 總統、副總統之罷免案，須經全體立法委員四分之一之提議，全體立法委員三分之二之同意後提出，並經中華民國自由地區選舉人總額過半數之投票，有效票過半數同意罷免時，即為通過。

Ⅹ 立法院提出總統、副總統彈劾案，聲請司法院大法官審理，經憲法法庭判決成立時，被彈劾人應即解職。

第三條　　Ⅰ 行政院院長由總統任命之。行政院院長辭職或出缺時，在總統未任命行政院院長前，由行政院副院長暫行代理。憲法第五十五條之規定，停止適用。

Ⅱ 行政院依左列規定，對立法院負責，憲法第五十七條之規定，停止適用：

一、行政院有向立法院提出施政方針及施政報告之責。立法委員在開會時，有向行政院院長及行政院各部會首長質詢之權。

二、行政院對於立法院決議之法律案、預算案、條約案，如認為有窒礙難行時，得經總統之核可，於該決議案送達行政院十日內，移請立法院覆議。立法院對於行政院移請覆議案，應於送達十五日內作成決議。如為休會期間，立法院應於七日內自行集會，並於開議十五日內作成決議。覆議案逾期未議決者，原決議失效。覆議時，如經全體立法委員二分之一以上決議維持原案，行政院院長應即接受該決議。

三、立法院得經全體立法委員三分之一以上連署，對行政院院長提出不信任案。不信任案提出七十二小時後，應於四十八小時內以記名投票表決之。如經全體立法委員二分之一以上贊成，行政院院長應於十日內提出辭職，並得同時呈請總統解散立法院；不信任案如未獲通過，一年內不得對同一行政院院長再提不信任案。

Ⅲ 國家機關之職權、設立程序及總員額，得以法律為準則性之規定。

Ⅳ 各機關之組織、編制及員額，應依前項法律，基於政策或業務需要決定之。

第四條　　　I 立法院立法委員自第七屆起一百一十三人，任期四年，連選得連任，於每屆任滿前三個月內，依左列規定選出之，不受憲法第六十四條及第六十五條之限制：

一、自由地區直轄市、縣市七十三人。每縣市至少一人。

二、自由地區平地原住民及山地原住民各三人。

三、全國不分區及僑居國外國民共三十四人。

II 前項第一款依各直轄市、縣市人口比例分配，並按應選名額劃分同額選舉區選出之。第三款依政黨名單投票選舉之，由獲得百分之五以上政黨選舉票之政黨依得票比率選出之，各政黨當選名單中，婦女不得低於二分之一。

III 立法院於每年集會時，得聽取總統國情報告。

IV 立法院經總統解散後，在新選出之立法委員就職前，視同休會。

V 中華民國領土，依其固有疆域，非經全體立法委員四分之一之提議，全體立法委員四分之三之出席，及出席委員四分之三之決議，提出領土變更案，並於公告半年後，經中華民國自由地區選舉人投票複決，有效同意票過選舉人總額之半數，不得變更之。

VI 總統於立法院解散後發布緊急命令，立法院應於三日內自行集會，並於開議七日內追認之。但於新任立法委員選舉投票日後發布者，應由新任立法委員於就職後追認之。如立法院不同意時，該緊急命令立即失效。

VII 立法院對於總統、副總統之彈劾案，須經全體立法委員二分之一以上之提議，全體立法委員三分之二以上之決議，聲請司法院大法官審理，不適用憲法第九十條、第一百條及增修條文第七條第一項有關規定。

VIII 立法委員除現行犯外，在會期中，非經立法院許可，不得逮捕或拘禁。憲法第七十四條之規定，停止適用。

第五條　I 司法院設大法官十五人，並以其中一人為院長、一人為副院長，由總統提名，經立法院同意任命之，自中華民國九十二年起實施，不適用憲法第七十九條之規定。司法院大法官除法官轉任者外，不適用憲法第八十一條及有關法官終身職待遇之規定。

II 司法院大法官任期八年，不分屆次，個別計算，並不得連任。但並為院長、副院長之大法官，不受任期之保障。

III 中華民國九十二年總統提名之大法官，其中八位大法官，含院長、副院長，任期四年，其餘大法官任期為八年，不適用前項任期之規定。

IV 司法院大法官，除依憲法第七十八條之規定外，並組成憲法法庭審理總統、副總統之彈劾及政黨違憲之解散事項。

V 政黨之目的或其行為，危害中華民國之存在或自由民主之憲政秩序者為違憲。

VI 司法院所提出之年度司法概算，行政院不得刪減，但得加註意見，編入中央政府總預算案，送立法院審議。

第六條　I 考試院為國家最高考試機關，掌理左列事項，不適用憲法第八十三條之規定：
一、考試。
二、公務人員之銓敘、保障、撫卹、退休。
三、公務人員任免、考績、級俸、陞遷、褒獎之法制事項。

II 考試院設院長、副院長各一人，考試委員若干人，由總統提名，經立法院同意任命之，不適用憲法第八十四條之規定。

III 憲法第八十五條有關按省區分別規定名額，分區舉行考試之規定，停止適用。

第七條　I 監察院為國家最高監察機關，行使彈劾、糾舉及審計權，不適
　　　　　用憲法第九十條及第九十四條有關同意權之規定。

　　　　II 監察院設監察委員二十九人，並以其中一人為院長、一人為副
　　　　　院長，任期六年，由總統提名，經立法院同意任命之。憲法第
　　　　　九十一條至第九十三條之規定停止適用。

　　　　III 監察院對於中央、地方公務人員及司法院、考試院人員之彈劾
　　　　　案，須經監察委員二人以上之提議，九人以上之審查及決定，
　　　　　始得提出，不受憲法第九十八條之限制。

　　　　IV 監察院對於監察院人員失職或違法之彈劾，適用憲法第九十五
　　　　　條、第九十七條第二項及前項之規定。

　　　　V 監察委員須超出黨派以外，依據法律獨立行使職權。

　　　　VI 憲法第一百零一條及第一百零二條之規定，停止適用。

第八條　立法委員之報酬或待遇，應以法律定之。除年度通案調整者外，
　　　　單獨增加報酬或待遇之規定，應自次屆起實施。

第九條　I 省、縣地方制度，應包括左列各款，以法律定之，不受憲法第
　　　　　一百零八條第一項第一款、第一百零九條、第一百十二條至第
　　　　　一百十五條及第一百二十二條之限制：

　　　　　一、省設省政府，置委員九人，其中一人為主席，均由行政
　　　　　　　院院長提請總統任命之。

　　　　　二、省設省諮議會，置省諮議會議員若干人，由行政院院長
　　　　　　　提請總統任命之。

　　　　　三、縣設縣議會，縣議會議員由縣民選舉之。

　　　　　四、屬於縣之立法權，由縣議會行之。

　　　　　五、縣設縣政府，置縣長一人，由縣民選舉之。

　　　　　六、中央與省、縣之關係。

　　　　　七、省承行政院之命，監督縣自治事項。

II 台灣省政府之功能、業務與組織之調整，得以法律為特別之規定。

第十條　I 國家應獎勵科學技術發展及投資，促進產業升級，推動農漁業現代化，重視水資源之開發利用，加強國際經濟合作。

II 經濟及科學技術發展，應與環境及生態保護兼籌並顧。

III 國家對於人民興辦之中小型經濟事業，應扶助並保護其生存與發展。

IV 國家對於公營金融機構之管理，應本企業化經營之原則；其管理、人事、預算、決算及審計，得以法律為特別之規定。

V 國家應推行全民健康保險，並促進現代和傳統醫藥之研究發展。

VI 國家應維護婦女之人格尊嚴，保障婦女之人身安全，消除性別歧視，促進兩性地位之實質平等。

VII 國家對於身心障礙者之保險與就醫、無障礙環境之建構、教育訓練與就業輔導及生活維護與救助，應予保障，並扶助其自立與發展。

VIII 國家應重視社會救助、福利服務、國民就業、社會保險及醫療保健等社會福利工作，對於社會救助和國民就業等救濟性支出應優先編列。

IX 國家應尊重軍人對社會之貢獻，並對其退役後之就學、就業、就醫、就養予以保障。

X 教育、科學、文化之經費，尤其國民教育之經費應優先編列，不受憲法第一百六十四條規定之限制。

XI 國家肯定多元文化，並積極維護發展原住民族語言及文化。

XII 國家應依民族意願，保障原住民族之地位及政治參與，並對其教育文化、交通水利、衛生醫療、經濟土地及社會福利事業予以保障扶助並促其發展，其辦法另以法律定之。對於澎湖、金門及馬祖地區人民亦同。

XIII 國家對於僑居國外國民之政治參與，應予保障。

第十一條　自由地區與大陸地區間人民權利義務關係及其他事務之處理，得以法律為特別之規定。

第十二條　憲法之修改，須經立法院立法委員四分之一之提議，四分之三之出席，及出席委員四分之三之決議，提出憲法修正案，並於公告半年後，經中華民國自由地區選舉人投票複決，有效同意票過選舉人總額之半數，即通過之，不適用憲法第一百七十四條之規定。

附錄三　與基本人權保障相關之重要司法解釋

	憲法暨增修條文	重要司法解釋
平 等 權	第05條 民族平等 第07條 性別、宗教、種族 　　　 階級、黨派平等	179，193，194，205，211，224，228，340，341，354，365，369，398，403，405，410，412，429，438，443，452，455，457，460，468，477，481，485，490，500，501，508，512，523，526，538，542，547，565，574，577，584，593，605，610，618，624，635，639，647，648，649，662，666，673，675，676，682
自 由 權	第08條 人身自由	90，130，223，249，251，271，300，384，392，436，443，471，476，523，528，535，582，588，594，630，636，639，646，662，677，679
	第09條 不受軍事審判	272，392，436，443，487
	第10條 居住、遷徙自由	265，345，398，414，443，454，497，517，542，558
	第11條 表現自由	105，122，165，364，380，407，414，435，445，450，509，577，611，617，623，634，644，656，659
	第12條 祕密通訊自由	325，585，631
	第13條 宗教自由	460，490，573
	第14條 集會結社自由	214，373，445，479，644
	第15條 生存權 　　　 工作權 　　　 財產權	148，153，156，180，187，189，190，191，194，201，203，204，205，206，213，215，216，217，222，225，236，241，245，253，263，268，270，278，285，286，289，291，293，294，301，308，311，312，317，319，320，333，335，341，344，347，348，349，350，351，352，356，358，359，360，361，369，370，373，374，375，378，380，382，383，386，390，394，400，402，404，405，406，408，409，411，412，414，422，425，427，428，430，431，432，433，434，437，438，440，442，444，462，464，465，472，475，476，484，487，488，489，491，492，495，504，508，510，514，516，518，521，526，536，545，564，584，593，594，597，598，602，612，616，622，628，630，634，635，637，642，643，646，649，652，659，663，670，673，676，682
受 益 權	第13章 基本國策第三至五節 第16條 請願、訴願及訴訟權 第21條 受國民教育權	115，135，148，154，156，160，162，170，179，182，187，188，192，201，211，213，220，224，228，229，230，240，243，244，256，266，269，273，275，288，295，297，302，305，306，321，338，353，355，356，368，374，378，382，384，386，393，395，396，416，418，423，430，432，436，439，442，446，448，455，459，462，466，472，473，482，503，507，511，512，514，524，533，540，569，574，582，591，592，610，629，636，639，653，654，663，684
參 政 權	第17條 選舉、罷免、創制、複決權	290，341，401，468，483，546，645
	第18條 應考試服公職權	42，129，155，205，222，268，319，323，338，412，418，429，430，483，491，546，611，618，658，682
義 務	第19條 納稅義務 第20條 服兵役義務	614，620，622，625，635，640，642，647，650，651，660，661，674

附錄四　參考資料

壹·專書

王世杰、錢端升，(1947a)，《比較憲法》（上冊），上海：商務印書館。

王世杰、錢端升，(1947b)，《比較憲法》（下冊），上海：商務印書館。

管歐，(1979)，《中華民國憲法論》，臺北：三民書局。

荊知仁，(1984a)，《美國憲法與憲政》，臺北：三民書局。

荊知仁，(1984b)，《中國立憲史》，臺北：聯經出版公司。

Theodor Maunz、Reinhold Zippelius 合著，陳敏、蔡志方譯，(1985)，《德國憲法學》，臺北：國民大會憲政研討委員會。

林紀東，(1987)，《中華民國憲法釋論》，臺北：五南書局。

薩孟武，(1988a)，《中國憲法新論》，臺北：三民書局。

薩孟武，(1988b)，《政治學》，臺北：三民書局。

薩孟武、劉慶瑞，(1985)，《各國憲法及其政府》，臺北：三民書局。

佐藤功，許介麟譯，(1985)，《比較政治制度》，臺北：國民大會憲政研討會。

林紀東，(1989a)，《中華民國憲法逐條釋義》（一），臺北：三民書局。

林紀東，(1989b)，《中華民國憲法逐條釋義》（二），臺北：三民書局。

林紀東，(1989c)，《中華民國憲法逐條釋義》（三），臺北：三民書局。

林紀東，(1989d)，《中華民國憲法逐條釋義》（四），臺北：三民書局。

劉慶瑞，(1990)，《比較憲法》，臺北：三民書局。

李鴻禧，(1991)，《憲法與人權》，臺北：臺灣大學法學叢書編輯委員會。

李鴻禧，(1992)，《違憲審查論》，臺北：臺灣大學法學叢書編輯委員會。

劉慶瑞，(1992)，《中華民國憲法要義》，臺北：三民書局。

張治安，(1992)，《中華憲法及政府》，臺北：五南書局。

芮正皋，(1992)，《法國憲法與雙首長制》，臺北：三民書局。

許慶雄，(1993)，《憲法入門》，臺北：月旦出版公司。

黃炎東，(1992)，《我國憲法中央與地方權限劃分之研究》，臺北：五南圖書公司。

林子儀，(1993)，《權力分立與憲政發展》，臺北：月旦出版公司。

李炳南，(1997)，《第一階段憲政改革之研究》，臺北：揚智文化。

許慶雄，(1998)，《憲法入門Ⅰ：人權保障篇》，臺北：元照出版公司。

林騰鷂，(1998)，《中華民國憲法》，臺北：三民書局。

李炳南，(1998)，《不確定的憲政～第三階段憲政改革之研究》，臺北：揚智文化。

陳志華，(1998)，《中華民國憲法》，臺北：三民書局。

張世熒，(1998)，《中華民國憲法與憲政》，臺北：五南圖書公司。

陳新民，(1999)，《中華民國憲法釋論》，臺北：三民書局。

汪中原，(1999)，《中華民國憲法新論》，臺北：廣懋圖書公司。

劉獻文、曾建元、游伯欽、謝秉憲合著，許志雄主編，(2000)，《權利自助手冊：基本人權輕鬆版～人權是生活，不是口號！》，臺北：新自然主義。

洪泉湖、盧瑞鍾、劉阿榮、李炳南、樊中原合著，(2000)，《憲法新論》，臺北：幼獅文化事業公司。

李炳南，(2001)，《九七修憲紀實》，臺北：世新大學出版中心。

法治斌、董保城，(2004)，《憲法新論》，臺北：元照出版公司。

李惠宗，(2004)，《中華民國憲法概要～憲法生活的新思維》，臺北：元照出版公司。

威爾·金里卡(Will Kymlicka)，鄧紅風譯，(2004)，《少數群體的權利～民族主義、多元文化主義與公民權》，臺北：左岸文化。

朱敬一、李念祖，(2004)，《基本人權》，臺北：時報文化公司。

郭羅基，(2004)，《論依法治國》，紐約（臺北發行），民主亞洲基金會。

許志雄、蔡茂寅、蔡宗珍、陳銘祥、周志宏合著，(2004)，《現代憲法論》，臺北：元照出版公司。

翁岳生，(2004)，《司法改革全貌》，臺北：司法院。

晏揚清，(2006)，《中華民國憲法》，臺北：高立圖書公司。

呂炳寬、項程華、楊智傑合著，(2006)，《中華民國憲法精義》，臺北：五南圖書公司。

廖福特主編，(2009)，《憲法解釋之理論與實務》，臺北：新學林出版公司。

湯德宗、黃國昌主編，(2010)，《司法改革十週年的回顧與展望》，臺北：新學林出版公司。

貳·期刊及論文

陳新民，(1988)，〈論社會基本權利〉，《人文及社會科學集刊》，第一卷第一期，頁 199～225。

許志雄，(1993)，〈表現自由之界限與違憲審查基準～司法院釋字第一〇五號解釋之評析〉，《法政學報》，淡江大學，第一期，頁 21～49。

蔡宗珍，(1996)，〈國民主權於憲政國家之理論結構〉，《月旦法學雜誌》，第二十期，頁 18～19。

劉獻文，(1996)，〈論憲法修改之界限〉，《憲政改革～理念、歷程與展望》論文集，黎明出版公司，頁 101～127。

許宗力，(1997)，〈民主化與司法威信的重建〉，《民主鞏固或崩潰～臺灣二十一世紀的挑戰》論文集，游盈隆主編，月旦出版公司，頁 77～88。

曾建元，(1998)，〈人民權論～慶祝世界人權宣言通過五十週年〉，《中山學術論叢》，第十六期，頁 141～173。

蔡宗珍，(2000)，〈論國民大會虛級化後立法院之憲政地位〉，《月旦法學雜誌》，第六十一期，頁 51～61。

許志雄，(2000a)，〈政黨輪替在我國憲政發展上的意義～從統治機構論的角度分析〉，《月旦法學雜誌》，第六十一期，頁 26～33。

顏厥安，(2000)，〈憲法本文與中央政府體制〉，《月旦法學雜誌》，第六十一期，頁 40～50。

蔡茂寅，(2000)，〈當前地方自治重大問題及其因應之道的探討～政黨輪替下的省思？〉，《月旦法學雜誌》，第六十一期，頁 61～68。

李惠宗，(2000)，〈談憲法的價值體系～評釋字第 499 號解釋及第六次憲法增修條文〉，《月旦法學雜誌》，第六十一期，頁 77～89。

李鴻禧，(2000)，〈締造戰後日本憲法學之蘆部信喜～人與思想之素描〉，《月旦法學雜誌》，第六十一期，頁 162～168。

劉獻文，(2001)，〈福利國家理論之考察：詮釋方法的建構與批判〉，《文藻學報》，文藻外語學院，頁 139～159。

陳愛娥，(2001)〈憲政體制下政黨與政府組成的關係〉，《憲政體制新走向論文集》明居正、高朗主編，臺北：新台灣人文教基金會，頁 143～162。

李惠宗，(2001)〈聯合政府與民意政治〉，《聯合政府～臺灣民主體制的新選擇？論文集》蘇永欽主編，臺北：新台灣人文教基金會，頁 265～276。

高 朗，(2001)〈陳總統的另類選擇：少數政府＋聯合政府〉，《聯合政府～臺灣民主體制的新選擇？論文集》蘇永欽主編，臺北：新台灣人文教基金會，頁 315～319。

劉獻文，(2002)，〈書評～九七修憲紀實〉，《香港社會科學學報》第 22 期，香港城市大學，頁 203～210。

姚立明，(2002)，〈從人權條款的保障範圍論人權條款的解釋兼論基本權的領域概念〉，《第一屆西子灣公法學研討會》，中山大學，頁 124～143。

隋杜卿，(2003)，〈從比較憲法看修憲與制憲〉，《國政評論/憲政研 092-052 號》，財團法人國家政策研究基金會。http://old.npf.org.tw/PUBLICATION/CL/092/CL-R-092-052.htm

劉宗坤，(2004)，〈公民權利和政治權利國際公約的宗教自由明確規定〉，《探索民主論文集》，洪哲勝主編，民主亞洲基金會。

陳隆志，(2005)，〈由國際人權潮流談人權立國〉，《國際人權與臺灣人權立國學術研討會》，財團法人臺灣新世紀文教基金會。http://www.taiwanncf.org.tw/ttforum/32/32-07.pdf

劉幸義，(2005)，〈言論自由、誹謗與言論免責權〉，《自由十講》，玉山社，頁 279～302。

黃舒芃，(2006)，〈社會權在我國憲法中的保障〉，《中原財經法學》第 16 期，中原大學頁，01～43。http://cycu.lawbank.com.tw/Download/16/01330002.pdf

周育仁，(2007)，〈倒閣之正當性與必要性〉，《國政評論/憲政評 096-067 號》，財團法人國家政策研究基金會。http://www.npf.org.tw/ post/1/2431

李震山，(2008)，〈論憲政改革與基本權利保障〉，《中正法學集刊》第 18 期，中正大學，頁 183～252。

蘇子喬，(2009)，〈民主國家副總統職位制度設計之探討〉，《中華人文社會學報》第 11 期，中華大學，頁 10～44。

王皓平，(2010)，〈析論公民投票發動之必要性〉，《國政評論/內政評099-128 號》，財團法人國家政策研究基金會。
http://www.npf.org.tw/post/1/7669

項程華，(2010)，〈憲法的守護與續造～以大法官解釋為核心的分析〉，《紀念辛亥革命九十九年之回顧與前瞻學術研討會》，義守大學，頁 176～189。

黃錦堂、黎家維、何展旭、呂啟元，(2010)，〈法官的行政監督、公共課責與觀審制當作法官監督之主要政策手段〉，《國政評論/憲政研 099-014 號》，財團法人國家政策研究基金會。 http://www.npf.org.tw/ post/2/8297

參・研究計畫與研究報告及其他

李炳南，(1995)，〈第一階段憲政改革之研究〉，《國科會專題研究計畫成果報告：NSC-83-0301-H-002-057》，行政院國家科學委員會。

李炳南，(2002)，〈第五、六次修憲之研究〉，《國科會專題研究計畫成果報告：NSC-89-2414-H-002-032》，行政院國家科學委員會。

劉靜怡，(2005)，〈憲法基本國策中有關教科文政策之檢討〉，《憲改議題報告：RDEC-RES-94-17》，行政院研究發展考核委員會。

周宗憲，(2006)，〈非法律系學生憲法教材設計與教學方法〉，《教育部 95 年度憲法及法學教育改革計畫：大學校院憲法及法律與生活課程教學研習營》，教育部、高雄大學。

劉獻文，(2007)，〈民主政治在高雄〉，《教育部 96 學年度補助大學教學卓越計畫：文藻通識講座～臺灣在地觀系列二》，教育部、文藻外語學院。

蔡天助等，(2008)，《教育部 96 年度補助大專校院推動憲法及法律與生活教學發展計畫：成果發表暨研討會》，教育部、高雄師範大學。

劉獻文，(2009)，〈西方政治經濟發展趨研析〉，《文藻外語學院網路課程－中華民國政府與憲法》，文藻外語學院。

http://elearning.wtuc.edu.tw/learn/index.php

教育部，(2009)，《教育部 97 年度法學教育教學研究創新計畫：五校期末成果發表暨研討會》，教育部、高雄師範大學。

劉獻文，(2010)，〈民主之意義與要素〉，《輔英科技大學 98 學年度通識教育專題講座》，輔英科技大學。

肆‧報章雜誌

劉獻文，《規範國安會職能‧確立責任政治精神》，1996 年 07 月 04 日，自由時報。

劉獻文，《制衡總統緊急權‧回歸憲政常軌》，1996 年 07 月 05 日，自由時報。

聯合報，《社論：緊急命令必須嚴守限時、限區、限項目》聯合新聞網，1999 年 10 月 23 日。http://udn.com/NEWS/mainpage.shtml

自由時報，《商業周刊誹謗蔡兆陽案‧高院更審有罪定讞/釋字 509 號》，2002 年 01 月 30 日。http://www.hi-on.org.tw/bulletins.jsp?b_ID= 48295

自由時報，《憲改辯論會共識‧現制難行‧憲法不改不行》自由電子報，2007 年 03 月 04 日。http://www.libertytimes.com.tw/2007/new/mar/4/today-p1.htm

中央社，《立法院通過國際人權公約‧具國內法律效力》，2009 年 03 月 30 日。http://www.cna.com.tw/

聯合報，《專家觀點：直轄市佔一半‧誰是二等公民？》聯合新聞網，2009 年 06 月 24 日。http://udn.com/NEWS/mainpage.shtml

經濟日報，《新財劃法‧地方生財 963 億》聯合新聞網，2009 年 06 月 24 日。http://udn.com/NEWS/mainpage.shtml

新新聞,《曾經揚言打虎‧一年後頓失舞台～監察院該拴緊螺絲釘了！》新新聞 1168 期,2009 年 07 月 23 日。
http://udn.com/ NEWS/mainpage.shtml

聯合報,《社論:以總統選舉 "絕對多數制" 為修憲提案》聯合新聞網,2009 年 11 月 01 日。http://udn.com/NEWS/mainpage.shtml

聯合報,《罰娼不罰嫖‧大法官:違憲》聯合新聞網,2009 年 11 月 07 日。http://udn.com/NEWS/mainpage.shtml

自由時報,《MOU、議定書的憲政問題》,2009 年 11 月 18 日。
http://www.libertytimes.com.tw/2009/new/nov/18/today-o2.htm

南方朔,《南方朔觀點:從不再想連任處重新出發》,中時電子報,2010 年 01 月 12 日。http://news.chinatimes.com/

聯合報,《政府再造:未來 14 部 8 會 3 獨立機關》聯合新聞網,2010 年 01 月 13 日。http://udn.com/NEWS/mainpage.shtml

聯合報,《原住民要求加列自治專章》聯合新聞網,2010 年 01 月 18 日。http://udn.com/NEWS/mainpage.shtml

自由時報,《無罪被羈押不能申請冤獄賠償?大法官:違憲》,2010 年 01 月 29 日。http://iservice.libertytimes.com.tw/liveNews/news.php

洪蘭,《不參與‧你已經棄權了!》,天下雜誌 442 期,2010 年 3 月。
http://www.cw.com.tw/article/index.jsp?id=40397

王清峰,《法務部新聞稿:理性與寬容‧暫停執行死刑》,中央社,2009 年 03 月 09 日。http://www.cna.com.tw/

自由時報,《雙首長制已走到盡頭…‧學者促馬思考憲法大翻修》,2010 年 03 月 22 日。http://www.libertytimes.com.tw/2010/new/mar/22/today-p8.htm

聯合報,《馬英九執政 2 年民調》聯合新聞網,2010 年 05 月 19 日。
http://udn.com/NEWS/mainpage.shtml

中國時報，《大瘦身‧政院三級機關‧279 剩不到 70 個》中時電子報，2010 年 06 月 07 日。http://news.chinatimes.com/

林孟皇，《司法問責文化‧露曙光》中時電子報，2010 年 07 月 19 日。http://news.chinatimes.com/

林志潔，《司改需總統高度才能解決》聯合報，2010 年 07 月 18 日。http://udn.com/NEWS/mainpage.shtml

林峰正，《觀念平台：完成法官法立法 把握司法改革契機》中時電子報，2010 年 07 月 19 日。http://news.chinatimes.com/

王健壯，《凱撒的面具：馬政府犯了「侵官」的錯誤》中時電子報，2010 年 07 月 29 日。http://news.chinatimes.com/

自由時報，《立委選區 10 年不變‧藍營鬧內訌‧釋憲聲四起》，2010 年 08 月 21 日。http://www.libertytimes.com.tw/2010/new/aug/21/today-fo1.htm

林孟皇，《違憲的判例文化‧應該揚棄了》中時電子報，2010 年 09 月 10 日。http://news.chinatimes.com/

中國時報，《政院原民自治法啥都沒‧被批虛擬》中時電子報，2010 年 09 月 24 日。http://news.chinatimes.com/

中國時報，《沒釋出土地權‧如何落實自治？》中時電子報，2010 年 09 月 24 日。http://news.chinatimes.com/

自由時報，《立院預算中心報告‧民生費率不送審‧政院違法濫權》自由電子報，2010 年 10 月 06 日。http://www.libertytimes.com.tw/2010/new/oct/6/today-p6-2.htm

自由時報，《總統法定職權與政治影響力》自由電子報，2010 年 11 月 10 日。http://www.libertytimes.com.tw/2010/new/nov/10/today-o8.htm

聯合報，《五都選舉結果統計分析》聯合新聞網，2010 年 11 月 28 日。http://udn.com/NEWS/mainpage.shtml

自由時報，《總統立委併選・綠批藍政治算計》自由電子報，2010 年 12 月 06 日。http://www.libertytimes.com.tw/2010/new/dec/6/today-p1.htm

聯合報，《原民憂心：5 都升格 吞掉 5 原鄉自治權？》聯合新聞網，2010 年 12 月 19 日。http://udn.com/NEWS/mainpage.shtml

伍・參考網頁

中華民國總統府網頁 http://www.president.gov.tw/

行政院全球資訊網 http://www.ey.gov.tw/mp?mp=1

立法院全球資訊網 http://www.ly.gov.tw/innerIndex.action

司法院全球資訊網 http://www.judicial.gov.tw/

考試院全球資訊網 http://www.exam.gov.tw/welcome.html

監察院全球資訊網 http://www.cy.gov.tw/

全國法規資料庫 http://law.moj.gov.tw/

司法院法學資料檢索系統 http://jirs.judicial.gov.tw/Index.htm

法源法律網 http://www.lawbank.com.tw/

司法院法治教育網 http://www.judicial.gov.tw/ByLaw/law_ch_class1_2.jsp?preltext=&page_str=1

美國國務院國際資訊局網頁/美國聯邦憲法之解釋與說明
http://usinfo.org/zhtw/PUBS/Constitution/supreme.htm

立法院國會圖書館 http://npl.ly.gov.tw/do/www/homePage

東吳大學張佛權人權研究中心網頁 http://www.hrp.scu.edu.tw/cfc/

教育部人權教育諮詢/資源中心 http://hre.pro.edu.tw/zh.php?m=16&c=573

教育部法學教育教學創新研究計畫辦公室網頁 http://www2.ctu.edu.tw/way2law/index2.htm

財團法人民間司法改革基金會　http://www.jrf.org.tw/newjrf/index_new.asp

中央選舉委員會　http://www.cec.gov.tw/

天下雜誌網頁/2009 年縣市競爭力排行榜

http://www.cw.com.tw/article/index.jsp?id=38831

天下雜誌網頁/2010 年 25 縣市幸福城市大調查/縣市長執政民調

http://www.cw.com.tw/survey/2010city/article-2.jsp

"元豪的憲法夢想論壇：法律是顛覆的基地"（廖元豪老師）

http://mypaper.pchome.com.tw/liaobruce/post/1313526086

"快樂學法律"（全國通識網課程資料庫，黃源謀老師）

http://www2.chna.edu.tw/hym9912/hym9912-1/index.html

"異教徒法律工作站"（楊智傑老師）http://tw.myblog.yahoo.com/
yangjames2000/article?mid=-2&prev=1686&l=f&fid=27

"部落格化的臺灣政治法律學院"（陳朝建老師）

http://blog.sina.com.tw/macotochen/

"李銘義老師憲法教學網站"　http://www.sa.isu.edu.tw/user/19267/

"憲法體制與人權教學本土教案分析網頁"（李銘義老師）

http://blog. sina.com.tw/nomeat408/

"陳怡如 Eunice Yi-Ju Chen 的教學網站"（陳怡如老師）

http://blog.xuite. net/jyfd/blog

MEMO

MEMO

MEMO

國家圖書館出版品預行編目資料

中華民國憲法與憲政 / 劉獻文編著. -- 三版. -- 新
　北市：新文京開發, 2018.09
　　面；　　公分

　ISBN　978-986-430-449-3（平裝）

　1. 中華民國憲法

581.21　　　　　　　　　　　　　　　107014609

中華民國憲法與憲政（第三版）　　　　（書號：E212e3）

編 著 者	劉獻文
出 版 者	新文京開發出版股份有限公司
地　　址	新北市中和區中山路二段 362 號 9 樓
電　　話	(02) 2244-8188（代表號）
F A X	(02) 2244-8189
郵　　撥	1958730-2
初　　版	西元 2007 年 02 月 25 日
二　　版	西元 2011 年 06 月 25 日
三　　版	西元 2018 年 09 月 01 日

新文京開發出版股份有限公司

NEW WCDP

新世紀・新視野・新文京 — 精選教科書・考試用書・專業參考書